365 DIAS com a calma da mente

DADOS INTERNACIONAIS DE CATALOGAÇÃO NA PUBLICAÇÃO (CIP)

S588t Simão, Leonardo
365 dias com a calma da mente / Leonardo Simão.
– Jandira, SP : Trend, 2025.
464 p. ; 24cm x 17cm.

ISBN: 978-65-83187-33-8

1. Autoajuda. 2. Neurociência. 3. Filosofia. 4. Estoicismo. I. Título.

2025-4727 CDD 158.1
CDU 159.947

Elaborado por Vagner Rodolfo da Silva CRB-8/9410
Índice para catálogo sistemático:
1. Autoajuda 158.1
2. Autoajuda 159.947

Esta é uma publicação Trend, selo exclusivo da Ciranda Cultural.

Editora
Nayra Ribeiro

Assistente editorial sênior
Tamiris Sene

Preparação
Mônica Glasser

Revisão
Luciana Garcia e Karina Danza

Projeto gráfico, diagramação e capa
Jéssica Wendy

1ª Edição em 2025
www.cirandacultural.com.br

LÉO SIMÃO

365 DIAS com a calma da mente

ESTOICISMO, PNL E NEUROCIÊNCIA

Um manual estoico para uma vida plena e feliz, principalmente nos momentos difíceis

TREND editora

SUMÁRIO

DEDICATÓRIA

Aos meus amados filhos, Théo e Lucca, que iluminam meus dias com suas presenças e inspiram minha jornada com seu amor.

Ao meu querido pai, John Simão, e à minha amada mãe, Beatriz, cujo apoio inabalável e amor incondicional moldaram o homem que sou hoje.

Ao meu irmão Leandro, à minha irmã Camila e aos meus sobrinhos Nicole, Gustavo e Guilherme, cujas presenças em minha vida são um constante lembrete do valor da família e da conexão que nos une.

A cada ser humano que busca encontrar mais calma, tranquilidade, conexão, propósito e intencionalidade na vida, este livro é dedicado a você. Que as páginas deste livro sirvam como um refúgio, um guia e uma fonte de inspiração em sua jornada de autoconhecimento e crescimento pessoal.

E a Deus, que nos permite um novo milagre a cada manhã em que despertamos neste planeta maravilhoso.

RECOMENDAÇÕES

Se você está em busca de uma leitura que desafie sua percepção de si mesmo e do mundo ao seu redor, este livro é uma escolha imperdível. Com *insights* profundos, como "Não somos a nossa mente", "A mudança é um instante, um segundo" e "Somos seres espirituais vivendo uma experiência humana", esta obra promete ser uma jornada transformadora por meio da meditação e da exploração do nosso interior.

Léo Simão nos convida a embarcar em uma viagem empreendedora intrínseca repleta de resultados significativos, desvendando as camadas do nosso ser e desafiando a forma como interagimos com nossos pensamentos e emoções. Por intermédio das páginas deste livro, somos guiados a reconhecer o poder que reside dentro de nós para moldar nossa realidade, incentivando uma mudança de perspectiva que pode alterar profundamente nossa vida.

Com uma abordagem que une espiritualidade, autoconhecimento e práticas meditativas, esta obra é um convite para todos aqueles que buscam compreender melhor a complexidade da mente humana e a beleza da experiência espiritual. Se você deseja transformar sua visão de mundo e descobrir o maravilhoso universo que traz em si, a obra de Léo Simão oferece as ferramentas necessárias para iniciar essa transformadora jornada interior.

"Recomendo vivamente a leitura a quem procura inspiração para mudanças significativas na vida ou a qualquer pessoa interessada em explorar as profundezas da consciência humana e espiritual. Prepare-se para ter suas crenças desafiadas e sua percepção ampliada com este livro esclarecedor."

– PEDRO CHIAMULERA *(PRESIDENTE DO CONSELHO E FUNDADOR DA CLEARSALE, EMPRESA LÍDER DO MERCADO DE ANTIFRAUDE NO BRASIL LISTADA NA B3).*

"Neste livro, você encontrará o caminho para alcançar a calma em sua mente! Com uma linguagem simples e acessível, Léo Simão consegue consolidar conhecimentos milenares e profundos que farão a diferença na sua vida! Leitura obrigatória para todos aqueles que buscam autoconhecimento e felicidade!"

- LUIS VABO JR. *(HARVARD OPM, G4 EDUCAÇÃO, PROFESSOR, MENTOR E CONSELHEIRO, EMPREENDEDOR ENDEAVOR, TED SPEAKER, BOARD MEMBER).*

"Quero expressar minha profunda gratidão ao Léo Simão por ser minha porta de entrada ao estoicismo. Seu novo livro é uma obra incrível que não apenas aprofunda meu entendimento, mas também abre caminho para que milhões de pessoas encontrem o autoconhecimento e a serenidade mental. Sua abordagem é um farol para aqueles que buscam uma vida mais equilibrada. Obrigado, Léo, por compartilhar sua sabedoria e inspirar mudanças significativas nas vidas de muitos."

- RICARDO ROLDÃO *(PRESIDENTE DO ROLDÃO ATACADISTA, QUE TEM MAIS DE 5.500 COLABORADORES/PRESIDENTE DO CONSELHO DA ABAAS).*

"Já li muita coisa sobre positivismo, meditação, viver o presente, mas, neste livro, o Léo traz uma jornada de 365 dias baseada em fundamentos milenares de maneira simples e prática. Traz a sua experiência pessoal vivida e transformada pela calma da mente. Recomendo muito não só o livro, mas também os podcasts*. Vale a pena cada segundo!!!"*

- LUCIANO MENEZES
(CEO WTC LISBOA, BOARD MEMBER).

"O Léo é aquele tipo de autor que aparece na sua vida por acaso e vira livro de cabeceira. O seu trabalho é indispensável para o nosso momento. São tempos difíceis, são tempos que exigem um cuidado especial com a nossa mente. Este livro vai te ajudar a encontrar sua paz."

- FILIPE MANTOVAN
(AUTOR E CRONISTA).

"Com uma sensibilidade ímpar, Léo consegue falar a linguagem de todos, e transformar assuntos complexos em algo simples e factível. A calma da mente nos direciona para o que realmente importa: o nosso maior bem, a vida."

- RODRIGO COSTA *(COFUNDADOR DA DALATA ENVASAMENTO E DA HULT INTERNATIONAL BUSINESS SCHOOL).*

"Tenho a honra de conhecer o Léo há anos e ele sempre foi um executivo inspirador e que deixou sua marca positiva por onde passou. Agora, com a calma da mente, não será diferente. Seu trabalho unindo sabedoria milenar e ciência é essencial para a saúde mental desta e das próximas gerações."

- TELMA ABRAHÃO *(AUTORA BEST-SELLER, PALESTRANTE INTERNACIONAL, PIONEIRA NO BRASIL A UNIR CIÊNCIA À EDUCAÇÃO DOS FILHOS, IDEALIZADORA DA EDUCAÇÃO NEUROCONSCIENTE).*

"Uma obra distinta! O Léo nos contempla com uma profunda filosofia contemporânea, muitos ensinamentos clássicos com modernidade tecnológica. Apenas uma contradição no livro: aprendi nestas páginas que os fatos não são bons ou ruins, simplesmente são fatos. Entretanto, o fato de eu ter lido este livro foi muito bom para mim."

- FÁBIO CAMARA *(CEO FUNDADOR FCAMARA, ELEITA POR 5 ANOS A MELHOR EMPRESA DE TECNOLOGIA PARA E-COMMERCE DO BRASIL, COM MAIS DE 1.600 CONSULTORES).*

UM LIVRO ÚNICO PARA UMA JORNADA ÚNICA NA SUA VIDA

Bem-vindo a uma jornada única e transformadora. Este livro é um marco, reunindo os 365 melhores episódios de um *podcast* que se tornou um fenômeno global: o Meditação Estoica. Ao longo de dois anos, produzi mais de 750 episódios, alcançando o *status* de um dos 1% mais compartilhados no mundo pelo Spotify.

Nas próximas páginas, compartilho minha jornada até o estoicismo e a inspiração por trás da criação desses episódios que tocaram a vida de milhares de pessoas.

Cada dia oferece uma nova reflexão, acompanhada por um QR Code que leva diretamente para o episódio correspondente, que você pode ouvir ou assistir.

Os episódios são verdadeiras cápsulas de sabedoria, oferecendo reflexões profundas em poucos minutos. São convites diários para a reflexão, para a inspiração e para a transformação pessoal.

Prepare-se para mergulhar em um oceano de conhecimento, sabedoria e autodescoberta. Este livro é mais do que uma compilação de episódios: é uma jornada interior, uma oportunidade de crescimento e uma fonte de inspiração diária.

Então, embarque comigo nesta jornada. Descubra a sabedoria estoica, encontre sua própria voz interior e transforme sua vida, um dia de cada vez. Prepare-se para uma experiência que mudará sua perspectiva, sua vida e seu coração.

BOAS-VINDAS

SOBRE LÉO SIMÃO

Pai, estoico, empreendedor Endeavor, mentor e investidor, Léo Simão é a personificação do empreendedorismo intuitivo e inovador. Com um histórico impressionante no lançamento e crescimento de *startups* tecnológicas, Léo é reconhecido não só por sua agudeza nos negócios, mas também por sua liderança inspiradora e filosofia centrada no ser humano. Ele acredita firmemente que o núcleo de qualquer negócio próspero seja a conexão genuína e a empatia, valores que promove em todas as suas empresas. Em seus treinamentos, compartilha sua sabedoria sobre como infundir autenticidade e propósito na vida pessoal e também nos negócios, criando culturas empresariais que não apenas prosperam economicamente, mas também enriquecem humanamente.

Empreendedor Endeavor desde 2013

Pós-graduado no OPM da **Harvard Business School**, Talent and Innovation na universidade de **Stanford** e engenheiro de produção pela **UFSCar**.

Considerado por quatro premiações (EY, Exame, Globo, Endeavor) o **EMPREENDEDOR DO ANO DO BRASIL** quando à frente da Bebê Store, líder do *e-commerce* de produtos para bebês no Brasil.

Autor dos livros *Do zero ao exit: um manual completo do mundo da criação e captação de recursos para startups* e *Startup exponencial: o mapa da mina na captação de recursos para startups*.

INTRODUÇÃO

Um homem percorria uma estrada, montado em seu cavalo, com semblante grave e determinado, dirigindo-se, sem sombra de dúvida, a um destino muito importante, quando um transeunte o interpelou: "Perdoe-me, poderia informar para onde se encaminha com tal afinco?". Ao que o cavaleiro, sem desviar o olhar do horizonte, retrucou: "Não sei, meu caro; pergunte ao cavalo!".

Esse conto zen budista nos traz a alegoria de nossa própria existência. Nessa narrativa, somos o cavaleiro; e o cavalo, a representação da nossa mente selvagem, que nos conduz ao sabor de hábitos arraigados, uma mente tumultuada que jamais se aquieta ou se satisfaz.

Essa mesma mente nos faz tomar um café pela manhã sem degustar seu sabor, já inquieta pelo instante subsequente. Ela nos faz compartilhar o convívio com as pessoas que amamos, sem realmente lhes oferecer nossa real atenção, distraídos que estamos por futilidades inúteis no celular, mantendo, em algumas ocasiões, diálogos com outras pessoas que, quando presentes, serão também relegadas a segundo plano em favor de uma nova distração. Assim, deixamo-nos levar de um instante a outro, como levados por uma corredeira interminável de um rio que nos arrasta violentamente, nunca nos permitindo estar realmente presentes, completamente imersos no agora.

Perambulamos pela vida acreditando estar a caminho de algo, enquanto somos arrastados sem rédeas sobre nossos pensamentos e emoções, padecendo de ansiedades, tristezas e variadas aflições, sem jamais nos apercebermos de que o destino é uma ilusão; a verdade é que já nos encontramos onde deveríamos estar: vivendo o aqui e o agora, vivendo o momento, "presente divino", tão fugaz e, ao mesmo tempo, tão eterno.

E, dessa forma, nossa mente poderosa vai nos conduzindo e nos iludindo ao longo desta jornada.

Conheça o verdadeiro poder da sua mente

Dentro da sua mente, residem os mais poderosos *hardware* e *software* do planeta. IA, *site* GPT são fichinhas, se comparados à sua real capacidade de processamento.

Sua mente nutre, a cada instante, cerca de 37 trilhões de células com nutrientes e oxigênio, enquanto elimina o dióxido de carbono.

Esses números gigantes, muitas vezes, são difíceis de compreendermos, mas, apenas para você ter uma referência do que significa o trilhão, vou lhe fazer a seguinte analogia: 1 milhão de segundos seria o equivalente a 11 dias; 1 bilhão de segundos seria o equivalente a 31 anos; 1 trilhão de segundos equivale a 31 mil anos. Você abastece 37 trilhões de células a cada segundo!

Você possui o maior sistema audiovisual do planeta, processando 2 milhões de *bits* de informação por segundo por meio dos cinco sentidos. Tudo isso editado e transmitido em tempo real, para que você possa realizar uma ação, como quando está dirigindo, jogando futebol, passeando.

Seu sistema de transmissão elétrica é incomparável a tudo o que o homem já produziu até hoje; são centenas de bilhões de sinapses, superando o número de conexões existentes se somarmos toda a linha de transmissão de energia do planeta.

Sua mente opera como a maior indústria química da Terra, produzindo dezenas de milhares de combinações químicas complexas a cada instante, sem exigir sua intervenção consciente.

Se você for uma mulher grávida, está criando outro ser humano perfeito neste exato momento em que está lendo este livro e pensando na lista de compras ou em uma conversa que gostaria de ter com o seu marido.

No entanto, apesar de toda essa potência, nascemos sem nenhum manual para compreender e controlar esse magnífico computador cerebral. Essa falta de domínio sobre nossa mente nos conduz a desafios, dores, angústias e inseguranças, que, muitas vezes, debilitam-nos, a ponto de travarem nossas ações ou de tirarem completamente nossa alegria de viver.

As necessidades da sua mente, muitas vezes, são diferentes das suas

Nossa mente, como qualquer *hardware*, possui um programa embutido, um *setup* de fábrica, cuja principal função é assegurar nossa sobrevivência. Para nos manter vivos, ela busca continuamente fontes de energia para o corpo.

Portanto, a mente, a cada momento, realiza uma análise simples, identificando o que fornece mais energia e como pode otimizar a economia de energia. Alimentação, bebida, açúcar – qualquer tipo de nutrição é encarado como positivo, pois representa um suprimento de energia excedente.

Por outro lado, atividades como exercícios físicos ou qualquer empreendimento que envolva riscos são interpretados pela mente como prejudiciais, pois implicam gastos desnecessários de energia. Aqui, é crucial perceber a dicotomia entre o *setup* de fábrica da mente, seu *hardware* e a essência mais profunda do ser – seja corpo, espírito ou alma.

Ao assumirmos o papel de observadores, de presença consciente, começamos a discernir e compreender essa interação complexa. Esse é o ponto de partida para explorar a dinâmica entre a mente e o espírito em nosso percurso evolutivo.

Nos próximos 365 dias, na próxima volta completa que a Terra dará em torno do Sol, caminharemos lado a lado nesta jornada de autodescoberta, na qual lhe apresentarei instrumentos e conhecimentos testados pelo tempo, com a filosofia estoica tomando lugar de destaque, agora respaldados pela neurociência e pela Programação Neurolinguística (PNL).

Essas técnicas, reverenciadas por algumas das mentes mais sábias ao longo da história, serão suas aliadas para controlar sua mente, que, muitas vezes, parece ter vontade própria, e para reassumir o controle ativo da sua vida, dos seus pensamentos e das suas emoções. Com essas ferramentas, você terá a capacidade de acessar habilidades notáveis, ou "superpoderes", que talvez nunca tenha imaginado possuir, permitindo-lhe viver de maneira mais plena, intencional, abundante e feliz.

E você talvez agora pergunte:
O que eu faria com tais superpoderes?

Imagine-se despertando toda segunda-feira repleto de alegria e entusiasmo para o trabalho, e que tal estado de espírito se estenda também à terça, à quarta, e a cada dia subsequente, inabalável, independentemente das circunstâncias externas da vida.

Já pensou no poder de transformação que isso teria na sua vida? Conseguir diminuir a angústia, a depressão, a melancolia, conseguir focar o que precisa focar, parar de procrastinar e jogar seu tempo no lixo, e fazer tudo isso sem remédios, simplesmente controlando os "botões" da sua mente? É isso o que você aprenderá ao longo deste livro.

Eu sei disso porque já fui esse poço de ansiedade, já passei por uma grande depressão e consegui vencer ambos os estados quando aprendi o que você também aprenderá ao longo destas páginas.

E eu lhe asseguro: sim, é possível domar sua mente e se manter sempre presente e focado, desligando-se do ruído ao redor!

Este livro é um convite para incorporar essa sabedoria milenar na vida diária, oferecendo reflexões e exercícios para cada dia do ano, alinhados às três disciplinas críticas: percepção, ação e vontade. Esta obra não visa apenas à leitura, mas também à ação, transformando o conhecimento filosófico em prática cotidiana. Portanto, representa não apenas uma recuperação, mas também uma aplicação viva do estoicismo para a vida moderna.

É possível viver 365 dias por ano com a calma da mente!

Lembre-se de que tudo pode acontecer,
se acontecer lembre-se de curtir,
se curtir lembre-se de que tudo pode terminar,
se terminar lembre-se de que tudo pode acontecer.
Tudo é possível e tudo é impermanente.

AS DUAS GRANDES VIRADAS DE CHAVE DA MINHA VIDA

Antes de iniciarmos, compartilharei duas histórias para que você entenda como descobri tudo isso.

Chave 1 | Dinheiro, fama, sucesso, reconhecimentos. Tudo é impermanente!

O dia era 1º de janeiro de 2015, por volta de 5h30, quando os primeiros raios de sol do novo ano despontavam pelo céu. Eu estava boiando na piscina da minha casa, olhando para o amanhecer do dia, enquanto refletia e agradecia a Deus.

Na virada de 2014 para 2015, eu me via no auge, embora talvez fosse apenas a percepção inflada do meu ego. A festa de *réveillon* não era apenas uma comemoração, mas um marco de superação e conquistas notáveis do ano que se encerrava: a minha empresa, a Bebê Store, tinha dominado o mercado de *e-commerce* para bebês após a aquisição estratégica do principal concorrente. O reconhecimento veio em forma de prêmios de empreendedor do ano pela Endeavor – um círculo seletivo de empreendedores de alto impacto do qual me tornei parte em 2013 – e por *Info Exame*, *Pequenas Empresas Grandes Negócios* e *Ernst & Young*, além de destaque em três capas de revistas e duas matérias no *The New York Times*.

O sucesso ecoava em investimentos robustos recebidos de figuras proeminentes do empreendedorismo nacional, e eu dava meus primeiros passos no OPM de Harvard, um programa de elite para empreendedores globais. Tudo isso era o resultado de cinco anos de trabalho árduo, partindo de um modesto sobrado no bairro da Pompeia, em São Paulo, onde enfrentei o risco de falência várias vezes. Mas, naquele instante, eu sentia a doce vitória, como se estivesse no cume do mundo.

A jornada do pequeno sobrado no bairro da Pompeia para uma mansão em Alphaville simbolizava minha transformação: de um sonhador mineiro a uma referência nacional.

Apesar da minha enorme gratidão a Deus por tudo o que ele tinha me proporcionado quando eu ainda era jovem, aos 37 anos, apesar de todo o sucesso vivenciado, eu percebia que algo dentro de mim continuava errado. Eu percebia que aquela ansiedade que eu sempre tive de conquistar as coisas, ainda se encontrava dentro de mim, ela apenas tinha se transformado da ansiedade de conquistar para uma ansiedade de não perder, mas aquela angústia, aquela inquietação continuava dentro do meu peito.

Foi nesse momento, enquanto observava os primeiros raios do amanhecer, com amigos e familiares perambulando pelo jardim e a música ecoando suavemente, abafada pela água que preenchia meus ouvidos enquanto eu flutuava na piscina, que perguntei a Deus, do mais profundo do meu ser: "E agora, Deus? Essa parte está concluída; o que devo fazer?".

E a resposta veio, mais rápida e mais brutal do que eu esperava.

Apenas três meses depois desse dia, eu estava em Tarifa, na Espanha, aprendendo *kitesurf*, que consiste velejar com uma pipa puxada pelo vento em cima de uma prancha no mar.

Enquanto dava meus primeiros passos no novo esporte, eu estava sem a minha empresa, porque havia brigado com os meus fundos e investidores e saí da cadeira de CEO da empresa que havia fundado. Eu não tinha mais minha casa nem morava mais com os meus filhos; havia me divorciado. Até minha golden retriever eu havia perdido para o divórcio.

E sabe o que era o mais louco de tudo? Eu não estava triste; eu estava aliviado. Sentia como se tivesse tirado um peso dos ombros e ganhado uma nova chance. Fiz uma nova tatuagem, no pulso, que me lembrava diariamente da minha prioridade (meus filhos) e do novo lema da minha vida: "Theo e Lucca – *living a day per day, every day*"; traduzindo, "vivendo um dia por dia, a cada dia". Eu estava pronto para começar de novo.

Essa capotada que dei me ensinou sobre a impermanência de todas as coisas da vida, e sobre o vazio no peito quando nosso foco está no ter e no fazer, e se perde do ser. Eu tinha conquistado o que sempre sonhei, e minha pergunta era: E daí?

Nessa época, eu me lembro de ter escutado muito a música "Ouro de tolo", do Raul Seixas, e sentido cada estrofe dela dentro de mim. Ela representava tudo o que eu sentia:

Eu devia estar contente
Porque eu tenho um emprego
Sou o dito cidadão respeitável
E ganho quatro mil cruzeiros por mês

Eu devia agradecer ao Senhor
Por ter tido sucesso na vida como artista
Eu devia estar feliz
Porque consegui comprar um Corcel 73

Eu devia estar alegre e satisfeito
Por morar em Ipanema
Depois de ter passado fome por dois anos
Aqui na Cidade Maravilhosa

Ah! Eu devia estar sorrindo e orgulhoso
Por ter finalmente vencido na vida
Mas eu acho isso uma grande piada
E um tanto quanto perigosa

Eu devia estar contente
Por ter conseguido tudo o que eu quis
Mas confesso, abestalhado,
Que eu estou decepcionado

Porque foi tão fácil conseguir
E agora eu me pergunto: E daí?
Eu tenho uma porção
De coisas grandes para conquistar
E eu não posso ficar aí parado

Percebi que tanto a fama e o sucesso como o dinheiro não nos preenchem como acreditávamos que nos preencheriam quando os tivéssemos. E não estou aqui fazendo apologia à pobreza nem nada disso; dinheiro é importante e tem, sim, sua utilidade. No entanto, ele é apenas mais uma ferramenta externa, e não tem relação direta com sua paz de espírito, com sua conexão, com seu propósito, ou com sua real e permanente felicidade.

Já a fama e o sucesso servem apenas para iludir e desviar o foco do que realmente é real e tem valor.

Aristóteles disse que "a vaidade é o alimento dos tolos", e pude experienciar na pele o quanto ele estava certo.

Tudo vem e tudo vai; a impermanência é a única constante em nossa vida, era hora de recomeçar tudo do zero, e foi o que eu fiz.

De 2016 a 2021, ampliei meu portfólio de empreendimentos, engajando-me em diversificados projetos que abrangiam desde loteamentos e investimentos em *startups* até participações em operações de fusões e aquisições (M&A). Nesse ínterim, assumi o papel de CEO em uma *startup*, onde fui responsável por angariar dezenas de milhões em investimentos, além de me aventurar em um novo matrimônio.

Ao longo desses anos, mantive-me fiel à minha *expertise*: conceber e desenvolver negócios digitais, do zero até a escala.

Contudo, imerso no meu dia a dia, não percebia que estava caminhando para um novo momento de revelação. A vida, com sua habitual imprevisibilidade, estava prestes a me confrontar com uma realidade até então obscurecida pela minha incessante busca pelo sucesso.

"Fazemos planos e Deus ri."

Chave 2 | A própria vida é também impermanente!

Novamente a história se inicia quando eu fazia minhas preces e perguntava a Deus o sentido de todas as coisas.

No entanto, dessa vez, eu me encontrava com uma máscara de oxigênio no rosto, na UTI (Unidade de Tratamento Intensivo) do hospital São Luiz, em São Paulo. Estava com covid-19 e 90% do meu pulmão estava comprometido. Na UTI, havia 22 leitos – 21 com pacientes intubados. Apenas eu ainda não havia passado por isso, mas não sabia se tinha minutos ou horas restantes antes que um tubo fosse inserido em minha garganta e as máquinas começassem a respirar por mim.

Eu não sabia se voltaria, mas tinha consciência de que muitos não voltavam. Passava a maior parte do tempo dormindo, por causa da falta de oxigênio. Em sete dias, perdi 8 kg, mas, graças a Deus, ao excepcional médico dr. Zeballos e à sua equipe, fui curado.

Na primeira história, eu pude perceber a impermanência de todas as coisas materiais; dessa vez, experienciei a impermanência da própria vida. Eu poderia ter partido, de repente, sem aviso prévio.

Na iminência da morte, quando você a encara e percebe o quão mortal é, sua perspectiva de vida muda radicalmente.

E veja o quão complexa é a nossa mente e o quão pouco compreendemos dela. Quando voltei para casa, em vez de sentir gratidão por ter superado a doença, um sentimento oposto me invadiu. Comecei a me desconectar de tudo: meus negócios, meus relacionamentos e minha vida perderam o sentido. Quando me dei conta, estava deprimido.

Sempre ouvi de pessoas próximas que sofreram de depressão que ela não se trata de tristeza, mas de uma ausência completa de energia para tudo, inclusive para a vida. Nunca desejei morrer, mas, naquele momento, também não valorizava a vida. Era assim que eu me sentia.

Sempre fui um ávido leitor e apreciador do aprendizado. Decidi buscar explicações para o que estava sentindo na teologia e comecei pela Bíblia – a qual, li inteira por duas vezes (hoje, já são mais de quatro leituras); li todos os cinco livros de Allan Kardec sobre o espiritismo; o Bhagavad Gita e o Mahabharata do hinduísmo; o Tao Te Ching do taoismo; o Dhammapada do budismo; o Zohar e a Cabala do judaísmo; e o Alcorão do islamismo. Estudei também Confúcio, Parmênides, o Deus de Spinoza, o Caibalion e devorei tudo o que encontrei sobre espiritualidade e autoconhecimento.

Imerso nessas escrituras maravilhosas, contudo, percebi que, quanto mais me aprofundava, pior ficava. Por um lado, via mestres inspirados que passaram por este nosso planeta; por outro, lá estava eu, completamente desolado.

Eu estava completamente alheio a como poderia me aproximar dos exemplos e inspirações encontrados nas principais escrituras, que ressoam com um chamado unânime a valores, virtudes e bondade.

Foi então que, em um súbito lampejo, encontrei aquilo que, sem saber, eu busquei durante toda a minha existência.

Descobri o estoicismo!

A resposta | Estoicismo, mas o que é isso?

Eu estava sozinho em meu carro, passando por perto de Camboriú, rumo a Florianópolis, ambas em Santa Catarina, em uma viagem para praticar *kitesurf* e refletir sobre minha vida, na esperança de preencher o vazio emocional que me consumia. Foi quando, por um acaso, o Spotify reproduziu um *podcast* onde se lia *Meditações* – na verdade, um diário pessoal de um imperador romano que viveu há quase dois milênios, de nome Marcus Aurelius.

Ele redigiu para si próprio, registrando seus pensamentos. E esses pensamentos me trouxeram uma luz, uma revelação, que transformou meu ser.

Imagine Marcus Aurelius, o imperador, detentor de um poder que hoje seria equivalente à soma da autoridade do presidente da China, do Japão, dos Estados Unidos e outros, aliado à fama de todos os atores, jogadores de futebol e influenciadores digitais. Um homem que comandava o mundo.

Em *Meditações*, ele manifestava gratidão a cada pessoa que lhe ensinara algo valioso. Uma homenagem à mãe, ao pai, ao trabalho árduo, à resiliência, à disciplina, ao bem comum, ao amigo Musonius Rufus, ao amor, à filosofia, ao conhecimento – cerca de vinte páginas de agradecimentos.

Isso me tocou de tal maneira que tudo passou a fazer sentido. Havia anos eu buscava o autoconhecimento para o meu próprio benefício, não para partilhar. Já havia experimentado o Silva Mind Control aos 15 anos, meditação transcendental, *mindfulness*, o Processo Hoffman, entre outros. Todos esses métodos eram excelentes, mas pontuais em minha vida, como alguém que joga tênis ocasionalmente. No entanto, ao me conectar com essa nova filosofia, tudo fez sentido de um modo até então desconhecido para mim.

Os diários de Marcus Aurelius, a correspondência de Sêneca e as palestras de Epictetus, apesar dos milênios de distância, sobrevivem como testemunhos vivos do estoicismo. Essa filosofia prática, outrora central na educação cívica do Ocidente, foi mal interpretada ao longo do tempo, confundida com uma expressão de insensibilidade. Na verdade, é uma ferramenta para o autocontrole, a perseverança e a sabedoria, com o poder de transformar a existência humana em uma vida excelente.

Os estoicos eram indivíduos de ação, desde imperadores e dramaturgos até escravos que se tornaram professores influentes. O estoicismo se mostrou particularmente útil no campo de batalha, sendo adotado por grandes líderes e soldados ao longo da história. A filosofia, nascida na Grécia e refinada em Roma, destaca que virtude é felicidade, e que nossas percepções das coisas, e não as coisas em si, são a causa de muitos de nossos problemas.

Com o passar dos séculos, o enfoque do estoicismo se concentrou mais na ética e na lógica, orientando-se para uma aplicação prática na vida cotidiana. As obras de seus proponentes, incluindo *Meditações*, de Marcus Aurelius, não são apenas textos filosóficos, mas guias práticos que abordam questões essenciais da existência humana – desde o manejo da raiva e do medo até a condução adequada do poder e do sucesso.

Essa filosofia proporciona ferramentas para lidar com a natureza imprevisível da vida e é tão relevante hoje quanto na Antiguidade. O estoicismo nos ensina a encontrar clareza mental, eficácia nas ações e sabedoria na vontade. É um chamado para fortalecer a nós mesmos e nossos semelhantes com resiliência, propósito e até alegria.

Descobri que essa filosofia se originou nos pórticos da Grécia antiga e se fundamenta em valores e virtudes que remontam a Sócrates, há mais de 2.300 anos. Os pilares do estoicismo são a justiça, a coragem, a sabedoria e a temperança, e seus ensinamentos foram perpetuados por pensadores como Cícero, Epictetus e o próprio Marcus Aurelius.

Percebi que a Constituição norte-americana e os pais fundadores dos Estados Unidos eram profundamente influenciados pelo estoicismo. Benjamin Franklin, George Washington, Thomas Jefferson – todos moldados por essa filosofia. Os princípios de justiça, igualdade e liberdade da Constituição americana emanam do estoicismo. No Vale do Silício, muitas *startups* e empresas de tecnologia incorporam esses preceitos em suas equipes como fonte de força, resiliência e disciplina.

Bill Clinton promovia leituras meditativas na Casa Branca, e Nelson Mandela creditou sua capacidade de sobreviver a 27 anos de prisão à prática da meditação. Até mesmo entre os Navy Seals, a filosofia estoica é um componente essencial.

À medida que me aprofundava nos estudos, mais fascinado eu ficava com essa filosofia. Então, quase que por magia, minha depressão e minha desconexão com a vida se dissiparam. Eu estava bem, feliz e conectado – não de forma passageira ou com os altos e baixos que marcaram minha existência. Estava consistentemente bem, em paz constante.

Isso me levou a refletir: Como posso assegurar que meus filhos tenham acesso a esse conhecimento valioso, caso eu venha a falecer antes de ter a chance de lhes ensinar pessoalmente? Após a minha experiência de quase morte, passei a considerar essa possibilidade de maneira serena e pragmática.

A solução veio na forma de um *podcast*. Inspirado pela forma como o estoicismo chegou até mim, decidi criar algo semelhante. Eu leria trechos dos textos fundamentais da filosofia por 2 ou 3 minutos e compartilharia minhas reflexões sobre eles. Essa foi a prática que adotei e mantive diariamente ao longo dos últimos dois anos, resultando em mais de 750 episódios até o momento em que escrevo esta introdução.

Foi assim que nasceu o *podcast* Meditação Estoica, que, em 2022, alcançou o patamar de 1% dos *podcasts* mais compartilhados no mundo pelo Spotify. Recebi centenas de mensagens, pelas redes sociais e pelo nosso canal, de pessoas que expressaram gratidão por ter sua vida transformada graças a essa filosofia milenar tão profunda e bela.

Desenvolvi também um treinamento chamado Calma da Mente, pelo qual já passei conhecimentos a empreendedores da Endeavor, a alguns dos principais líderes empresariais do país, ao Bope – as forças especiais da polícia do estado de São Paulo –, à Falconi, à Gupy, ao Grupo Primo, ao Grupo Sales Club e a inúmeras outras organizações brasileiras.

Agora, neste livro, eu compilo 365 episódios, permitindo que você também possa mergulhar nas águas desse saber ancestral.

Neste QR Code, conto pessoalmente a história acima em uma palestra no Insper.

SEMANA 1

DANDO OS PRIMEIROS PASSOS

*"Fique satisfeito em agir.
Deixe a fala para os outros."*

– BALTASAR GRACIÁN

ESCANEIE O QR CODE

Descubra o poder de dar o primeiro passo.

DIA 1: / /

O ESTOICISMO É SOBRE TRANSFORMAR O RUIM EM BOM

"A dor pode torná-lo completamente miserável ou a dor pode ser apenas dor. O truque é confiná-la ao corpo e não deixá-la infectar a mente. O estoicismo é sobre transformar o negativo em positivo; o difícil em fácil; o ruim em bom."

Hoje vamos explorar a essência do estoicismo, que envolve a habilidade de transformar situações negativas em experiências positivas e construtivas.

Quero que você escute o episódio de hoje, em que conto a história de Peter Barton, compartilhada por Ryan Holiday. É um exemplo inspirador de como encontrar significado e resiliência em meio a desafios. Quando confrontado com uma doença terminal, Peter percebeu que poderia encontrar força e esperança em sua própria mente, mesmo em face da dor física.

Ele descobriu que, embora a dor seja inevitável, o sofrimento é, em grande parte, opcional.

A ideia de encontrar "aquele ponto" se estende a várias áreas de nossa vida, desde enfrentar desafios pessoais até encontrar maneiras de tornar o dia a dia mais significativo. É um exercício que nos lembra da distinção crucial entre dor e sofrimento, incentivando-nos a buscar maneiras de confinar a dor ao corpo e manter a mente resiliente.

Lembre-se de que, quando enfrentar momentos difíceis, você tem a capacidade de transformar o negativo em positivo, o ruim em bom. Encontre aquele ponto de virada, aquele ponto de força interior que pode fazer toda a diferença em sua vida. Assim como Peter Barton encontrou significado em sua mente, você também pode encontrar resiliência e esperança, mesmo nas circunstâncias mais desafiadoras. É importante entender que a dor é uma parte natural da vida, mas o sofrimento é uma escolha. Ao praticar esse exercício, você pode aprender a confinar a dor ao corpo e manter a sua mente forte e esperançosa.

EPISÓDIO #612 **| TAGS** #resiliência #esperança, #superaradversidades

DIA 2: / /

A JORNADA É TUDO: AMAR É O CAMINHO

"Amar tudo o que acontece é a forma mais rápida de estar sempre em paz." - Marcus Aurelius

"Não busque por tudo o que acontece exatamente como você deseja, mas sim como deve acontecer, e então você será feliz." - Epictetus

Amar a jornada até chegar ao objetivo é abraçar cada passo, cada desafio e cada momento ao longo do caminho. É reconhecer que o processo de alcançar os objetivos é tão importante quanto o resultado.

Quando nos apaixonamos pela jornada, encontramos alegria nas pequenas conquistas diárias. Cada obstáculo superado nos fortalece, cada aprendizado nos enriquece e cada experiência molda o nosso crescimento. É nessa jornada que encontramos oportunidades de nos descobrir, de nos superar e de nos reinventar.

EPISÓDIO #547 | **TAGS** #equilíbrioemocional, #buscapelafelicidade, #jornada, #gratidão

DIA 3: / /

FOI ASSIM QUE TUDO SE CONECTOU PARA MIM

"De minha mãe, aprendi a piedade, a caridade e a abstinência não somente dos maus atos, como até mesmo dos maus pensamentos. Aprendi a simplicidade em meu modo de vida." - Marcus Aurelius

Imagine começar um livro de 365 páginas e a primeira página ser uma daquelas que você simplesmente não consegue esquecer. É isso que trago para você hoje: a história de como uma viagem por Itajaí, em Santa Catarina, com o volante nas mãos e um *podcast* no rádio, fez com que eu trombasse com o estoicismo e mudasse o jogo da minha vida.

Foi ali, ouvindo *Meditações*, de Marcus Aurelius, que algo clicou. Sabe quando você sente que encontrou a peça que faltava no quebra-cabeça? Pois é. Aquele trecho era mais do que a reunião de palavras antigas: era um mapa para voltar às raízes e descobrir um caminho de paz interior. No episódio 500 do meu *podcast*, decidi voltar ao começo. Gravei de novo aquele primeiro episódio, porque aquele momento merecia um *replay* e as lições de Marcus Aurelius precisavam ser compartilhadas de novo.

E que lições são essas? Bem, o cara era um imperador, mas falava de coisas simples: ser humilde, agradecer mais, não se perder nas pequenas coisas e, claro, valorizar uma boa conversa sem cair na fofoca. Ele aprendeu com os melhores – família, professores, amigos – e essas influências fortes moldaram um cara que sabia a importância de ser resiliente e educado. Ele escrevia sobre como lidar com gente difícil, sobre viver em sintonia com a natureza e sobre como um elogio sincero vale mais do que ouro. O cara era um mestre em não dar bola para a inveja e a hipocrisia e, acima de tudo, em buscar a verdade e a justiça em tudo que fazia.

Então, é isso que você vai encontrar aqui: histórias reais, lições práticas e uma conversa franca sobre como esses princípios antigos ainda batem um bolão quando o assunto é viver uma vida que vale a pena. Preparado para começar essa jornada comigo? Vamos nessa, porque cada dia é uma chance de acalmar a mente e curtir.

EPISÓDIO #500 | **TAGS** #gratidão, #sabedoria, #princípios

VIVER PELAS VIRTUDES É A PRÓPRIA RAZÃO DA NOSSA EXISTÊNCIA

"Aprendi a governar a mim mesmo e não me distanciar do meu próprio pensamento, seja por qual motivo for, para, até mesmo na doença, ter uma justa mistura em meu caráter moral de doçura e ganho." - Marcus Aurelius

Aqui continuamos com a segunda parte do Livro I de *Meditações*.

As meditações de Marcus Aurelius continuam relevantes e atemporais até os dias de hoje. Suas lições sobre gratidão, virtude e valores são uma verdadeira inspiração para buscarmos o autoconhecimento e a melhoria pessoal.

No trecho que leremos hoje, ele ressalta a importância de governar a si mesmo, manter a serenidade em todas as circunstâncias e tratar as pessoas com justiça e sinceridade.

Sua conduta ética e sua dedicação à filosofia histórica são exemplos a serem seguidos, mostrando-nos a importância de vivermos de acordo com nossos princípios e valores.

Suas palavras nos lembram de que o verdadeiro poder e a verdadeira sabedoria estão em conhecer a nós mesmos e buscar sempre o aprimoramento pessoal e moral.

Ao refletir sobre essas lições, podemos encontrar guias para uma vida mais autônoma, compassiva e plena.

EPISÓDIO #501 | **TAGS** #autocontrole, #serenidade, #honestidade

DIA 5: / /

CONHECIMENTOS MILENARES

"A felicidade só é verdadeira quando você busca a virtude, quando busca os seus valores. É como você age que importa. Essa é a grande missão estoica. Cada um de nós precisa do que a natureza nos dá quando a natureza nos dá. Aceite as coisas que o destino traz e ame as pessoas que o destino aproxima de você."

O *amor fati* nos ensina a amar as coisas que o destino nos traz, enxergando-as como remédios que nos ajudam a evoluir. Refletir sobre a mortalidade, por meio do *memento mori*, traz humildade, foco e disciplina, lembrando-nos de que todos nós compartilhamos a experiência da morte e de que a vida é fugaz. Esse entendimento nos incentiva a viver com plenitude o momento presente.

As virtudes estoicas, como coragem, sabedoria, temperança e justiça, orientam as nossas ações e atitudes, proporcionando uma vida de harmonia e equilíbrio. Ao vivenciarmos a vida com base nessas virtudes, encontramos uma alegria interior e uma sensação de dever cumprido.

O conceito de sympatheia nos recorda de que todos estamos interconectados, fazendo parte de um todo maior. A empatia e o cuidado com os outros são essenciais para uma sociedade saudável e feliz. Somos células de um mesmo corpo, e é nosso dever acompanhar os outros e agir para o bem-estar coletivo.

Em suma, o estoicismo nos convida a buscar o autoconhecimento, a cultivar a virtude e a encarar a vida de maneira serena e equilibrada. O aprendizado dessas ferramentas estoicas pode transformar a nossa perspectiva sobre a existência e nos auxiliar a encontrar paz e felicidade em meio aos desafios que aparecem.

EPISÓDIO #429 | **TAGS** #paz, #aceitação, #propósito

DESCUBRA COMO AS CRENÇAS LIMITANTES PODEM ESTAR SABOTANDO SUA VIDA

> *"Crenças limitantes são aquelas que, de alguma forma, existem dentro de você, seja pela sua criação, por sua cultura ou pelas suas escolhas, e limitam você, fazem você enxergar a vida dentro desse paralelo, dentro desse tapa-olho, desse quadrado que você acredita que é tudo o que existe quando, na verdade, só existe dentro de você."*

É preciso identificar e superar as crenças limitantes que nos impedem de crescer, de superar dificuldades e encontrar propósito e felicidade na vida. Para que você possa seguir essa jornada com mais leveza, quero falar sobre a parábola dos dois lobos presentes em cada um de nós, representando os nossos aspectos positivos e negativos. Todos nós temos esses lados da nossa personalidade e precisamos conviver com eles.

Por isso, quero ressaltar a importância de alimentar e fortalecer o lado positivo. Superar as nossas crenças acontece também quando entendemos o impacto que podemos ter na vida de outras pessoas, incentivando a busca pela evolução pessoal e ações positivas que contribuam para a felicidade de todos. Como Sêneca disse: "Não é o homem que tem pouco, mas aquele que deseja mais que é pobre".

EPISÓDIO #432 **| TAGS** #autodescoberta, #transformação, #superação, #compaixão

DIA 7: / /

TCHAU, ANSIEDADE!

"A ansiedade faz com que você deixe de viver este exato momento presente, que é tudo o que temos."

A ansiedade é uma epidemia dos tempos modernos, uma condição em que nossa mente fica presa no futuro, criando inúmeras possibilidades pessimistas. Essa incapacidade de viver plenamente o momento presente nos priva da serenidade e da verdadeira felicidade.

Perceba, então, que a ansiedade nada mais é do que você estar aqui, neste momento presente, fazendo e criando milhões de cenários possíveis em que tudo pode dar errado. O passado já se foi, o futuro é incerto, e o agora é tudo o que temos. O pensamento de Sêneca sobre sofrermos mais na imaginação do que na realidade é muito pertinente. Ao nos preocuparmos com o que pode dar errado, perdemos a oportunidade de gostar do que está dando certo.

O desejo de buscar a felicidade fora de nós, como a partir do dinheiro, da fama ou do sucesso, é um erro que muitos cometem. A verdadeira paz e a realização vêm de dentro, ao cultivarmos uma mente tranquila e grata pelo momento presente. Grandes nomes da história já passaram por essa jornada de busca desenfreada, apenas para descobrir que a verdadeira felicidade não está nas conquistas materiais.

Encontrar a paz no presente é uma arte, e a prática estoica pode nos ajudar a compreender a impermanência da vida e a valorizar cada instante. Então encontre a serenidade em meio às turbulências da vida, busque a gratidão por tudo o que já possui e viva plenamente o agora.

Como Sêneca afirmava: "Não ser infeliz antes que a crise chegue". A paz interior está ao alcance de todos nós; basta nos conectarmos com o presente e nos libertarmos das amarras da ansiedade e do medo. Seja sábio em sua jornada, meu amigo ou minha amiga, e que a sabedoria estoica guie os seus passos para uma vida de equilíbrio e contentamento.

EPISÓDIO #437 | **TAGS** #ansiedade, #medo, #depressão

SEMANA 2

BASES ESTOICAS- PARTE 1

"Não é o que acontece conosco que nos machuca, mas nossa resposta ao que acontece conosco."

ESCANEIE O QR CODE

Explore as bases do estoicismo e fortaleça sua mente.

DIA 8: / /

FOQUE APENAS NO QUE VOCÊ TEM CONTROLE

"Algumas coisas estão em nosso poder e outras, não. Em nosso poder estão a opinião, o movimento que fazemos em direção a algo, o desejo, a aversão, nosso afastamento de algo; resumindo, 'quaisquer ações que sejam puramente nossos atos'."

Veja que não temos o controle de tudo. Não estão em nosso poder o corpo, a propriedade, a reputação e os cargos. Em resumo: "Tudo aquilo que não é nosso próprio ato". Essa ideia, proveniente de Epictetus, ressalta a importância de entender o que você pode controlar e o que está fora do seu controle. O que está sob o seu poder é verdadeiramente seu, enquanto o que pertence a outras pessoas é delas.

A chave para a serenidade está em reconhecer essa distinção. Ao concentrar a sua energia naquilo que pode influenciar, ou seja, suas opiniões, ações e escolhas, você se liberta da culpa, das lamentações e das influências externas. Não se deixe perturbar pelo que está fora do seu controle, pois isso só trará sofrimento.

Por fim, quando enfrentar desafios, lembre-se de que nem tudo é o que parece ser. Avalie as situações à luz de seus princípios e valores. Ao entender a dicotomia do controle, você tomará decisões mais sábias e conquistará uma vida mais livre e serena. A verdadeira riqueza reside na busca da felicidade e da liberdade, não apenas no poder e na riqueza material. Portanto, siga o seu caminho com sabedoria e discernimento.

EPISÓDIO #357 | **TAGS** #liberdade, #aceitação, #sabedoria

DIA 9: / /

BOM OU RUIM? VOCÊ DETERMINA O SEU MINDSET

"Não são as coisas que perturbam as pessoas, mas os pareceres a respeito das coisas. A conclusão é de que, quando experimentamos aborrecimentos ou perturbações ou aflições, não é o caso de responsabilizar os outros sobre isso, mas a nós mesmos, ou seja, aos nossos próprios pareceres. [...] Atribuir a culpa a si mesmo é a atitude de alguém que dá início à sua educação. Aquele que nem acusa aos outros nem a si mesmo já é alguém educado." - Epictetus

Precisamos compreender e controlar os nossos julgamentos internos. Aqui, Epictetus fala sobre o nosso autodomínio e a nossa educação emocional, que seguem em direção à nossa evolução como seres humanos. Quando experienciamos angústia ou aflição, não devemos culpar os outros, mas sim a nós mesmos, nossos próprios julgamentos e reações. A responsabilidade por nossos pensamentos e emoções é um sinal de crescimento e maturidade, revelando a busca por uma educação emocional.

Isso mostra que precisamos assumir a responsabilidade por nossos sentimentos e ações, libertando-nos do papel de vítimas e nos empoderando para enfrentar os desafios da vida com equilíbrio e sabedoria. Mas a verdadeira educação, segundo Epictetus, está em não culpar nem os outros nem a si mesmo, pois, assim, alcançamos a serenidade e a paz interior diante das circunstâncias. Cultivar o autodomínio e a responsabilidade, portanto, é o caminho para uma vida mais plena e virtuosa, em conformidade com os princípios estoicos.

EPISÓDIO #358 | **TAGS** #responsabilidade, #educaçãoemocional, #maturidade

DIA 10: / /

AME TUDO O QUE A VIDA LHE TROUXER

"Aceite as coisas que o destino lhe traz, e ame as pessoas que o destino aproxima de você, mas faça isso de todo o seu coração." - Marcus Aurelius

Ame tudo aquilo que a vida trouxer para você. Esse é o conceito de *amor fati*, que fala sobre não apenas aceitar, mas ativamente abraçar o que acontece com você. É sobre encontrar o lado bom em cada situação, não importa quão difícil seja, e crescer com o que está acontecendo. É não apenas lidar com o destino, mas usá-lo como uma oportunidade de crescimento e aprendizado. Ver as situações de modo objetivo, entendendo que não são os eventos em si que nos afetam, mas como os encaramos.

O *amor fati* é a mentalidade estoica de aproveitar ao máximo tudo o que acontece. Aceitar cada momento, mesmo os desafios, em vez de evitá-los.

Assim, ao cultivar o *amor fati*, você transforma os obstáculos em oportunidades e encontra significado em cada experiência. É uma mentalidade poderosa que guia você na busca de uma vida mais rica e cheia de sentido, em sintonia com os princípios estoicos.

EPISÓDIO #359 | **TAGS** #aceitação, #transformação, #resiliência

DIA 11: / /

ESTAMOS TODOS CONECTADOS

"O que faz bem para a abelha faz bem para a colmeia. O que faz mal para a colmeia faz mal para a abelha." - Marcus Aurelius

A verdade é que existe um bem comum que conecta todos nós, e devemos trabalhar juntos para que possamos evoluir. Marcus Aurelius diz que, se algo não é bom para alguns, não será bom para ninguém, e isso acontece porque estamos todos interconectados.

Esse é o conceito de *sympatheia*, que nos lembra a conexão profunda que temos com os outros seres humanos e como as nossas ações podem impactar os outros e vice-versa. Somos interdependentes e compartilhamos um bem comum que nos une como parte do universo. Por isso, a compreensão dessa interconexão deve motivar você a agir com bondade e em prol do bem comum.

Entender isso nos ajuda a cuidar uns dos outros, cultivando um senso de solidariedade e altruísmo. Se somos seres racionais é porque devemos cultivar os nossos valores e o benefício mútuo. Dessa forma, ao nos unirmos em busca de um bem maior, podemos encontrar significado e propósito em nossas ações, contribuindo para um mundo mais solidário e interconectado.

EPISÓDIO #360 **| TAGS** #solidariedade, #interdependência, #altruísmo

DIA 12: / /

VALE A PENA VIVER

"A virtude proporciona uma alegria eterna e tranquilizadora, mesmo que surja algum obstáculo, mas como uma nuvem passageira, que se interpõe frente ao sol, mas nunca prevalece contra ele." - Sêneca

Os ensinamentos de Sêneca ressaltam a importância da virtude como o bem supremo a ser buscado na vida. Ela faz com que não deixemos o meio nos influenciar, mesmo frente a dificuldades e desafios.

Para os estoicos, a virtude é a base de tudo o que é bom e valioso, e é por meio dela que alcançamos a verdadeira felicidade e o significado em nossa vida. Esse é o *summum bonum*; é uma forma de sair sempre vencedor. A regra da vida não é sobre acumular o que é material, mas sim acumular virtudes.

A ideia de que enfrentamos oportunidades de responder com virtude em todas as situações da vida ressalta a importância de não nos rendermos ao meio, mesmo diante de desafios ou adversidades. A virtude nos capacita a perseverar, a manter a nossa integridade e a agir de maneira justa e honrosa, independentemente das circunstâncias.

EPISÓDIO #361 | **TAGS** #virtude, #resiliência, #integridade

DIA 13: / /

A VIRTUDE DA SABEDORIA

"A principal tarefa na vida é simplesmente esta: identificar e separar as coisas para que eu possa dizer claramente a mim mesmo quais são as coisas externas que não estão sob meu controle e quais têm a ver com as escolhas que eu realmente controlo. Onde, então, procuro o bem e o mal? Não nas questões externas incontroláveis, mas sim dentro de mim, nas escolhas que são minhas." - Epictetus

A sabedoria não está no que é externo e incontrolável, mas sim no que diz respeito às decisões que controlamos em nossa vida. Vivemos em uma eterna busca pelo sentido da vida e do bem supremo, sentimos necessidade de compreender e discernir o que é certo ou errado, e tudo isso com o simples desejo de atingir a transformação e o crescimento pessoal.

A sabedoria, portanto, vai muito além do conhecimento intelectual que adquirimos ao longo de nossa vida, uma vez que nela está envolvida a capacidade de discernir entre o bem e o mal ao fazer escolhas adequadas e lidar com as adversidades que aparecem no caminho. Então, perceba que ser sábio não é um conceito teórico; é uma busca individual que deve ser aplicada ao mundo real por meio de ações virtuosas.

Sêneca dizia que o verdadeiro sábio é aquele que coloca em prática a sua sabedoria, transformando-a em hábitos e compartilhando-a com os outros. A sabedoria sem ação perde seu significado e impacto. Então, esteja disposto a aprender com as suas limitações e a superá-las. Não aja por impulso e busque a sabedoria em cada decisão que tomar diariamente.

EPISÓDIO #362 **| TAGS** #sabedoria, #virtude, #superarlimitações

DIA 14: / /

TEMPERANÇA: A VIRTUDE ESTÁ NO MEIO

> *"Se você busca tranquilidade, faça menos. Ou, mais precisamente, faça o que é essencial - o que o logos de um ser social requer, e da maneira necessária. Isso traz uma dupla satisfação: fazer menos e melhor."*

É possível percebermos que a virtude está no meio, entre o excesso e a deficiência, sendo o excesso representado pelos descontentamentos e insatisfações com impulsos autodestrutivos e a deficiência entre aquilo que faz falta. A temperança, por outro lado, protege-nos contra os extremos quando não confiamos na fugacidade do prazer para a felicidade, não permitindo que isso cause dor ou nos destrua.

Sêneca nos ensina a importância do equilíbrio e do autocontrole em nossa vida, ensina-nos a buscar a tranquilidade e a satisfação não fazendo menos, mas sim fazendo o que é essencial e necessário, evitando os extremos do excesso e do desejo desenfreado.

Sendo assim, a virtude da temperança é a sabedoria de encontrar o meio-termo entre o excesso e a deficiência, não apenas em relação aos bens materiais, mas também nas nossas emoções e ações. Ao cultivarmos a temperança em nossa vida, buscamos o equilíbrio e o autocontrole, encontrando a satisfação em ter o que é essencial e suficiente. Ela nos guia na busca da felicidade verdadeira e duradoura e nos protege dos impulsos autodestrutivos que nos afastam do bem mais elevado: o *summum bonum*.

EPISÓDIO #363 **| TAGS** #equilíbrio, #autocontrole, #satisfação

SEMANA 3

BASES ESTOICAS – PARTE 2

"O contentamento é uma riqueza natural;
o luxo é uma pobreza artificial."

ESCANEIE O QR CODE

Descubra como encontrar o contentamento, para aprofundar o seu conhecimento sobre estoicismo.

DIA 15: / /

A VIRTUDE DA CORAGEM: *SUMMUM BONUM*

"Lembre-se de aplicar tal princípio em cada ocasião que possa lhe causar aborrecimento: tal evento não é em si mesmo um infortúnio nem motivo de infelicidade, mas poder suportá-lo com coragem é ao mesmo tempo uma sorte e um motivo de satisfação." – Marcus Aurelius

O que é a coragem estoica? É a coragem para enfrentar o infortúnio, a morte, para se arriscar pelo bem dos outros, para manter os seus princípios mesmo quando as pessoas escapam impunes ou são recompensadas por ignorá-los. É expressar o que se pensa e insistir na verdade. Isso é coragem!

Epictetus nos convida a ver a coragem como uma campanha militar, destacando a importância de vigiar e obedecer aos comandos da vida, assumindo o nosso posto com coragem e determinação. A coragem é uma virtude essencial que nos capacita a enfrentar as adversidades e a cumprir nossos deveres com bravura.

Marcus Aurelius nos diz que devemos aplicar esse princípio em cada ocasião que pode estar nos causando insatisfação e desânimo. Olhe com coragem, perceba que a circunstância não é motivo de infelicidade, mas sim uma oportunidade para que você tenha coragem de enfrentar e evoluir. É uma ocasião de sorte e uma fonte de satisfação.

Cultivar a coragem, portanto, permite-nos enfrentar a vida com determinação, resiliência e integridade, seguindo o caminho do *summum bonum* – o bem mais elevado – em busca da verdadeira felicidade e do significado em nossa vida.

EPISÓDIO #364 **| TAGS** #coragem, #resiliência, #integridade

DIA 16: / /

EUDAIMONIA: A FELICIDADE SUPREMA

"A felicidade é um verbo. É o desempenho contínuo, dinâmico e permanente de atos de valor. Nossa vida é construída a cada momento, e tem utilidade para nós e para as pessoas que tocamos."

Immanuel Kant (1724-1804), filósofo alemão e um dos principais pensadores do Iluminismo, fala sobre como a felicidade é algo que encontramos ao buscar os nossos valores. Assim é no estoicismo! Buscamos a felicidade suprema, também conhecida como eudaimonia, vivendo uma vida próspera e virtuosa. É um sentimento que surge da busca pelas virtudes, pela excelência e pela coragem, vivendo de acordo com a natureza racional e social do ser humano. A felicidade não é encontrada diretamente, mas é um subproduto do contínuo desempenho de atos de valor, desapego de desejos e emoções negativas.

Eudaimonia representa viver uma vida próspera e virtuosa, de acordo com a nossa natureza racional e social. A busca pelas virtudes, como coragem, justiça, sabedoria e temperança, é o caminho para alcançar a felicidade. Viver de acordo com a natureza humana significa desapegar de desejos e emoções negativos, compreendendo que o que é bom e o que é ruim é simplesmente "indiferente". Ao cultivarmos uma mente tranquila e seguirmos as virtudes, alcançaremos a eudaimonia.

Portanto, concentre-se em seus valores, busque as virtudes e encontre a felicidade em suas ações e no contínuo desempenho de atos de valor. Ao assumir o controle de suas próprias escolhas e emoções, você alcançará a eudaimonia e experimentará a verdadeira felicidade e a prosperidade. Lembre-se sempre de que a única coisa que você pode controlar é a si mesmo.

EPISÓDIO #366 | **TAGS** #eudaimonia, #equilíbrioemocional, #controleinterno

DIA 17: / /

MEMENTO MORI: LEMBRE-SE DE QUE VOCÊ É MORTAL

> *"A maioria dos homens mingua e flui em miséria entre o medo da morte e as dificuldades da vida; eles não estão dispostos a viver, e ainda não sabem como morrer." – Sêneca*

Meditar sobre a mortalidade só é deprimente se você não compreender o verdadeiro significado de ser, e não de ter ou fazer. Percebe a diferença? Os estoicos consideram esse pensamento revigorante e humilde, e Sêneca nos fala que é muito difícil encontrar quem valoriza o tempo e compreende que estamos morrendo a cada dia. Para ele, falhamos. Pensamos que a morte é algo do futuro, mas parte dela já é algo do passado.

Por isso precisamos falar sobre *memento mori*. É uma expressão que nos lembra da nossa mortalidade e nos convida a refletir sobre a vida e a morte. Pensar sobre a nossa finitude nos lembra da importância de valorizar o presente e viver cada momento com significado e virtude.

O tempo é um recurso precioso, e Sêneca nos lembra de valorizar cada dia, pois parte da nossa vida já pertence à morte. Viver com sabedoria estoica significa compreender que a morte iguala a todos, independentemente de nossas circunstâncias. Portanto, use esse lembrete da mortalidade para viver uma vida de significado, valorizando o tempo que você tem e buscando a virtude em suas ações e em seus pensamentos.

EPISÓDIO #370 **| TAGS** #mortalidade, #valorizeotempo, #valorizeavida, #humildade

DIA 18: / /

ESTE INSTANTE É TUDO O QUE EXISTE

"Dê a si mesmo um presente: o momento presente!" – Marcus Aurelius

"Perceba que o momento presente é tudo o que você tem. Faça do seu momento presente o foco principal da sua vida. Não existe passado ou futuro, apenas o agora." – Sêneca

"Nada nos pertence, é tudo um empréstimo divino: nosso próprio filho, nosso corpo, nossa alma." – Sêneca

Falar sobre viver o presente é fundamental para que possamos evoluir. Os ensinamentos de Sêneca e Marcus Aurelius nos convidam a viver o presente com plena consciência e apreciação. É um presente valioso que devemos aproveitar ao máximo, deixando de lado as preocupações com o passado ou com o futuro.

Ao compreender que tudo é um empréstimo divino, reconectamo-nos com a natureza universal e aceitamos o fluxo da vida. Assim, encontramos serenidade e sabedoria para viver com foco no agora, reconhecendo a importância das conexões com outros seres humanos e valorizando cada detalhe da existência.

Assim, desejo que possamos ser operadores conscientes de nossa vida, aproveitando a riqueza do instante presente.

EPISÓDIO #373 **| TAGS** #momentopresente, #apreciaçãodavida, #conexãocomosseres, #naturezauniversal

DIA 19: / /

ASSIM É O PROCESSO DA CRIAÇÃO

"A nossa vida é aquilo que nossos pensamentos fizeram dela." – Marcus Aurelius

A realidade é que o processo de criação começa com um pensamento, uma ideia, um conceito ou uma visualização, uma vez que as palavras são criativas e espalham energia pelo universo que nos cerca. Você já parou para pensar e refletir sobre esse tema? Sobre como os seus pensamentos estão diretamente conectados ao que somos e representamos ao mundo?

Assim, o estoicismo e Sêneca nos convidam a reconhecer o poder do pensamento e da criação em nossa vida. Já Marcus Aurelius, na frase que abriu a nossa reflexão, lembra-nos de que tudo aquilo que pensamos molda a nossa realidade. Palavras são veículos poderosos de expressão que influenciam tudo ao nosso redor. Não se esqueça, portanto, de cultivar pensamentos positivos e palavras construtivas para alcançar uma vida plena e significativa. A criação é uma força divina que se manifesta por meio da nossa capacidade de pensar, falar e agir de maneira sábia e virtuosa.

EPISÓDIO #368 **| TAGS** #criação, #poderdospensamentos, #conexão, #palavra

DIA 20: / /

O TEMPO É O SEU BEM MAIS PRECIOSO

"Uma das grandes tragédias da vida humana é perder a maior parte do tempo dentro de nossa mente, ansiosos pelo futuro ou angustiados pelo passado. Perceba que o momento presente é tudo o que você tem. Faça do seu momento presente o foco principal da sua vida."

Sêneca diz que o tempo é o nosso bem mais precioso, então quero convidá-lo a refletir sobre como você não é os seus pensamentos e como a presença aqui e agora traz poder e libertação. Ter isso em mente e desenvolver essa virtude em sua vida fará com que você valorize o seu tempo plenamente e viva o presente como a maior dádiva que já existiu.

O agora é tudo o que temos, e é nele que devemos focar as nossas ações e a nossa atenção. Não se deixe ser dominado por pensamentos e ansiedades sobre o passado ou o futuro, mas torne-se um observador consciente de seus pensamentos. A verdadeira presença no agora traz poder e sabedoria para viver de forma mais significativa.

EPISÓDIO #369 **| TAGS** #valorizaçãodotempo, #vivaopresente, #autoconhecimento, #pensamentos

DIA 21: / /

TUDO ESTÁ DENTRO DE VOCÊ

"Aceite as coisas que o destino lhe traz e ame as pessoas que o destino aproxima de você, mas faça isso de todo o seu coração." - Marcus Aurelius

"O homem não é afetado pelos eventos, mas pela visão que ele tem deles." - Sêneca

Marcus Aurelius e Sêneca nos lembram de que tudo está dentro de nós e que as coisas externas são apenas estímulos para o que acontece em nosso interior. Aceitar as situações que o destino nos traz e amar as pessoas que cruzam o nosso caminho são atitudes que devemos ter com todo o nosso coração. Lembre-se de que somos afetados não pelos eventos em si, mas pela nossa visão e perspectiva sobre eles. Portanto, é essencial cultivar o autoconhecimento e o autocontrole para enfrentar as circunstâncias da vida com serenidade e sabedoria.

Tudo o que acontece em nossa vida é uma oportunidade para crescer e evoluir internamente. Ao perceber que o mundo acontece dentro de nós, podemos encontrar paz e equilíbrio em meio às adversidades, transformando os estímulos externos em oportunidades de crescimento e autorreflexão.

EPISÓDIO #372 **| TAGS** #autoconhecimento, #autocontrole, #aceitação, #perspectiva

SEMANA 4

BASES CALMA DA MENTE

"A mente que está ansiosa sobre eventos futuros é miserável."

- SÊNECA

ESCANEIE O QR CODE

Encontre a calma que busca e mergulhe em práticas para serenar sua mente.

DIA 22: / /

A VOZ NA SUA MENTE NÃO É VOCÊ

"Quão libertador é perceber que a voz na minha mente não sou eu! Quem sou eu, então? Aquele que observa."

Sêneca diz que a voz em nossa mente não somos nós. E que estamos presos dentro de nossa própria mente, reféns da voz que não conseguimos controlar. Escapar dessa prisão é liberdade.

Por isso, lembre-se de que a voz em sua mente não é quem você realmente é. É libertador perceber que você é o observador, e não a própria voz. O autoconhecimento nos liberta da prisão da mente, permitindo-nos escapar das amarras dos pensamentos incontroláveis. Meditação e foco no momento presente são caminhos para encontrar essa libertação interior e reconectar-se com a verdadeira essência de quem somos além das ideias e dos pensamentos. A jornada rumo à liberdade interna é uma busca valiosa para nos encontrarmos com o ser triplo – corpo, mente e alma – e descobrir a verdadeira identidade por trás da voz mental.

EPISÓDIO #374 | **TAGS** #libertação, #autoconhecimento, #observaçãointerior, #identidadeverdadeira

DIA 23: / /

O QUE ACONTECE NÃO IMPORTA; COMO VOCÊ REAGE, SIM

"O que importa é como você reage aos acontecimentos que transitarão em sua vida no seu momento presente, e não quais são esses acontecimentos de que não temos controle."

"A principal causa da infelicidade nunca é a situação, mas sim os seus pensamentos sobre ela." - Epictetus

Uma mente inabalável é moldada para a vitória. É uma mente resiliente que enxerga oportunidades em qualquer obstáculo da vida. Assim, o que acontece conosco não importa; o que vale é como reagimos a isso.

Epictetus nos ensina sobre a importância de como reagimos diante das situações da vida. As reações e os pensamentos que temos são a principal causa da nossa infelicidade, não a situação em si. Para sermos felizes, devemos olhar para dentro e assumir a responsabilidade por nossos pensamentos e escolhas. Ao honrar o momento presente e enxergar oportunidades em cada obstáculo, desenvolvemos uma mente resiliente e inabalável, capaz de enfrentar qualquer dificuldade com coragem e determinação.

A verdadeira vitória reside em nossa capacidade de responder com sabedoria e amor às ações mais simples do presente. Portanto, pare, respire e pergunte-se: Qual problema eu tenho agora, neste exato momento? A resposta está em como você escolhe viver e enfrentar cada instante da vida.

EPISÓDIO #375 **| TAGS** #aceitação, #felicidade, #responsabilidadepelospensamentos, #resiliência

DIA 24: / /

ASSIM TUDO É CRIADO

"A sabedoria é o fruto da busca incessante pelo conhecimento e da contemplação das verdades universais."

Se o pensamento é o primeiro passo da criação e, em seguida, vem a palavra, a ação é Deus criando e sendo experimentado. Precisamos nos lembrar constantemente disso!

Marcus Aurelius fala sobre a importância desse processo, que começa com nossos pensamentos e se manifesta por meio de palavras e ações. Nossos pensamentos moldam a nossa realidade, e nossas palavras e ações têm um impacto significativo no mundo ao nosso redor.

Devemos lembrar que somos criadores de nossa própria experiência, e que nossas escolhas e atitudes determinam o caminho que seguimos na vida. Assim, ao cultivar pensamentos positivos e utilizar palavras e ações construtivas, podemos manifestar uma realidade mais alinhada com nossos valores e aspirações. O processo de criação é um poderoso instrumento para aprimorar a nossa existência e encontrar maior sentido e significado na jornada da vida.

EPISÓDIO #377 | **TAGS** #criação, #impactodaspalavras, #divindade, #ação

DIA 25: ___ / ___ / ___

A LEI DA IMPERMANÊNCIA

"Fluxos e mutações renovam o mundo incessantemente, assim como o curso ininterrupto do tempo está sempre renovando a duração infinita das eras. É como se nos dedicássemos a amar uma dessas aves que passam voando pelo céu para logo sumir no horizonte."

Tudo é tão passageiro, tão etéreo, tão impermanente, que é como se nos dedicássemos a amar uma das aves que passam voando pelo céu e logo desaparecem no horizonte. A transformação é natural; as perdas, as conquistas, os nascimentos e as mortes fazem parte da beleza e da magnificência da vida, e temos apenas que entender isso e não ter medo da mudança.

Essa é a impermanência da vida. Marcus Aurelius ressalta a importância de compreender a natureza transitória de todas as coisas. E essa perspectiva está em consonância com a filosofia budista, que também prega a impermanência como uma das leis fundamentais do universo. A reflexão sobre a fugacidade das experiências e a aceitação dessa realidade pode nos ajudar a encontrar maior paz interior e serenidade diante das mudanças da vida. Precisamos nos aprofundar em nossa própria jornada interior. Isso é sinônimo de autoconhecimento e autorreflexão.

Por isso, olhar a impermanência com bons olhos requer prática e esforço para aceitar as mudanças da vida e encontrar a beleza em cada momento fugaz. Precisamos então desenvolver uma perspectiva mais equilibrada e serena diante das incertezas e das transformações que enfrentamos em nossa vida. Ao abraçar a impermanência como uma parte essencial da existência, podemos aprender a viver mais plenamente e apreciar cada instante com gratidão e aceitação.

EPISÓDIO #381 | **TAGS** #reflexão, #gratidão, #aceitação

DIA 26: ____ / ____ / ____

ISSO É O QUE TEM MAIS VALOR NA VIDA

> *"O que merece valor? Os aplausos? Não, nem as exaltações, que são um movimento de línguas, tanto quanto as palmas são um movimento das mãos. Portanto, esqueça a glória vã do que é conhecido como fama. Segundo penso, merece valor a capacidade de se mover ou se deter em conformidade com a sua própria natureza, o que é também o objetivo das artes e do estudo filosófico. Sem dúvida, a arte se propõe a encaminhar sempre cada criatura à obra para a qual foi criada: o plantador que cultiva a videira, o domador de cavalos, o adestrador de cães, todos visam a cumprir a sua arte."*

O que merece valor é a capacidade de se mover ou se deter em conformidade com a sua própria natureza. Isso é o que é digno de valor. Pense comigo: a morte é uma certeza e todas as pessoas passarão por isso. Então, por que buscar tanto a fama? Qual é o tamanho de nossa carência e insegurança? Por isso, não busque aplausos. Aceite as suas inseguranças e aprenda a superá-las.

Esse é o convite que Marcus Aurelius nos faz para refletirmos. Precisamos olhar para o verdadeiro valor da vida e questionar as motivações por trás da busca por fama e aprovação externa, ao mesmo tempo que devemos agir de acordo com a nossa própria natureza e com nossos valores. Isso é o que nos traz verdadeiro propósito. É uma chamada para viver autenticamente, em harmonia com quem somos.

A vida é breve, portanto, não devemos buscar a aprovação externa e os aplausos. Devemos procurar a virtude, a aceitação da impermanência e um sentido mais profundo. Isso trará felicidade e autenticidade.

EPISÓDIO #382 **| TAGS** #autoaceitação, #insegurança, #valorizaçãopessoal

DIA 27: / /

VOCÊ É CORPO, MENTE E ALMA

"Você tem este corpo aqui, uma parte física necessária para interagir no planeta, uma mente que executa uma infinidade de atividades, e a alma, que controla essa mente e tenta controlar esse corpo. A morte é a cessação das impressões dos sentidos, das excitações dos nossos desejos, das divagações de nossos pensamentos e da escravidão da carne."

Somos corpo, mente e alma. Marcus Aurelius diz que é uma vergonha que a alma desista da vida enquanto o corpo segue adiante. Por isso, devemos aproveitar o presente e permitir que a nossa alma encontre significado e propósito em nossas experiências. Essa é a natureza tríplice do ser humano – corpo, mente e alma. Devemos refletir sobre a nossa própria essência e valorizar cada aspecto de nossa existência.

Ao viver em paz com a impermanência da vidae com significado e propósito, estaremos buscando a serenidade e aproveitando o presente. Valorize a sua existência, trilhe uma jornada em vida com sabedoria e encontre sua paz interior. Fazer isso fará com que você esteja cumprindo o seu papel aqui e viva com mais plenitude em todas as áreas.

EPISÓDIO #398 **| TAGS** #compreensão, #naturezatríplice, #serenidade, #impermanência

DIA 28: / /

VOCÊ É UM SER TRIPLO

"Você não é o seu corpo. Você não é a sua mente. Portanto, quem é você? Você é aquele que observa."

Uma reflexão sobre a triplicidade do ser, abordando o corpo, a mente e o espírito, é essencial para o autoconhecimento e o desenvolvimento pessoal. É explorada a ideia de que nosso corpo é uma máquina complexa, que realiza inúmeras ações de forma automática, enquanto nossa mente pode se perder em pensamentos dispersos. A prática dos praticantes conscientes é destacada como uma ferramenta para trazer presença e equilíbrio à nossa vida diária.

Compreender que a nossa mente é mais do que o cérebro físico permite nos conectar com uma esfera mais profunda de nós mesmos, o espírito ou alma, onde encontramos a nossa verdadeira essência e o nosso propósito. A busca pela conexão com nosso ser interior nos leva a uma vida mais consciente e determinada com nossos valores e objetivos.

Por isso, somos encorajados a explorar a nossa triplicidade com sabedoria, buscando a harmonia entre corpo, mente e espírito para vivermos de modo mais significativo e em sintonia com o universo. A jornada do autoconhecimento é uma busca constante, mas ela nos leva a uma vida mais autônoma e recompensadora. Dedique tempo, portanto, para aprofundar essa compreensão e praticar a conexão com o seu ser interior para alcançar a plenitude em sua vida.

EPISÓDIO #420 | **TAGS** #conexão, #euinterior, #consciênciaplena, #equilíbrio

SEMANA 5

VISÕES GERAIS SOBRE O ESTOICISMO

"O homem sábio
é suficiente em si mesmo."

- SÊNECA

ESCANEIE O QR CODE

Pronto para explorar a sabedoria estoica?

DIA 29: / /

APRENDENDO A CRIAR RESULTADOS MIRACULOSOS

"As palavras têm poder e, por meio delas, compartilhamos os nossos pensamentos com os outros e damos vida às nossas ideias. A ação é o resultado da criação; é quando aquilo que foi imaginado ganha forma e se torna realidade."

Sêneca uma vez disse: "A criação é uma manifestação do poder do pensamento humano, da capacidade de expressar ideias e da coragem para transformar sonhos em realidade".

Tudo no universo é criado seguindo esse mesmo processo: pensamento, palavra e ação. Desde objetos, como celulares, cadeiras e carros, até conceitos abstratos, como ideias e pensamentos.

A primeira etapa é o pensamento, que envolve a geração de ideias e conceitos na mente. Nessa fase, as pessoas podem usar a imaginação, a intuição e a análise crítica para gerar novas ideias. A segunda etapa é a palavra, em que os pensamentos são comunicados por meio da fala ou da escrita. As palavras são uma forma de transmitir informações e ideias de uma pessoa para outra. Finalmente, a terceira etapa é a ação, em que as ideias são transformadas em realidade por meio de ações concretas. Isso pode envolver a realização de tarefas específicas, a criação de projetos ou a implementação de soluções.

Em resumo, o processo de criação envolve a geração de ideias (pensamento), a comunicação dessas ideias (palavra) e a transformação dessas ideias em ações concretas (ação). Ao perceber isso, você estará um passo mais perto de atingir os seus objetivos.

EPISÓDIO #422 | **TAGS** #inspiração, #empoderamento, #realização

DIA 30: / /

UM RESUMO DO ESTOICISMO EM MINUTOS

"O estoicismo é sobre nos ajudar a encontrar paz e felicidade em nossa vida, independentemente das circunstâncias." - Léo Simão

O estoicismo é uma filosofia que nos ensina a encontrar paz e felicidade em nossa vida, independentemente das circunstâncias que enfrentamos. As suas ferramentas nos ajudam a moldar a nossa perspectiva e a ação de maneira virtuosa.

A dicotomia do controle nos lembra de que não podemos controlar eventos externos, mas podemos controlar as nossas reações e atitudes. Isso nos dá o poder de escolher como enfrentar desafios.

Já o *amor fati* nos incentiva a abraçar o nosso destino, aceitando que tudo na vida é uma oportunidade de crescimento. Refletir sobre a nossa mortalidade nos ajuda a valorizar o presente e a focar o que realmente importa.

A *sympatheia* nos ensina que estamos todos conectados e que devemos agir com bondade e caridade em relação aos outros. E, por fim, a busca de um propósito maior nos lembra de que a evolução da alma é um objetivo digno.

Praticar o estoicismo requer disciplina e persistência, mas a jornada de autoaperfeiçoamento é recompensadora. Então, dê um passo de cada vez!

EPISÓDIO #599 **| TAGS** #aceitação, #disciplina, #crescimentopessoal

DIA 31: / /

O PREÇO DA NOSSA LIBERDADE

"A liberdade é a posse daquele que vive conforme escolhe." - Sêneca

Aqui quero explorar a conexão entre o estoicismo e a fundação dos Estados Unidos da América. Ryan Holiday destaca como os fundadores dessa nação, incluindo nomes como Thomas Jefferson e George Washington, eram versados nas obras de filósofos estoicos, como Sêneca. Esses filósofos não apenas valorizavam a liberdade, mas também as virtudes que a sustentam, como a justiça, o autocontrole e a honra.

Hoje, podemos apreciar o conforto e a liberdade resultantes da filosofia estoica que inspirou esses fundadores a enfrentar desafios incríveis durante a Revolução Americana. O estoicismo nos lembra da importância de dominar a nós mesmos e de agir com integridade, mesmo quando enfrentamos adversidades.

Assim, você deve reconhecer o valor da liberdade e apreciar o fato de que, muitas vezes, ela vem com um preço. Os fundadores da América enfrentaram desafios extraordinários e, mesmo assim, perseveraram em busca da liberdade e da justiça. Hoje, enquanto desfruta de momentos de relaxamento e conforto, lembre-se de que essa liberdade foi conquistada por meio de princípios estoicos, como a coragem e o autocontrole. Eles também nos desafiam a encontrar vitória sobre nós mesmos, aprimorando nossas virtudes e enfrentando as adversidades da vida com integridade e determinação.

EPISÓDIO #611 | **TAGS** #coragem, #liberdade, #autocontrole

DIA 32: / /

O QUE ESTÁ POR TRÁS DA FAMA

"Fama? Para quê?" - Marcus Aurelius

Nesse trecho, Marcus Aurelius nos questiona sobre a necessidade de fama. Como um imperador romano, ele conhecia a fama, mas também percebeu a sua insignificância.

Assim, em tempos em que a busca por *likes*, cliques e fama é intensa, a reflexão de Marcus Aurelius é mais relevante do que nunca. Ele nos lembra de que a fama é transitória e que, em vez disso, devemos nos concentrar em tornar bela a nossa própria vida.

Você deve refletir sobre o que realmente importa. O aplauso e a glória não trazem valor real, muitas vezes, desviando-nos do que é verdadeiramente importante. Portanto, devemos sempre olhar para dentro e não nos preocupar com o que os outros pensam.

EPISÓDIO #717 **| TAGS**, #fama, #valor, #autoconhecimento, #vidaautêntica, #significado

O BELO É SIMPLES, E É NA SIMPLICIDADE QUE ESTÁ A BELEZA DO ESTOICISMO

"Se queres fazer um homem feliz, não acrescentes riquezas às suas posses, mas retira desejos de sua alma." - Sêneca

Veja que não há muito no estoicismo que seja particularmente inovador; é uma filosofia que fala sobre se concentrar no que você pode controlar, ser uma boa pessoa, gerenciar as emoções. Sofremos mais na imaginação do que na realidade. Então, apenas faça o seu trabalho, viva a sua vida, seja o melhor de si mesmo, e as pessoas podem escolher estar perto ou longe.

A essência do estoicismo, que é caracterizada por sua simplicidade e direção direta, não busca impressionar com complexidade, mas sim transmitir lições e princípios de maneira clara e direta. A ideia central é se concentrar no que está sob seu controle, ser uma pessoa virtuosa e gerenciar suas emoções. Essas diretrizes simples, como as citadas por Epictetus e Marcus Aurelius, são essenciais para uma vida estoica e significativa.

Além disso, fala-se sobre a importância de não sofrer excessivamente na imaginação, pois, muitas vezes, criamos preocupações e ansiedades desnecessárias.

Por fim, quero enfatizar a importância de simplesmente fazer o nosso trabalho, viver a nossa vida da melhor maneira possível e ser o melhor de nós mesmos. As pessoas têm a liberdade de escolher se querem se envolver ou não, mas devemos seguir o nosso caminho com confiança e autenticidade.

Lembre-se de que o estoicismo é uma filosofia que valoriza a simplicidade e a clareza. Concentre-se no que você pode controlar, seja virtuoso e gerencie as suas emoções. Evite sofrer excessivamente na imaginação, pois a realidade é frequentemente mais simples do que pensamos. Então, siga o seu caminho com confiança, viva a sua vida da melhor maneira possível e tenha autenticidade em sua jornada.

EPISÓDIO #613 | **TAGS** #simplicidade, #confiança, #autoaperfeiçoamento

DIA 34: / /

UMA DÍVIDA A PAGAR: QUANTO DEVEMOS AOS ESTOICOS

"Consideramos que essas verdades são evidentes: que todos os homens são criados igualmente; que são dotados de certos direitos inalienáveis concedidos pelo Criador, entre os quais estão a vida, a liberdade e o direito da busca da felicidade."

"Esse é o grande legado que os estoicos têm nos deixado por gerações e gerações que já vieram e por gerações e gerações que estão por vir."

Perceba o impacto duradouro que o estoicismo teve na história e na cultura da humanidade, especialmente nos Estados Unidos. A Constituição norte-americana, com sua famosa declaração sobre os direitos inalienáveis à vida e à liberdade e a busca da felicidade, reflete fortemente a influência estoica. O direito à busca da felicidade, em vez de o direito à felicidade em si, é um conceito profundamente enraizado no estoicismo, enfatizando o papel ativo que todos desempenhamos em nossa própria busca pela satisfação e pela realização.

É notável como muitos dos fundadores dos Estados Unidos eram versados nas obras e na filosofia estoica, o que contribuiu para a coragem e a visão que tiveram ao fundar uma nova nação.

Além disso, o episódio destaca como essa filosofia continua a inspirar pessoas em todo o mundo até os dias de hoje. O estoicismo é uma fonte de força, resiliência e coragem para enfrentar os desafios da vida e para lembrar que a única coisa que podemos controlar é nossa própria percepção e resposta às circunstâncias.

O legado dos estoicos é um tesouro que tem sido passado de geração em geração, e cabe a nós reconhecê-lo e usá-lo para melhorar a nossa própria vida.

EPISÓDIO #614 **| TAGS** #inspirador, #gratidão, #reconhecimento

DIA 35: / /

É SOBRE ISSO QUE É A VIDA

"Nossa vida não é sobre nós, mas sobre as pessoas que tocamos."

Marcus Aurelius é o imperador que não escolheu o trono, mas o aceitou com sacrifício. Ele optou por ser um político bom e honesto, o que significava enfrentar ataques e ser exilado. Assim como ele, muitos estoicos estiveram envolvidos na vida pública, muitas vezes, de forma altruísta e dolorosa. O estoicismo não é uma filosofia de resignação, mas de compromisso com o bem público.

A lição aqui é clara: não são os atos grandiosos que definem a nossa obrigação de servir. O serviço pode ser pequeno, como recusar subornos ou adotar uma criança. A chave está em contribuir para o bem-estar dos outros e tomar o caminho certo, mesmo quando não é o mais fácil.

Pergunte a si mesmo: O que você está disposto a dar? A quem você está disposto a servir? Se a sua vida fosse um resgate, quantas vidas ela salvaria?

EPISÓDIO #590 **| TAGS** #compromisso, #altruísmo, #contribuiçãosocial

SEMANA 6

GRATIDÃO

"A gratidão é não apenas a maior das virtudes, mas a mãe de todas as outras."

- CÍCERO

ESCANEIE O QR CODE

Desperte a gratidão dentro de você e aprenda a cultivá-la diariamente.

DIA 36: / /

TENHA GRATIDÃO, MESMO QUE POR EGOÍSMO

"Seja grato e perceba que você tem tudo na vida que precisa ter. A gratidão é a forma mais fácil e proveitosa de superar os momentos difíceis da vida."

Saiba que, por mais difícil que esteja o seu momento, existem milhões de pessoas no mundo que dariam a vida para estar no seu lugar. Perceba que a gratidão e a sua relação com a evolução humana são notáveis e dignas de serem compartilhadas com o mundo, porque essa habilidade é uma poderosa ferramenta que nos permite enxergar a abundância presente em nossa vida, mesmo em meio a momentos desafiadores.

Ao cultivar a gratidão, estamos enviando uma energia positiva de volta ao universo, compreendendo que nossas ações e escolhas reverberam e têm um propósito maior. O conceito do *amor fati*, amar o destino, do estoicismo, convida-nos a aceitar cada situação que a vida nos apresenta e aprender com ela, pois se trata de uma oportunidade para crescermos e evoluir como seres humanos.

Além disso, a gratidão nos conecta com a empatia e a generosidade, convidando-nos a sair do nosso mundo interno e perceber o mundo externo. Ajudarmos os outros, oferecermos suporte e sermos generosos... para nós mesmos. São atos que não apenas beneficiam os que recebem a nossa ajuda, mas também trazem satisfação e realização para nós mesmos.

Ao seguir essa jornada de autodescoberta e conexão com o mundo, você estará em busca de crescimento e transformação contínuos. Isso é sair da zona de conforto como um passo corajoso em direção a uma vida mais plena e significativa. Então, continue trilhando esse caminho de autodesenvolvimento e disseminação do bem, pois as suas palavras podem inspirar e guiar outras pessoas a encontrar o poder da gratidão em sua própria vida.

Lembre-se sempre de que a mudança começa em nós mesmos, e de que, quando escolhemos ser gratos, impactamos positivamente o mundo ao nosso redor.

EPISÓDIO #419 | **TAGS** #gratidão, #aceitação, #coragem, #resiliência, #empatia, #generosidade

DIA 37: / /

ISSO É A VIDA; NÃO RECLAME, AGRADEÇA

"Ninguém disse que a vida era fácil, ninguém disse que ela seria justa."

"Você é herdeiro de uma tradição impressionante e foi feito para isso, gerado para isso."

"Reflita sobre quantas pessoas vieram antes de você para que você pudesse estar aqui hoje."

Pense sobre a natureza da vida e as adversidades que enfrentamos ao longo dela. É comum nos queixarmos das dificuldades que surgem em nosso caminho, mas a mensagem central aqui é a de que a vida não é fácil para ninguém, e a justiça nem sempre está presente.

A filosofia estoica nos ensina a apreciar o fato de estarmos vivos e a reconhecer a herança de força e resiliência que herdamos de nossos ancestrais. Cada um de nós é o resultado de uma longa linhagem de pessoas que enfrentaram desafios inimagináveis para que pudéssemos estar aqui hoje.

Essa reflexão nos convida a olhar para as dificuldades com gratidão, em vez de reclamação, e a mensagem fundamental é a de que, mesmo quando a vida nos apresenta obstáculos, devemos nos lembrar das muitas gerações que vieram antes de nós e que nos deram a oportunidade de existir. É um lembrete de que somos capazes de enfrentar as adversidades, assim como nossos antepassados o fizeram.

Portanto, da próxima vez que se deparar com dificuldades, em vez de reclamar, reserve um momento para agradecer pela oportunidade de estar vivo e pela herança de resiliência que carrega em sua essência.

EPISÓDIO #620 | **TAGS** #gratidão, #resiliência, #reflexão

DIA 38: / /

TUDO O QUE SOBE, DESCE

"Nenhum homem jamais foi tão avançado pela sorte ou pela Providência que ela não o tenha ameaçado tanto quanto antes o havia agradado." - Sêneca

O foco aqui está na impermanência das coisas e na importância de não tomar nada como garantido. Sêneca, o filósofo romano, alerta-nos para o fato de que o que sobe, eventualmente, desce. O que foi dado aleatoriamente pode ser retirado aleatoriamente.

Todos nós somos abençoados pela providência, mas é importante lembrar que tudo isso é temporário. A sorte pode mudar a qualquer momento e tudo o que temos pode ser retirado de nós. Por isso, é importante não confundir a nossa autoestima com o nosso patrimônio líquido ou a nossa identidade com o nosso lugar na sociedade.

Portanto, valorize o que você tem, não perca o momento se comparando com as outras pessoas e evite a tentação de confundir o seu valor pessoal com o seu *status* social. Lembre-se: tudo é temporário e depende da Providência, que é tão inconstante e cruel quanto generosa.

EPISÓDIO #639 **| TAGS** #impermanência, #gratidão, #Sêneca

DIA 39: / /

TUDO É PARTE DO DIVINO

"Não te lamentes com as dificuldades fixadas pelo destino no presente, nem temas ou procures fugir do que, para ti, está reservado no futuro." – Marcus Aurelius

Em sua meditação, Marcus Aurelius nos exorta a não nos lamentarmos pelas dificuldades do momento presente nem temermos o que o futuro possa nos reservar. Ele nos lembra de que tudo é parte da Providência, do divino, da natureza. Nesse sentido, tudo o que acontece é necessário e útil para a ordem universal.

Nossa tendência natural é classificar as coisas como boas ou ruins, mas a filosofia estoica nos ensina que as coisas simplesmente são o que são. Nós temos o poder de escolher como interpretá-las e reagir a elas. Podemos nos lamentar, ou podemos ver cada evento como uma oportunidade de aprendizado e crescimento.

Assim, lembre-se de que cada um de nós tem o poder de moldar a própria experiência de vida, escolhendo conscientemente como percebemos os desafios que encontramos e como respondemos a eles.

EPISÓDIO #695 | **TAGS** #presente, #futuro, #Providência, #desafios

DIA 40: / /

ACEITE TUDO O QUE O DESTINO ENVIAR PARA VOCÊ

"Aceite tudo o que o destino te enviar." - Marcus Aurelius

Existe valor em aceitar e até em amar o que a vida nos traz. Esse conceito, também conhecido como *amor fati*, diz que devemos estar em sintonia com a harmonia do mundo e ver tudo o que acontece como parte de um todo maior.

Resistir à realidade, lutar contra o que é, só nos leva ao sofrimento. Em vez disso, os estoicos nos orientam a aceitar a realidade como ela é, sem desejar que seja diferente. Isso não significa resignação, mas sim reconhecer que não controlamos tudo o que acontece ao nosso redor e que precisamos nos adaptar a essas circunstâncias.

Essa é uma prática que nos leva a uma vida mais pacífica e equilibrada, em que concentramos a nossa energia nos pontos que temos o poder de mudar: os nossos sentimentos, as nossas ações e as nossas reações aos acontecimentos.

EPISÓDIO #696 **| TAGS** #*amorfati*, #destino, #aceitação, #adaptação

DIA 41: / /

CADA NOVO NASCER DO SOL

"Todo dia é um bônus." - Sêneca

Neste dia, refletiremos sobre uma poderosa perspectiva proposta por Sêneca, que nos convida a ver cada dia que acordamos como um bônus. Ele sugere que, ao encerrarmos cada dia como se fosse o último, conscientes de nossa mortalidade, começamos o próximo com uma sensação de gratidão e leveza.

Esse ensinamento estoico nos lembra de que a vida é efêmera e incerta, e de que cada dia que temos é um presente a ser valorizado. Ao adotarmos essa mentalidade, podemos viver com mais presença e apreciação e menos ansiedade.

Quero que você faça esta análise agora em sua vida: Você está indo dormir com a sensação de missão cumprida? Faça esse exercício hoje à noite e descubra uma oportunidade nova de viver com propósito, gratidão e alegria.

EPISÓDIO #705 **| TAGS** #gratidão, #presença, #valorizarodia, #viveropresente

DIA 42: / /

A GRATIDÃO É INVENCÍVEL

"Não se deixe arrastar pelo turbilhão da vida, mas, em cada momento, preserve o respeito à justiça, e, a cada impressão dos sentidos, mantenha a sua capacidade de compreensão aguçada. Nada ocorre muito cedo ou muito tarde, se acontece precisamente quando você assim determina. Tudo o que chega por meio das suas estações, ó natureza, é para mim como um fruto maduro: tudo parte de ti, tudo é sustentado por ti, tudo regressa para ti." - Marcus Aurelius

Reflita sobre a existência de Deus e a nossa conexão com algo maior. Marcus Aurelius nos lembra da importância da humildade diante da grandiosidade do universo e da necessidade de reconhecer os nossos limites diante do desconhecido.

Ao observar a perfeição da natureza e os mistérios da vida, é natural despertar a sensação de que há uma inteligência criadora por trás de tudo. Nesse sentido, a fé desempenha um papel significativo, fornecendo um senso de propósito e segurança.

Acreditar em uma ordem cósmica e em um plano divino pode trazer conforto e significado à nossa jornada. Além disso, viva de acordo com os seus valores e cultive a sabedoria ao longo do tempo. Por meio dessa reflexão e do conhecimento acumulado, podemos aprimorar a nossa compreensão do mundo e de nós mesmos, buscando uma evolução constante. Cultive uma visão mais ampla e conectada da vida, nutrindo tanto a espiritualidade quanto o seu crescimento pessoal.

EPISÓDIO #378 | **TAGS** #humildade, #fé, #segurança

SEMANA 7

HUMILDADE

"Quanto mais eu sei,
mais eu percebo que não sei."

- SÓCRATES

ESCANEIE O QR CODE

Descubra a força da humildade e comece a construir uma mente mais aberta.

DIA 43: / /

O SUCESSO OU O FRACASSO NÃO REFLETEM VOCÊ

"Uma pedra não ganha nada ao subir, não perde nada ao cair." - Marcus Aurelius

"Nossos pés são os mesmos onde quer que estejamos, independentemente das alturas elevadas que escalamos ou das profundezas escuras em que caímos."

"Eventos externos, posses, marcadores de status, conquistas não nos mudam. Um trabalho impressionante não nos torna uma pessoa impressionante."

Aqui quero reforçar a importância de separar o nosso valor como indivíduos de nossas realizações e circunstâncias externas, e não se esqueça disso porque aqui está a força e a liberdade.

A lição fundamental é a de que a nossa identidade e o nosso valor como seres humanos não estão ligados às nossas conquistas ou posições sociais. Sucesso e fracasso são eventos externos que não definem quem somos. O que realmente importa é como agimos e as escolhas que fazemos no momento presente.

Pergunte a si mesmo: Como você pode aplicar essa perspectiva em sua vida? Como pode se libertar da pressão de buscar constantemente o sucesso externo e encontrar força e liberdade em quem você é agora?

EPISÓDIO #592 **| TAGS** #sucesso, #fracasso, #superação

DIA 44: / /

COLOQUE ATENÇÃO NO ESSENCIAL

"Ocupa-te de poucas coisas." - Marcus Aurelius

Marcus Aurelius nos lembra da importância de nos concentrarmos no que é necessário e essencial em nossa vida. Muitas vezes, estamos envolvidos em uma miríade de tarefas e atividades que, no fim das contas, não são realmente importantes ou significativas.

Ele aconselha a nos desligarmos das ações e dos pensamentos desnecessários, pois eles não só nos roubam tempo, como também causam inquietação. Assim, ao nos concentrarmos no que é essencial e importante, ganhamos mais tempo e experimentamos menos ansiedade.

Reflita sobre o valor do seu tempo e a importância de usá-lo com sabedoria. Não é sobre estar ocupado, mas sobre estar ocupado com o que realmente importa. Isso nos trará não só a tranquilidade de realizar ações bem-feitas, mas também a paz que vem da realização de poucos, porém significativos, atos.

EPISÓDIO #719 | **TAGS** #ocupação, #essencialismo, #tranquilidade, #tempo, #atenção, #foco

DIA 45: / /

O PREÇO DA AMBIÇÃO DESMEDIDA

"Quando você vê um homem frequentemente usando a toga pretexta, quando vê alguém cujo nome é famoso no fórum, não inveje essas coisas: elas são compradas pelo preço da vida." - Sêneca

Sêneca fala aqui sobre o preço da ambição desmedida e nos alerta para os perigos de buscar reconhecimento, fama e sucesso a todo custo, argumentando que essas coisas, muitas vezes, vêm à custa da própria vida.

Ele nos lembra de que muitos que buscam essas coisas acabam desperdiçando os seus anos em busca de um reconhecimento efêmero. Além disso, adverte-nos sobre a futilidade de buscar a aprovação de outras pessoas, especialmente daquelas que não admiramos ou respeitamos.

Sêneca nos desafia a refletir sobre as nossas próprias ambições e a considerar se estamos sacrificando o nosso bem-estar e a nossa vida em busca de metas externas e temporárias. Então, dê verdadeiro valor ao seu tempo e considere como pode viver de uma maneira mais equilibrada e significativa.

EPISÓDIO #676 **| TAGS** #ambição, #fama, #vida

DIA 46: / /

COMO A PROSPERIDADE REVELA VOCÊ

"A prosperidade não é uma bênção se não revelar o vício de uma pessoa; a adversidade não é um mal se não corromper o caráter do homem." - Sêneca

Você supervisiona a sua mente e os seus pensamentos? Sêneca nos lembra disso. Mesmo quando a vida parece pacífica, devemos estar atentos, pois a verdadeira segurança não está em circunstâncias externas, mas na nossa capacidade de lidar com os desafios que a vida impõe. Ou seja, se você está acostumado a entrar em pânico mesmo em situações favoráveis, nunca encontrará a paz verdadeira. Portanto, em vez de buscar apenas a sorte, busque o desenvolvimento de um caráter forte e confiante, capaz de enfrentar qualquer situação. Essa é a chave!

Controlar a nossa mente e as nossas emoções é um desafio, mas está ao nosso alcance. Então, aprenda a lidar com as situações de modo corajoso e adote uma visão estoica para se orientar. Assuma o controle de suas emoções e você encontrará a paz e a segurança interna que tanto busca.

Quando atingir a prosperidade, você se revelará. Por isso, perceba que o dinheiro não muda as pessoas; apenas as expõe como elas realmente são. E aqui está a importância de supervisionar os nossos pensamentos e desenvolver um caráter forte e indestrutível.

EPISÓDIO #346 | **TAGS** #preocupação, #autenticidade, #confiança, #prosperidade

DIA 47: / /

TUDO É OPINIÃO E A PRESENÇA DOS DEUSES

"Tudo é opinião e só se vive, só se perde, o momento presente." - Marcus Aurelius

Nesse trecho, Marcus Aurelius reitera a importância de vivermos no momento presente e a percepção de que tudo é opinião. Muitas vezes, preocupamo-nos e ficamos ansiosos com o futuro, negligenciando o agora. É importante estar presente em nossas interações, em nossos relacionamentos e em nossos afazeres diários, em vez de nos perdermos em distrações ou preocupações futuras.

Ele também reflete sobre a efemeridade da vida e da glória. Tudo passa, e a grandiosidade e os feitos de uma pessoa são esquecidos com o tempo. Isso reforça a importância de manter a simplicidade e a humildade, evitando o orgulho, até mesmo o orgulho de ser humilde.

Por fim, Marcus Aurelius aborda a existência dos deuses. Mesmo que não possamos vê-los, podemos sentir a presença deles e ver as suas ações por intermédio de nós e ao nosso redor. Assim, concluímos que eles existem e os veneramos.

EPISÓDIO #690 **| TAGS** #momentopresente, #efemeridade, #deuses

DIA 48: / /

TENHA A MORTE COMO CONSELHEIRA

"Não sou eterno, e sim um ser humano; parte do todo, como uma hora do dia. Assim como a hora, devo chegar, e assim como a hora, devo passar." - Epictetus

Tenha em mente que você é impermanente e passageiro. Aceitar que a vida é governada por leis imutáveis nos traz tranquilidade, pois compreendemos que existem aspectos que estão além de nosso controle, e a mudança de perspectiva nos permite lidar com as circunstâncias de maneira mais serena e sábia.

Epictetus nos lembra de que a verdadeira liberdade não é a capacidade de fazer tudo o que queremos, mas sim o entendimento dos limites do nosso próprio poder e da vontade divina. Ao aceitar os limites impostos pela vida e trabalhar dentro deles, tornamo-nos livres. Portanto, a chave para a liberdade reside em não ceder aos desejos passageiros por coisas que estão além do nosso controle. Ao direcionarmos as nossas ações e os nossos pensamentos para aquilo que está em nossa esfera de influência, libertamo-nos do jugo dos desejos incontroláveis e encontramos uma verdadeira sensação de liberdade interior.

Assim, ao aplicarmos esses princípios estoicos em nossa vida, podemos desenvolver uma mentalidade mais resiliente e serena, capaz de enfrentar os desafios com sabedoria e encontrar a liberdade genuína, que surge do entendimento e da aceitação das limitações da vida.

EPISÓDIO #355 | **TAGS** #aceitação, #liberdade, #controle

DIA 49: / /

VEJA A MORTE COMO A SUA CONSELHEIRA

"A morte nos lembra da impermanência da vida e da importância de viver com virtude e sabedoria." - Sêneca

A morte é uma inevitabilidade que, muitas vezes, tememos, mas não a morte em si, e sim o pensamento sobre ela. Sêneca nos lembra de que a morte está sempre à mesma distância de nós, e de que, se há algo a temer, deve ser sempre ou nunca. Aqui quero explorar o conceito de *memento mori*, que nos incentiva a refletir sobre a morte.

Sêneca compartilha a história de seu amigo Basso, um idoso cuja saúde está debilitada, mas que enfrenta a morte com coragem e serenidade, graças à filosofia estoica. Esse ensinamento permite que enfrentemos o medo da morte com coragem e possamos seguir alegres e fortes mesmo quando o corpo enfraquece.

Devemos encarar a morte como uma parte natural da vida, uma transição inevitável. Ao fazermos isso, podemos encontrar a calma da mente e viver de acordo com os nossos valores e virtudes. A morte nos lembra do que é verdadeiramente importante em nossa vida e nos ajuda a superar outros medos. Portanto, abraçar a consciência da mortalidade pode nos levar a uma vida mais significativa e pacífica.

EPISÓDIO #513 | **TAGS** #mortalidade, *#mementomori*, #humildade

SEMANA 8

FÉ

*"Ter fé é aceitar a necessidade,
é dizer sim ao destino."*

- EPICTETUS

ESCANEIE O QR CODE

Fortaleça sua fé interna e explore como ela pode ser um pilar na sua vida.

DIA 50: / /

UMA MANEIRA DIFERENTE DE REZAR

"Busque clareza em relação ao que você controla e está em seu poder; você pode descobrir que as suas preces já foram atendidas."

Quero que hoje você faça uma reflexão diferente. E se você tentasse mudar o seu jeito de rezar? E se você tentasse colocar as suas preces de modo que elas se apresentassem a partir de outro prisma? Vejamos: em vez pedir para mudar as circunstâncias do destino, poderíamos buscar força e energia para enfrentar os desafios que a vida apresenta. Em vez de pedir uma maneira de não perder as pessoas que estão ao nosso redor, poderíamos pedir para perder o medo de passar por situações difíceis.

Essa mudança de percepção gera clareza em relação ao que podemos controlar e influenciar, e isso é crucial para encontrar satisfação e descobrir que muitas das nossas preces já foram atendidas – apenas não reconhecemos isso em nossa jornada.

Em outras palavras, ao fazer essa mudança, você gerará uma mudança de percepção em relação ao que é importante. E encontramos isso ao longo da história em exemplos de civilizações e indivíduos que preferiram preservar os seus princípios mesmo diante da adversidade. Fizeram isso, muitas vezes, em detrimento da própria vida. Para eles, manter os valores e virtudes intactos era mais importante do que a própria vida em si. Então, mude a sua maneira de rezar e você mudará o seu interior.

EPISÓDIO #342 **| TAGS** #transformaçãopessoal, #clareza, #controle, #valorização, #virtudes

DIA 51: / /

A VIDA E O UNIVERSO SÃO ORDEM, NÃO CAOS

"A melhor forma de se vingar de quem lhe causou mal é não se assemelhar a essa pessoa." - Marcus Aurelius

Quero que hoje você pare um momento e reflita sobre a vida e a nossa relação com o universo. Resiliência e perdão são importantes, uma vez que a melhor vingança contra aqueles que nos causaram mal é não permitir que as suas ações nos transformem em pessoas semelhantes a eles. Ao agirmos com compaixão e virtude, elevamo-nos acima daqueles que nos prejudicaram.

Você deve se encorajar a buscar um propósito significativo em sua vida. Ao descobrir a sua missão e se tornar útil à sociedade, encontrará uma fonte de satisfação e realização. E isso acontece porque a presença constante de um código ético em nossa mente nos guiará para tomarmos decisões alinhadas com os nossos princípios.

Além disso, a escolha entre o caos e a ordem representa a nossa percepção do mundo ao nosso redor. Se optarmos por ver a unidade e a ordem em tudo, desenvolveremos confiança e reverência por aquilo que governa a nossa vida. Então, descubra o propósito atribuído a você e se torne útil à sociedade.

Quero que você abrace a sabedoria estoica, buscando a virtude, a harmonia com a natureza e a aceitação das circunstâncias da vida. Ao fazer isso, encontrará a serenidade e a plenitude que só são alcançadas quando compreendemos o nosso papel no vasto universo e vivemos de acordo com os valores mais nobres.

EPISÓDIO #349 **| TAGS** #resiliência, #significado, #confiança

DIA 52: / /

JESUS, NATAL, AMOR E ESTOICISMO

"Amarás o teu próximo como a ti mesmo." - Jesus Cristo

"Onde quer que haja um ser humano, há uma oportunidade para a bondade." - Sêneca

Amor ao próximo, bondade e desapego material são conceitos que estão presentes tanto na cultura cristã quanto no estoicismo. E precisamos valorizar e procurar desenvolver esses valores dentro da nossa vida, independentemente de nossa religião.

Aqui, quero que você reflita sobre como ambas as filosofias enfatizam a necessidade de olhar além de nós mesmos, cultivar a empatia e buscar uma vida equilibrada por meio do desenvolvimento de virtudes. Precisamos praticar a bondade e a compaixão. Ao fazer isso, contribuiremos para um mundo mais harmonioso, encontrando o verdadeiro significado da nossa existência.

EPISÓDIO #356 **| TAGS** #amor, #compaixão, #autossuficiência

DIA 53: / /

VOCÊ É LUZ; APRENDA A BRILHAR!

"Seja luz na escuridão e nunca se esqueça do que você é, mesmo quando estiver cercado por tudo aquilo que você não é."

Vivemos em busca do autoconhecimento para que possamos compreender a nossa verdadeira identidade. Nessa busca, às vezes será necessário enfrentarmos momentos de escuridão e desconexão para compreendermos quem realmente somos. A sensação é de desespero e solidão ao nos aventurarmos na escuridão, porém a conexão e a fé são como fontes de apoio durante essa jornada. Assim, mesmo quando tentarem mudar você, lembre-se dos seus valores e exerça a sua virtude ajudando o próximo. Essa poderá ser a sua maior vitória!

Ser luz na escuridão significa não perder de vista os nossos valores e princípios, mesmo quando confrontados com aquilo que não somos. É um chamado para permanecermos fiéis à nossa verdadeira essência, mesmo quando as circunstâncias tentarem nos moldar de maneiras contrárias. Então, lembre-se: você nunca estará sozinho em sua jornada. Deus – ou uma força divina – estará ao seu lado mesmo nos momentos de desespero e solidão, pois Ele não nos abandona.

Ainda refletindo sobre isso, Sêneca fala sobre a importância de cultivar a serenidade interior, mesmo em meio às dificuldades, e lembra que nossa verdadeira luz e nossa virtude residem dentro de nós mesmos. Precisamos encorajar a nossa alma a encontrar força em nosso interior e a abraçar a escuridão como uma oportunidade de crescimento e aprendizado.

EPISÓDIO #365 **| TAGS** #verdadeiraluz, #virtudes, #enfrentamento

DIA 54: / /

A REGRA DE OURO DA VIDA

"Façam aos outros o que vocês querem que eles lhes façam." - Jesus (Mateus 7:12)

"O universo criou criaturas racionais para o bem uns dos outros, visando ao benefício mútuo baseado no valor verdadeiro, e nunca no mal." - Marcus Aurelius

Sua vida não é sobre você – ela é sobre todas as pessoas que você toca. Nada é sobre você! Essa é a regra de ouro, ensinada por Jesus e reforçada por Marcus Aurelius, lembrando-nos da importância de tratar os outros como gostaríamos de ser tratados.

É um princípio fundamental que busca o benefício mútuo e o valor verdadeiro nas relações humanas. Reconhecendo que somos todos parte de um todo, devemos viver com compaixão, empatia e solidariedade em relação aos outros. Nossa vida não é apenas sobre nós mesmos, mas sobre todas as pessoas que tocamos e influenciamos. Ao dar aos outros o que achamos que precisam, cultivamos uma sociedade mais amorosa, generosa e conectada. Lembre-se sempre de que a sua vida tem impacto além de você mesmo, e que somos todos interconectados como seres humanos.

EPISÓDIO #376 **| TAGS** #compaixão, #empatia, #bemcomum, #benefíciomútuo

DIA 55: / /

SERÁ QUE DEUS EXISTE?

"'Onde estarão os deuses? Como sabe que existem, para perder seu tempo adorando-os?'; eu respondo: 'Primeiro, é possível que possam ser vistos até mesmo com nossos olhos. Segundo, eu tampouco vi a minha própria alma, e mesmo assim a venero. É assim também que eu procedo quanto aos deuses: como estou diariamente em contato com a manifestação do seu poder, concluo que eles existem, e os venero'." – Marcus Aurelius

Quero que você não se deixe arrastar pelo turbilhão da vida, mas preserve o respeito à justiça em cada momento. Quero que, a cada impressão dos sentidos, mantenha a sua capacidade de compreensão aguçada. Quero que você agradeça! A oração correta nunca é de súplica, mas de gratidão. Quando você agradece a Deus antecipadamente pelo que escolheu experimentar em sua realidade, de fato reconhece que está vivendo plenamente.

A gratidão é uma atitude poderosa que pode transformar a nossa perspectiva e experiência de vida. Ao praticarmos a gratidão, reconhecemos a abundância das bênçãos presentes em nossa jornada e desenvolvemos uma atitude positiva diante das circunstâncias da vida. Em vez de nos concentrarmos no que nos falta, aprendemos a valorizar e apreciar o que temos. A gratidão também nos conecta com o universo, reconhecendo a nossa interconexão com toda a criação. Ao sermos gratos, abrimos nosso coração para receber ainda mais bênçãos e experiências significativas em nossa vida. Portanto, cultive a gratidão em seu coração e viva com a certeza de que a invencibilidade da gratidão pode iluminar e enriquecer a sua jornada pela vida.

EPISÓDIO #379 **| TAGS** #justiça, #compreensão, #reconhecimento, #gratidão, #harmonia

DIA 56: / /

ESTEJA ALINHADO COM O DIVINO

"Viva de acordo com a natureza divina." - Marcus Aurelius

Marcus Aurelius nos ensina que, quando vivemos em harmonia com a natureza e nos alinhamos ao divino, o nosso propósito se torna mais forte, imparável.

Ele enfatiza também que, quando nos concentramos em um propósito maior, todos os obstáculos que encontramos passam a funcionar como oxigênio para alimentar o nosso fogo. Dessa maneira, somos capazes de superar qualquer desafio que se apresente no nosso caminho.

Conectar-se com o divino e viver de acordo com a natureza fará com que você possa adquirir uma força imparável que lhe permitirá superar todos os obstáculos e alcançar novos objetivos.

EPISÓDIO #711 | **TAGS** #naturezadivina, #propósito, #superação, #resiliência

SEMANA 9

SABEDORIA

"Sábio é aquele que não se entristece com as coisas que não tem, mas se alegra com as que tem."

- EPICTETUS

ESCANEIE O QR CODE

Descubra como a sabedoria estoica pode transformar sua vida.

DIA 57: / /

SÓ EXISTE UMA COISA DE GRANDE VALOR NA VIDA

"Só há um ponto de inflexão, e isso é passar a vida na prática da verdade e da justiça, buscando a autossuficiência e desapegando-se do julgamento alheio."

Nessa passagem, há uma reflexão profunda sobre a efemeridade da vida e a importância de buscar a verdade e a justiça. Ela nos lembra de que, enquanto as pessoas de diferentes profissões e origens estão mortas e esquecidas, devemos refletir continuamente sobre o sentido de nossa existência. Lembra-nos de que, se buscarmos a aprovação e os elogios dos outros, ficaremos dependentes da felicidade alheia. Da mesma forma, se buscarmos o prazer nas sensações efêmeras, ficaremos à mercê das circunstâncias externas. A verdadeira inteligência está, portanto, em colocar atenção e esforço em nossas próprias ações. Devemos buscar a sabedoria e a excelência moral por meio de nossas escolhas e comportamentos, em vez de depender de fatores externos.

Por fim, o verdadeiro valor está em passar a vida praticando a verdade e a justiça, sem prejudicar os mentirosos e os injustos. Devemos evitar o ódio e a raiva, pois esses sentimentos apenas nos causam mal. Em vez disso, devemos buscar a paz interior e a harmonia com o mundo ao nosso redor.

São reflexões muito poderosas, e elas nos convidam a pensar sobre a brevidade da vida e a importância de cultivar virtudes como a verdade, a justiça e a inteligência. Ao seguir esse caminho, podemos encontrar maior serenidade e contentamento, independentemente das circunstâncias externas.

EPISÓDIO #469 | **TAGS** #reflexão, #efemeridade, #verdade, #justiça

DIA 58: / /

OS FILÓSOFOS ACABARAM COM A FILOSOFIA

> *"Nenhum homem pode viver uma vida feliz, ou mesmo uma vida suportável, sem o estudo da sabedoria; uma vida feliz é alcançada quando a nossa sabedoria é levada ao auge, mas a vida é pelo menos suportável mesmo quando a nossa sabedoria apenas começa." – Sêneca*

Filosofia nada mais é do que o conhecimento. Se você não entende o que ela diz, ela não tem utilidade nenhuma para você, nem para mim, nem para ninguém. Ela tem que ser simples, ela tem que ser prática, fácil. Os desejos naturais são limitados, mas aqueles que brotam da falsa opinião não têm ponto de parada. O falso não tem limites.

Filosofia não é um truque para fisgar o público; ela não é concebida para aparecer. É uma questão não de palavras, mas de fatos. Não é perseguida de modo que o dia possa render alguma diversão antes que seja extenuado, ou que o nosso ócio possa ser aliviado de um tédio que nos irrita. A filosofia molda e constrói a alma, ordena a nossa vida, guia a nossa conduta, mostra-nos o que devemos fazer e o que devemos deixar por fazer. Ela se senta ao leme e dirige o nosso curso enquanto nós titubeamos em meio às incertezas. Sem ela, ninguém pode viver intrepidamente ou em paz de espírito. Inúmeras coisas que acontecem a cada hora pedem conselhos, e esses conselhos devem ser buscados na filosofia.

EPISÓDIO #551 | **TAGS** #clareza, #simplicidade, #resiliência, #fortaleza, #sabedoria

DIA 59: / /

COMO VOCÊ PODE AVALIAR SUA EVOLUÇÃO DIÁRIA

"O progresso, você pergunta? Eu fiz. Comecei a ser amigo de mim mesmo." - Sêneca

Você avalia a sua evolução diária? Observa o que já mudou e transformou em vez de apenas se cobrar por aquilo que ainda não conseguiu? Essa é a reflexão de hoje.

Sêneca, em suas cartas, meditou sobre como medir o progresso e a evolução pessoal e apresentou uma métrica simples, porém profunda: começar a ser amigo de si mesmo. Não se trata de ganhos materiais ou fama, mas de um sentido de autoaceitação e autocompaixão.

Ser amigo de si mesmo significa ser gentil, calmo, empático consigo mesmo e com os outros. Significa ser capaz de passar um tempo sozinho sem desespero, sem a necessidade de prejudicar os outros para se elevar.

Perceba, então, a sua própria jornada de progresso se tornando amigo de si mesmo. Assim você perceberá que está se tornando mais calmo, controlado e sereno. Essa é a verdadeira medida do progresso estoico.

EPISÓDIO #665 **| TAGS** #autoaceitação, #amigo, #serenidade, #progresso

DIA 60: / /

SOBRE O PARAÍSO INTERIOR

"O paraíso está dentro de você." - Sêneca

Muitas vezes, procuramos felicidade e contentamento em lugares distantes e exóticos, acreditando que podemos escapar de nossos problemas e tensões diárias. No entanto, Sêneca nos lembra de que a verdadeira fonte de nossa insatisfação e infelicidade reside em nós mesmos. E argumenta que, não importa quão atrativos ou relaxantes possam ser os lugares que visitamos, eles não podem superar as nossas inquietações e disfunções internas.

Ou seja, ele nos desafia a refletir sobre as maneiras pelas quais buscamos a felicidade e a satisfação e sobre como devemos considerar encontrar essas coisas dentro de nós mesmos. É um convite para embarcar em um trabalho interior, a fim de encontrar a verdadeira paz e o contentamento, reconhecendo que o verdadeiro paraíso se encontra dentro de nós mesmos e que, se queremos ser verdadeiramente felizes, devemos procurar resolver os nossos problemas internos em vez de tentar escapar deles.

EPISÓDIO #677 | **TAGS** #paraísointerior, #felicidade, #autoconhecimento

DIA 61: / /

O NOSSO MAIOR SUPERPODER

"Este é o maior superpoder que você pode ter." - Marcus Aurelius

A citação de hoje de Marcus Aurelius fala sobre o maior superpoder que podemos ter: a quietude.

Ele escreve sobre a importância de sermos como a rocha que permanece imóvel enquanto as ondas do mar quebram ao seu redor, e argumenta que alcançar essa quietude interna nos permite ter mais foco, criatividade e determinação, ao sugerir que, ao ter essa quietude, podemos enfrentar as adversidades da vida com mais calma e resiliência.

Hoje é um dia que nos desafia a buscar essa quietude dentro de nós mesmos, que nos encoraja a sermos mais disciplinados, mais focados e a encontrar a felicidade em meio ao caos do mundo ao nosso redor.

Esse superpoder da quietude tem sido a chave para uma vida bem-sucedida e gratificante para muitos ao longo dos séculos. Então, busque-a em sua vida! E assim também encontrará a paz interior e poderá usar a sua força para prosperar em um mundo que está sempre mudando.

EPISÓDIO #678 | **TAGS** #quietude, #superpoder, #resiliência

DIA 62: / /

É PRECISO CONHECER A PRÓPRIA ALMA

"Conheça a si mesmo." - Marcus Aurelius

Essa frase tem sido ecoada por diversas tradições espirituais ao longo do tempo, desde o budismo até o cristianismo, passando por todas as grandes filosofias e religiões. Marcus Aurelius, em suas meditações, reitera essa necessidade de autoconhecimento. Ele argumenta que a infelicidade surge de não sabermos o que se passa em nossa própria alma.

Para ele, é crucial entender a natureza do universo, a nossa própria natureza e como as duas se relacionam. Uma vez que estejamos cientes disso, nada poderá nos impedir de agir em conformidade com essa natureza.

Ele também adverte contra a distração causada por ocorrências externas e a correria do dia a dia, aconselhando a desacelerar, a encontrar a tranquilidade em meio ao caos e a nos concentrarmos no que é realmente importante: conhecer-nos a nós mesmos e agir de acordo com o nosso melhor eu.

EPISÓDIO #697 **| TAGS** #autoconhecimento, #infelicidade, #natureza, #tranquilidade

DIA 63:   /   /

O QUE FALTA PARA A FELICIDADE PERENE

"O conhecimento é a sua ferramenta para a felicidade." - Marcus Aurelius

Precisamos dar atenção e colocar energia no que estamos fazendo e utilizar as ferramentas filosóficas que temos à nossa disposição para encontrar a felicidade.

Assim, Marcus Aurelius nos aconselha a trabalhar com serenidade e vigor no que foi colocado diante de nós, mantendo-nos fiéis à razão e não permitindo distrações. Ao mantermos o foco no trabalho que temos à mão, e ao nos conectarmos com o divino, podemos encontrar a felicidade perene.

Esse ensinamento estoico é um lembrete de que a felicidade não é algo encontrado externamente, mas sim algo cultivado internamente por meio do foco, da razão e do conhecimento.

EPISÓDIO #709 **| TAGS** #conhecimento, #felicidade, #foco, #razão

SEMANA 10

CORAGEM

"Ver o que é certo
e não fazê-lo é falta de coragem."

- CONFÚCIO

ESCANEIE O QR CODE

A coragem para mudar começa agora, inspire-se.

DIA 64: / /

CORAGEM NÃO É SOBRE NÃO TER MEDO, MAS SOBRE ENFRENTAR O MEDO E AGIR MESMO ASSIM

"A vida de cada pessoa é uma espécie de batalha longa e variada. Você deve vigiar como um soldado e fazer tudo o que lhe é ordenado."

"Exercitando a coragem, enfrentamos o infortúnio, a morte, arriscamo--nos pelo bem dos outros e mantemos nossos princípios."

Muitas vezes, ter alguns segundos de coragem é suficiente. Ela é uma das quatro virtudes fundamentais dos estoicos. E, como eles afirmaram, é uma qualidade essencial para prosperar na vida.

Persistir e resistir são palavras-chave que nos lembram da importância de enfrentar os desafios com valentia, mesmo quando parece que estamos destinados a perder. A vida é uma batalha constante, e, assim como um soldado, devemos nos manter vigilantes, fazer o que é certo e não desistir diante das adversidades.

A coragem nos permite enfrentar o infortúnio, a morte e arriscar em prol dos outros, além de nos manter firmes em nossos princípios, mesmo quando enfrentamos pressões externas. Lembre-se de que cada ato virtuoso, por menor que pareça, pode fazer uma grande diferença no mundo.

EPISÓDIO #585 **| TAGS** #coragem, #persistência, #*summumbonum*

DIA 65: / /

NADA A TEMER, EXCETO O PRÓPRIO MEDO

"A única coisa que devemos temer é o nosso próprio medo." - Franklin D. Roosevelt

Ao pensarmos sobre o contexto histórico ao longo dos anos, durante os primeiros dias da Grande Depressão, época também conhecida como Crise de 1929, em que se passou a maior crise financeira da história dos Estados Unidos, o medo estava presente no ar, gerando pânico, levando os bancos ao colapso financeiro e a população ao temor generalizado. O medo irracional e injustificado, entretanto, paralisa os nossos esforços e impede que avancemos diante das adversidades. Ele é uma das emoções mais paralisantes que enfrentamos em nossa vida.

Franklin D. Roosevelt, em seu famoso discurso de posse, disse que a única coisa que devemos temer é o nosso próprio medo. Ao permitirmos que o medo tome conta de nós, limitamos a nossa capacidade de viver plenamente. E veja que a coragem não é a *ausência* de medo, mas sim a capacidade de *enfrentar* esse sentimento, vencer e sair triunfante das adversidades.

A filosofia estoica, transmitida por meio de tudo o que escreveu Marcus Aurelius, Epictetus e tantos outros filósofos, oferece-nos uma valiosa perspectiva sobre como lidar com o medo. Não estamos falando a respeito de um manual definitivo, e sim sobre encontrar ensinamentos para enfrentar o medo e transformá-lo em *coragem*, *segurança* e *autoconfiança*. Ao conseguir refletir sobre isso em sua vida, você estará mais preparado para ter coragem e enfrentar os desafios. Conseguirá superá-los e viver mais realizado.

EPISÓDIO #341 | **TAGS** #medo, #coragem, #superarasadversidades

DIA 66: / /

A VIDA NÃO É UMA DANÇA

"A vida é uma luta, mais do que uma dança. Requer treino árduo e uma vontade indômita para prevalecer." - Marcus Aurelius

Essa metáfora é uma reflexão profunda sobre a natureza da vida. Compará-la com uma luta em vez de uma dança ressalta a importância da resiliência e da experiência para enfrentar os imprevistos que surgem ao longo do caminho.

Já sabemos que a vida é repleta de desafios e que precisamos estar preparados para encará-los, assim como um lutador enfrenta seus adversários, porém a analogia também destaca que a dança pode ser suave e graciosa, mas não reflete completamente a realidade da vida, que pode ser complexa e até mesmo difícil. Lutar requer treinamento árduo, assim como viver exige esforço contínuo para crescer e superar os obstáculos.

Viver e entender a filosofia estoica é fortalecer a nossa vontade e a nossa espiritualidade. Ela nos permite cultivar uma mentalidade resiliente, aceitar a impermanência das situações e aprender a encontrar serenidade em meio às turbulências da vida. Com o apoio da filosofia estoica, podemos nos tornar mais fortes diante das adversidades e seguir adiante, enfrentando o que vier com sabedoria e coragem.

Assim, ao assimilar tais ensinamentos, conseguimos encontrar equilíbrio e compreensão em nossa jornada pessoal, reconhecendo que a vida é, de fato, uma luta, mas uma luta que podemos enfrentar com tenacidade e suavidade.

EPISÓDIO #345 | **TAGS** #resiliência, #determinação, #espiritualidade

DIA 67: / /

POUCOS SEGUNDOS DE CORAGEM PODEM SER SUFICIENTES

"Coragem não é a ausência de medo; é fazer mesmo tendo medo."

Ter coragem é enfrentar aquele medo, e precisamos desse incentivo ao longo do dia. Poucos segundos de coragem bastam na maior parte do tempo, mas eles são necessários para que você faça o que precisa ser feito. É preciso sair da zona de conforto e enfrentar os desafios da vida. Em alguns dias, a motivação e a inspiração são escassas, mas isso é comum e devemos superar os obstáculos.

Marcus Aurelius também enfrentou inúmeras dificuldades e escreveu sobre a importância de se levantar e realizar o trabalho a que se propôs. Ele enfatiza que não estamos na Terra apenas para buscar o prazer, mas também para enfrentar os desafios e lutar pelo nosso propósito.

Além disso, coragem é a capacidade de agir apesar do medo, enfrentando-o sempre que necessário. Assim, lembre-se de que o esforço, a coragem e a busca pelo propósito são essenciais para encontrar significado. Superar a preguiça e enfrentar os desafios é necessário para viver plenamente e contribuir com a sociedade.

EPISÓDIO #491 | **TAGS** #motivação, #coragem, #propósito, #enfrentamento

DIA 68:   /   /

APENAS 20 SEGUNDOS DE CORAGEM PODEM SER SUFICIENTES

"A coragem não é ter força para seguir em frente; é seguir em frente quando não se tem força."

"Às vezes, esses 20 segundos de coragem são tudo de que precisamos para fazer uma mudança de vida."

Aqui quero ressaltar, de maneira eloquente, a verdadeira natureza da coragem. A coragem não é a ausência de medo, mas sim uma ação valente apesar do medo.

Além disso, essa metáfora dos 20 segundos de coragem ilustra vividamente como um breve momento de ousadia pode transformar a vida e nos fazer experimentar mudanças. Lembre-se de que a coragem não é a imprudência, mas sim o enfrentamento do desconhecido com preparo e habilidade. É um ensinamento valioso.

A busca por conexão com uma energia maior, seja Deus, o universo ou outra manifestação, é um caminho que nos fortalece e nos sustenta na jornada da vida. Lembre-se, meu caro leitor, de que a verdadeira coragem reside em resistir e resistir, enfrentando cada desafio com a essência que a filosofia estoica nos ensina.

EPISÓDIO #549 **| TAGS** #coragem, #determinação, #persistência

DIA 69: / /

VOCÊ SÓ SABERÁ SUA FORÇA QUANDO FOR TESTADO

"Como você pode saber se nunca foi testado? Eu considero você desafortunado por nunca ter vivido um infortúnio." - Sêneca

"A maioria das pessoas que atravessaram períodos difíceis na vida exibe essas experiências como distintivos de honra. Aqueles foram grandes dias."

"O que não me mata me fortalece de sinistros. Portanto, se parecer que as coisas podem tomar o mau rumo ou que a sua sorte pode mudar, por que se preocupar?"

A adversidade é parte essencial da jornada humana. Quando enfrentamos momentos difíceis,' muitas vezes não percebemos o quanto essas experiências podem nos fortalecer e moldar o nosso caráter. Você já parou para refletir sobre isso?

Assim como o aço é temperado pelo fogo, nós também somos moldados por nossos desafios. Aqueles que passaram por infortúnios frequentemente os veem como oportunidades de crescimento e aprendizado. Esses infortúnios se tornam distintivos de honra em sua vida, especialmente nos momentos em que mostraram resiliência, coragem e força.

Portanto, quando você se deparar com dificuldades ou sentir que a sua sorte está mudando para pior, lembre-se de que esses momentos podem ser as experiências de formação que o tornarão mais forte no futuro. Como a filosofia estoica ensina, o que não o destrói, fortalece-o.

EPISÓDIO #598 **| TAGS** #resiliência, #crescimentopessoal, #adversidade, #forçainterior

DIA 70: / /

O PODER DA MUDANÇA: ABRAÇANDO A TRANSFORMAÇÃO E ENCONTRANDO A PAZ INTERIOR

"A mudança é a única permanência na vida."

Tudo na vida está em constante mudança, e é fundamental compreender que a mudança é a única constante.

Muitas vezes, tememos a mudança por medo do desconhecido ou por receio de perder o que já é familiar e confortável. No entanto, ao abraçarmos as mudanças com amor, gratidão e aceitação, podemos encontrar serenidade e paz interior.

Ao olhar para a mudança com a lente do amor, essa atitude nos permitirá ter uma perspectiva positiva e acolhedora em relação ao que o destino nos traz. Ademais, ao adotarmos essa mentalidade, desenvolvemos a calma da mente, tanto em nossa vida pessoal quanto na profissional, permitindo-nos lidar com as adversidades com tranquilidade e foco.

Encontrar o nosso propósito e a nossa missão na vida está intrinsecamente ligado a contribuir para o bem-estar coletivo e a buscar ações que beneficiem não apenas a nós mesmos, mas também os outros.

EPISÓDIO #504 **| TAGS** #mudança, #aceitação, #gratidão

SEMANA 11

RESILIÊNCIA E DISCIPLINA

"Não se conquista a coroa sem lutar."

- SÊNECA

ESCANEIE O QR CODE

Desenvolva resiliência e disciplina para aprender estratégias estoicas.

DIA 71: / /

A HORA DE VENCER A PROCRASTINAÇÃO É AGORA

"A procrastinação nada mais é do que um volume muito grande de ansiedade na sua mente, ou seja, você está com a mente no futuro, com medo de uma comunidade de coisas que podem dar errado."

"A resiliência e a persistência são a chave para enfrentar qualquer desafio e construir uma mente inabalável, tornando-se um alicerce para as pessoas que você ama."

Muitas vezes, acabamos nos identificando com essa tendência de evitar tarefas importantes. Essa é a procrastinação. Para que você possa superá-la, precisa de um plano claro e concreto para alcançar metas, transformando uma meta mental em ações tangíveis. Escrever e traçar um plano detalhado nos ajuda a dar sentido e direção às nossas aspirações, tornando-as mais realizáveis.

Entretanto, vale reforçar a resiliência e a persistência como pontos importantes para nos livrarmos da procrastinação de uma vez por todas. A vida apresenta desafios constantes, e o estoicismo oferece sabedoria para enfrentá-los com coragem e perseverança. Ao desenvolver uma mentalidade inabalável, somos capazes de enfrentar os altos e baixos da vida com serenidade.

Encontre um ambiente que promova o crescimento pessoal e o desenvolvimento da resiliência para alcançar o sucesso em seus objetivos. Esteja presente na comunidade do estoicismo para vivenciar isso de modo poderoso.

Ao abraçar os princípios estoicos, podemos vencer a procrastinação, superar a ansiedade e construir uma fortaleza interior que nos permita enfrentar qualquer desafio com habilidade. A busca pela evolução pessoal é uma jornada valiosa que impacta não apenas a nós mesmos, mas também aqueles que nos cercam.

EPISÓDIO #453 | **TAGS** #procrastinação, #ansiedade, #resiliência

DIA 72: / /

NÃO LIMITE A SUA REALIDADE

"Nada é mais poderoso do que uma mente que se concentra e persiste diante dos desafios."

"Enquanto limita a sua realidade, você limita as suas possibilidades, mas as suas possibilidades são infinitas, pois você é luz divina, como todas as outras pessoas."

Somos parte de algo maior e, muitas vezes, vítimas de nossos próprios pensamentos negativos, que nos aprisionam e nos impedem de alcançar nosso verdadeiro potencial. No entanto, é crucial lembrar que as nossas possibilidades são infinitas, pois somos seres de luz divina, feitos da mesma matéria que qualquer outra pessoa.

Ao focarmos as coisas que podemos controlar e deixarmos de nos afligir com aquelas que estão além do nosso alcance, podemos adquirir uma maior tranquilidade e objetividade em nossas ações. Assim como afirma Sêneca, a mente que se concentra e não desiste é poderosa, e isso nos permite resolver problemas com maior eficácia.

Pense sobre como as nossas emoções podem ser controladas por nós mesmos. Devemos aprender a ser mais serenos, evitando que a ansiedade e o medo tomem conta de nossa vida. Não permita que as situações externas controlem as suas emoções e desenvolva uma habilidade de lidar com as circunstâncias de maneira mais tranquila.

EPISÓDIO #454 **| TAGS** #limitação, #liberdade, #empoderamento

DIA 73: / /

DISCIPLINA E SACRIFÍCIO: O CAMINHO PARA O SUCESSO PROFISSIONAL E PESSOAL

"A excelência não é um ato; é um hábito. Esforços experimentais levam a resultados experimentais."

A menos que nos entreguemos de coração aos nossos empreendimentos, nós nos tornaremos pessoas vazias, pois sempre estaremos ajudando e nunca desenvolveremos os nossos talentos naturais. Pessoas comuns mergulham de cabeça, sem cuidado, em seus projetos. E, talvez um dia, você encontre uma figura exemplar que o inspire a buscar a excelência. Então, seja realista e saiba que, para qualquer que seja a sua definição, deve existir disciplina e satisfação. Há disciplina e satisfação que nunca chegará a lugar algum.

Essas reflexões são poderosas e falam sobre as nossas capacidades e os nossos pontos fortes para que possamos trilhar caminhos em direção ao nosso propósito. Sêneca concordaria que é necessário ser realista e evitar mergulhar em projetos sem cuidado. A busca pela excelência requer disciplina e um entendimento claro de nossas habilidades. O sofrimento e a persistência são aspectos fundamentais para enfrentar os desafios da vida e alcançar os nossos objetivos.

Assim como Marcus Aurelius, devemos lembrar que cada pessoa é única, com aptidões e propósitos diferentes. A jornada para o sucesso não é padronizada, e devemos encontrar aquilo que nos toca profundamente, o que faríamos com amor, mesmo sem recompensa financeira.

EPISÓDIO #519 | **TAGS** #determinação, #autoconhecimento, #persistência

DIA 74: / /

SOBRE COMPETIÇÕES

"Sua competição deve ser apenas contra você mesmo."

Competir com outras pessoas faz com que você entre em um jogo no qual, até mesmo quando ganha, está perdendo. A única competição que faz sentido perante a vida é a competição consigo mesmo, aquela em que você existe a busca pela sua melhor versão a cada dia. Essa, sim, é saudável e significativa.

Comparar-se com os outros, muitas vezes, leva à insatisfação e à imitação, em vez de ao crescimento genuíno. Veja o exemplo de Elon Musk, um visionário que busca salvar a humanidade. A sua figura ilustra como ter um propósito maior do que a competição material pode nos impulsionar a alcançar grandes feitos. Ele não se deixa controlar pelo mercado ou pela concorrência, trabalhando incansavelmente para realizar a sua missão.

EPISÓDIO #606 **| TAGS** #autodesenvolvimento, #propósito, #competiçãosaudável

DIA 75: / /

TREINAMENTO DA MENTE E BUSCA PELA CALMA

"Possuir riquezas é permitido, mas eu gostaria que você chegasse ao ponto de possuí-las intrepidamente. Isso só pode ser realizado persuadindo-se de que você pode viver feliz sem elas, bem com elas e sempre considerando que elas podem possivelmente iludir você."

Aqui estamos falando sobre autocontrole em relação às nossas posses e riquezas. É sugerido que podemos possuir riquezas, mas devemos estar conscientes de que a verdadeira felicidade não está na posse material, e sim em viver de forma equilibrada, reconhecendo que as riquezas podem nos iludir.

Assim, não podemos nos deixar possuir pelas riquezas. Não devemos sentir medo de perdê-las. Devemos treinar a nossa mente em busca da calma e do equilíbrio em nossa vida. Esse treinamento nos preparará para enfrentar momentos de maior estresse no futuro e fortalecerá a nossa resiliência.

EPISÓDIO #498 **| TAGS** #autocontrole, #resiliência, #tranquilidade

COMO TRANSFORMAR A SUA VIDA COM O ESTOICISMO

"Seja rigoroso consigo mesmo e compreensivo com os outros. Elimine tudo o que não é necessário. A felicidade não depende do que você possui, mas de como você pensa." - Epictetus

Regra 1: conquiste as suas manhãs

Uma das maiores lições que aprendemos com os estoicos é a importância de começar o dia com determinação. Você não é um imperador romano como Marcus Aurelius, mas as manhãs ainda são um momento crucial para vencer o dia. Mantenha um diário, foque ematividades espirituais, evite distrações eletrônicas e inicie o dia com propósito. Lembre-se: as suas manhãs definirão o tom do seu sucesso.

Regra 2: trate o sucesso e o fracasso da mesma forma

Os estoicos nos ensinam a abraçar tanto os momentos positivos quanto os negativos da vida. Afinal, são as adversidades que nos moldam. Seja grato por todas as experiências, pois elas contribuem para o seu crescimento pessoal.

Regra 3: seja rigoroso consigo mesmo e compreensivo com os outros

Não exija dos outros o que você exige de si mesmo. Cada pessoa está em seu próprio estágio de evolução. Em vez de julgar, inspire os outros com o seu exemplo.

Regra 4: não sofra por problemas imaginários

Muitas vezes, sofremos mais em nossa imaginação do que na realidade. Mantenha-se no presente e evite preocupações excessivas com cenários negativos que provavelmente nunca ocorrerão.

Regra 5: faça poucas coisas por dia, mas bem-feitas

Defina metas realistas para o seu dia. Concentre-se na qualidade, não na quantidade. Cumprir uma meta por dia, mesmo que seja simples, pode impulsionar a sua jornada de autodescoberta.

Regra 6: obstáculo no caminho se torna um caminho

Aceite que o caminho para o sucesso geralmente é árduo. Grandes conquistas requerem esforço constante, aprendizado com erros e determinação. Encare os desafios como oportunidades para crescer.

Regra 7: elimine tudo o que não é necessário

Revise as suas atividades diárias e elimine o que não é essencial. Isso liberará tempo para as coisas que realmente importam, como a sua família, o seu crescimento pessoal e as suas paixões.

Regra 8: ame o fato de nem sempre as coisas acontecerem quando queremos

Aceite que a vida tem o seu próprio ritmo. Não deixe que a frustração o consuma quando as coisas não saírem como planejado. Em vez disso, encontre o lado positivo em cada situação.

Regra 9: concentre-se no que está no seu controle

Você só tem controle sobre as suas ações e os seus pensamentos. Deixe de lado o que está fora do seu controle para encontrar paz interior e tomar decisões mais sábias.

Regra 10: tenha a morte como conselheira

Lembre-se de sua mortalidade. Isso o motivará a valorizar o presente e a viver com intensidade, focando o que realmente importa.

EPISÓDIO #574 | **TAGS** #estoicismo, #autodesenvolvimento, #resiliência

DIA 77: / /

SUA MUDANÇA ACONTECE DIA APÓS DIA

"A evolução é o resultado da persistência consistente em direção à excelência." - Epictetus

Estar bem, estar feliz e com a mente tranquila é um estado que vamos percebendo à medida que vai acontecendo, isto é, conforme vamos evoluindo. Você só percebe a evolução quando olha para trás.

Você já se pegou questionando o amor que sente? É natural. A verdade é que o amor, como a calma da mente, não é algo que se prova em um momento, mas sim algo que se cultiva com o tempo. Assim como não percebemos o nosso próprio crescimento no dia a dia, muitas vezes subestimamos a profundidade do amor que sentimos por alguém.

A chave para tudo isso está na consistência e na persistência. Assim como na academia, em que a transformação não é visível de um dia para o outro, no amor e na busca pela calma interior temos a soma de nossos esforços ao longo do tempo, que nos faz evoluir.

Não se cobre, portanto, por não conseguir provar o seu amor instantaneamente, assim como não se frustre por não alcançar a calma imediatamente. Lembre-se de que a evolução está acontecendo, mesmo que não a perceba no dia a dia. Mantenha a persistência e você chegará lá.

EPISÓDIO #565 **| TAGS** #amor, #evolução, #calmainterior

SEMANA 12

TRANSBORDO E *SYMPATHEIA*

"Somos feitos para cooperação, como os pés, como as mãos, como as pálpebras, como as fileiras de dentes superiores e inferiores. Assim, agir contra uns aos outros é contra a natureza."

- MARCUS AURELIUS

ESCANEIE O QR CODE

Conecte-se com o todo e entenda como viver em harmonia com o universo.

DIA 78: / /

PERDOAR NÃO É FÁCIL, MAS É ESSENCIAL

"Todos nós achamos o perdão uma ideia adorável até termos alguém para perdoar." - Marcus Aurelius

É muito comum acharmos o perdão algo louvável, até que algo acontece e precisamos perdoar alguém. Nesse momento, o perdão parece impossível. Assim disse Marcus Aurelius sobre o perdão e a sua importância essencial em nossa vida. Aqui, ele nos desafia a considerar a natureza do perdão e a importância de praticá-lo mesmo quando é difícil.

O perdão não seria tão impressionante ou significativo se viesse naturalmente ou pudesse ser facilmente concedido. E, quando somos feridos ou prejudicados, perdoar pode ser um ato de suprema virtude e grandeza.

Assim, Marcus Aurelius nos incentiva a elevar-nos acima da dor e da raiva e a olhar a partir dessas emoções para encontrar algo que possa nos unir. Ele nos chama para viver de acordo com um padrão mais alto, para superar a dor e a raiva, para nos puxar para fora da lama, para perdoar e para tentarmos ser bons, ou até mesmo ótimos, no processo.

Desse modo, busque maneiras de praticar o perdão em sua vida. Comece agora mesmo. Você sairá desse processo mais leve e sereno.

EPISÓDIO #683 | **TAGS** #perdão, #superação, #virtude

DIA 79: / /

PERDOAR E JULGAR

"Toda coisa tem duas asas; por uma delas, pode-se carregá-la, enquanto pela outra não se pode carregá-la. Se seu irmão é injusto, não tome isso pela asa de sua ação injusta (pois essa é a asa pela qual não se pode carregar a coisa), mas, em lugar disso, pela outra, que é o seu irmão, com quem você foi criado junto, e, assim, você empregará a asa que permite que se carregue a coisa." - Epictetus

Quantas vezes você deixou de perdoar por orgulho? Quantas vezes você julgou alguém por suas posses ou foi julgado? Aqui quero trazer essas duas reflexões.

Muitas vezes, vivemos momentos únicos e experiências maravilhosas com algumas pessoas e, de repente, algo ruim acontece e acabamos carregando esse peso conosco para sempre. Então, apagamos anos de amizade e de relacionamento por conta de atos que consideramos injustos. Brigas com pais, filhos, familiares, cônjuges... as possibilidades são inúmeras. E talvez até tenha sido injusto, mas classificamos o que é justiça ou não a partir de nossa lente. Por isso, o perdão é tão importante. Carregue as situações pelo lado bom delas, não pelo lado ruim.

Além disso, não julgue pelo que os outros têm. Lembre-se de que os bens não nos pertencem, então não julgue avaliando isso, mas sim o que as pessoas verdadeiramente são.

EPISÓDIO #605 **| TAGS** #perdão, #autocontrole, #sabedoria

DIA 80: / /

SOBRE O PERDÃO

"É preciso considerar que não são os atos alheios que de fato nos afligem, mas antes a nossa opinião a respeito deles." – Marcus Aurelius

O estoicismo fala, incansavelmente, sobre a importância de perdoar a nós mesmos e aos outros, destacando que cada um de nós está em um momento de evolução. E Marcus Aurelius ressalta que devemos lembrar que as nossas reações de raiva ou aflição causam mais sofrimento do que os atos que inicialmente nos irritaram. A ira e a aflição são sentimentos que nos consomem, muitas vezes, impedindo-nos de ter momentos bons. Ele também destaca que não são os atos alheios que nos afligem, mas a nossa opinião a respeito deles. Portanto, temos o poder de deixar ou não tais atos nos afetar.

Os estoicos acreditavam que gestos de bondade sincera, vindos do fundo do coração, são a essência da grandeza humana. E o perdão é uma parte fundamental disso. É um desafio pedir perdão, desculpar e perdoar de coração alguém que nos ofendeu ou fez mal a nós ou à nossa família. Mas é exatamente nesses momentos desafiadores que buscamos e alcançamos um padrão mais alto, superando a dor e a raiva, e nos tornando pessoas melhores.

EPISÓDIO #691 | **TAGS** #perdão, #estoicismo, #bondade, #superação

SE VOCÊ PRECISA PERDOAR OU PEDIR PERDÃO, LIVRE-SE DESSE PESO AGORA!

"Sempre que a raiva ou a aflição dominarem você, lembre-se de que a vida humana é como um instante na eternidade, e muito em breve todos nós estaremos debaixo da terra." - Marcus Aurelius

A importância do perdão no estoicismo pode ser resumida em alguns princípios-chave: aceitação da natureza humana, libertação do ressentimento, controle sobre as reações, virtude da benevolência, aprender com a experiência, paz interior e equanimidade. Vamos falar sobre cada um desses aspectos?

A aceitação da natureza humana é o reconhecimento de que existe imperfeição. É aceitar que todos cometem erros e enfrentam desafios.

Perdoar os outros é uma maneira de reconhecer a nossa humanidade compartilhada e a nossa capacidade de errar.

A libertação do ressentimento é o ato de tirar o desejo de vingança do coração, uma vez que ele é considerado uma emoção destrutiva que prejudica a paz interior. Perdoar libera o indivíduo dessas emoções negativas, permitindo-lhe encontrar tranquilidade e serenidade.

O controle sobre as reações fala sobre comandar as próprias reações e emoções. O perdão é visto como um ato de autodomínio, no qual a pessoa escolhe não reagir com raiva ou rancor diante de ofensas.

A virtude da benevolência valoriza esse aspecto, que envolve o desejo de fazer o bem aos outros. Perdoar alguém que cometeu um erro é um ato benevolente, refletindo compaixão e empatia.

Aprender com a experiência é entender que os conflitos e desafios são como oportunidades de aprendizado.

O perdão permite que se aprenda com as experiências passadas, em vez de carregar o peso emocional das transgressões.

Paz interior e equanimidade trazem o perdão como uma maneira de alcançar esse estado de espírito. Ao liberar a necessidade de julgar e condenar os outros, o indivíduo encontra serenidade e vive de acordo com seus princípios estoicos.

No estoicismo, o perdão é visto como um ato de virtude e autodomínio, que contribui para a harmonia interior e a paz de espírito. Ao perdoar, a pessoa escolhe não ser consumida por raiva, rancor ou ressentimento, mas sim se concentrar em viver uma vida de virtude e sabedoria. O perdão é, portanto, uma ferramenta poderosa para alcançar os objetivos centrais do estoicismo e para cultivar uma vida significativa e tranquila.

EPISÓDIO #439 | **TAGS** #perdão, #raiva, #ressentimento, #serenidade, #tranquilidade

DIA 82: / /

A SUA MENTE É TÃO INCONTROLÁVEL QUANTO UM CAVALO SELVAGEM

"A mente é a chave para a transformação pessoal. O que você pensa, você se torna." – Sidarta Gautama Buda

"Entre cada estímulo e cada ação existe um espaço, e, nesse momento, reside a nossa capacidade de mudança."

"Nós não somos nossa mente; não somos nós. Somos um ser triplo: um corpo, uma mente e um espírito."

"A jornada da calma da mente é sobre perceber esse momento, perceber o nosso potencial de felicidade, abraçá-lo e seguir nessa direção."

Assumir o controle da nossa mente não é um mergulho no esoterismo, mas sim um ato racional. Tudo o que experienciamos está dentro da nossa cabeça, e compreender isso é fundamental para uma vida consciente e significativa.

Você não é a sua mente acelerada, a sua ansiedade ou os seus hábitos automáticos. Você é alguém que pode se apropriar desses momentos entre estímulos e ações para mudar, crescer e dirigir sua própria vida. É sobre escolher a felicidade, agarrar as rédeas e seguir adiante.

EPISÓDIO #577 **| TAGS** #controledamente, #consciência, #mudançadehábito

DIA 83: / /

O PODER LIBERTADOR DO AUTOPERDÃO E A JORNADA DA EVOLUÇÃO PESSOAL

"Perdoe a si mesmo pelas falhas passadas e concentre-se no presente, pois é nele que reside o seu poder de mudança." - *Epictetus*

O autoperdão é a chave para a liberdade interior e a serenidade da alma. Não há como alcançarmos liberdade interior, serenidade, paz e tranquilidade se não existir o autoperdão. O verdadeiro perdão começa quando você se perdoa e se liberta das correntes do arrependimento.

Ao nos tolerarmos, estamos abrindo portas para uma maior compreensão de nós mesmos e para a tranquilidade interior. E essa atitude não apenas nos liberta, mas também nos permite aprender com nossos erros e seguir adiante com sabedoria.

Sêneca provavelmente identificaria que a busca pelo autoperdão é uma busca por humildade e obediência. Ele enfatizaria que reconhecer as nossas falhas e abraçar a nossa humanidade é um sinal de força interior, e que, ao fazer isso, alinhamos as nossas ações com os nossos verdadeiros valores.

Portanto, a mensagem central aqui fala sobre como nos perdoarmos é uma força catalisadora da evolução pessoal, e isso ressoa os princípios estoicos de obediência e crescimento constante.

EPISÓDIO #548 **| TAGS** #compaixão, #crescimentopessoal, #autenticidade

DIA 84: / /

SYMPATHEIA: O BEM COMUM QUE NOS CONECTA

"Somos feitos uns para os outros. Para nos ajudarmos, para trabalharmos juntos. Com os pés e as mãos, se um sofre, todos sofremos. Se algo não é bom para um, não será bom para ninguém." – Marcus Aurelius

Sympatheia, um dos preceitos da filosofia estoica, que enfatiza que estamos todos interconectados, traz, na essência, que devemos trabalhar juntos para o bem comum. Se um de nós sofre, todos sofremos.

A prática dessa ideia precisa ir além do pensamento; precisa se transformar em ação. Quando entendemos como estamos todos conectados e dependentes uns dos outros, somos motivados a fazer o bem e a cuidar uns dos outros.

Infelizmente, a ideia de *sympatheia* é fácil de esquecer. Naturalmente, tendemos a nos preocupar mais com as pessoas próximas a nós e nossos próprios problemas. No entanto, a visão estoica nos lembra de que todos somos parte de um organismo maior. Quando outras pessoas sofrem, nós sofremos. Quando o mundo sofre, nós sofremos.

Então, lembre-se, todos os dias, de que você faz parte de algo maior do que si mesmo e de que há um bem maior ao qual todos devemos servir. Seja bom para os outros hoje e sempre.

EPISÓDIO #636 **| TAGS** #*sympatheia*, #bemcomum, #interconexão

CALMA DA MENTE PARA
MAIOR SATISFAÇÃO, CONEXÃO
E ALTA PERFORMANCE DA
SUA EMPRESA
ESCANEIE O QR CODE
Conheça nossos treinamentos e palestras
para a liderança da sua empresa.

DIA

BÔNUS

"Um comandante que se prepara antes da batalha já venceu metade da gurerra."

– SÊNECA

DESCUBRA COMO DESPERTAR SUA LIDERANÇA DE ALTO IMPACTO

Hoje vamos falar sobre um tema muito interessante: liderança e autodesenvolvimento. Todos nós exercemos a liderança em diferentes áreas da nossa vida: em casa, no trabalho ou em nosso círculo social. No entanto, nem sempre é fácil exercer essa liderança de forma intencional e eficaz.

Muitas vezes, enfrentamos dificuldades em controlar nossos próprios anseios, entregar o que nos propomos a fazer e manter a disciplina necessária para alcançar nossos objetivos. Isso acontece porque não nascemos com um manual de instruções que nos ensine como ser líderes efetivos.

No entanto, existe uma forma de desenvolvermos essa habilidade de liderança, por meio do autoconhecimento e do autodesenvolvimento. Quando nos conhecemos bem, podemos extrair o melhor de nós mesmos e nos tornarmos líderes mais eficientes em todas as áreas de nossa vida.

Encontrando a melhor versão de si mesmo

O autodesenvolvimento é um processo contínuo que nos permite crescer e amadurecer como indivíduos. Ele envolve o trabalho de conhecermos a nós mesmos, nossas habilidades, nossos valores e nosso propósito. É a partir desse autoconhecimento que podemos encontrar a melhor versão de nós mesmos.

No entanto, o autodesenvolvimento não é uma tarefa fácil. Requer dedicação, disciplina e coragem para enfrentar nossos próprios medos e limitações. Mas, quando nos comprometemos com esse processo, somos capazes de trazer mais foco e propósito para nossa vida.

A importância do foco e da disciplina

Uma das características das pessoas de alta *performance* é a capacidade de se concentrarem em uma única tarefa e desligarem-se dos demais barulhos ao redor. Isso é possível quando exercemos controle sobre nossa mente e direcionamos nosso foco para o momento presente.

Quando estamos presentes no momento, somos capazes de agir de forma mais intencional e de enfrentar os obstáculos que surgem em nosso caminho. Afinal, os obstáculos não são bons nem ruins; eles simplesmente são. É o nosso julgamento que faz com que os vejamos como bons ou ruins.

Por isso, é importante desenvolver um mindset positivo, em que entendemos que as coisas simplesmente são e que são nossos julgamentos que as tornam boas ou ruins. Quando entendemos isso, podemos mudar nossa perspectiva e encontrar oportunidades em meio aos obstáculos.

Controlando nossa mente

Nossa mente é uma ferramenta poderosa, capaz de processar uma enorme quantidade de informações e de tomar decisões rápidas. No entanto, muitas vezes, deixamos que nossa mente nos controle, em vez de a controlarmos. Quando nos permitimos ser arrastados pelos pensamentos e emoções negativas, perdemos a capacidade de agir de forma intencional. Por isso, é fundamental aprender a controlar nossa mente e direcioná-la para pensamentos positivos, ações construtivas e emoções saudáveis.

O controle da mente pode ser desenvolvido pela prática da atenção plena e da meditação. Essas técnicas nos ajudam a trazer nossa mente de volta para o momento presente e a focar o que realmente importa.

Construindo equipes de alto desempenho

Além de desenvolvermos nossa própria liderança, também podemos ajudar a desenvolver a liderança em outras pessoas, especialmente em nossas equipes de trabalho. Para isso, é fundamental inspirar e motivar as pessoas ao nosso redor.

Uma das formas de inspirar alguém é ser um exemplo a seguir. Quando somos autênticos, comprometidos e motivados, inspiramos as pessoas ao nosso redor a se desenvolver e a dar o melhor de si mesmas. Outro aspecto importante é desenvolver a intencionalidade em nossas relações. Quando nos tornamos verdadeiramente presentes nas interações com os outros, somos capazes de estabelecer conexões mais profundas e significativas.

A importância do momento presente

Todas as experiências que vivemos ocorrem no momento presente. O passado é apenas uma coleção de momentos presentes que já passaram, e o futuro é apenas uma projeção de momentos presentes que ainda não aconteceram. Quando nos damos conta de que o momento presente é tudo o que temos, somos capazes de vivenciá-lo de forma mais intensa e plena. Isso nos permite trazer mais intencionalidade para nossas ações e experimentar a vida de forma mais significativa.

Portanto, para vivermos com alta *performance* e liderarmos de forma eficaz, é fundamental estarmos presentes no momento presente e focarmos uma única tarefa de cada vez.

Conclusão

O autodesenvolvimento e a liderança eficaz são habilidades que podem ser desenvolvidas ao longo do tempo. Quando nos comprometemos com o processo de autoconhecimento e autodesenvolvimento, somos capazes de encontrar a melhor versão de nós mesmos e liderar de forma mais intencional em todas as áreas de nossa vida.

Controlar nossa mente, trazer foco para o momento presente e desenvolver relacionamentos de alta qualidade são alguns pontos-chave para construir equipes de alto desempenho e alcançar o sucesso em nossa jornada.

Portanto, lembre-se de que você possui o poder de controlar sua mente e direcioná-la para pensamentos e ações construtivas. Esteja presente no momento presente e inspire as pessoas ao seu redor a dar o melhor de si mesmas. Com dedicação, disciplina e coragem, você será capaz de se tornar um líder eficaz e alcançar o sucesso em todas as áreas de sua vida.

Para aprender como controlar sua mente para exercer uma liderança mais focada, inspiradora e efetiva, assista às 3 aulas gratuitas no QR Code ao lado!

SEMANA 13

UMA JORNADA PARA DENTRO – PARTE 1

"Conhece-te a ti mesmo."

- SÓCRATES

ESCANEIE O QR CODE

Inicie a sua jornada interior e desbrave os caminhos do autoconhecimento.

DIA 85: / /

AMOR OU MEDO É TUDO O QUE EXISTE

"Todas as ações humanas, em seu nível mais profundo, são motivadas por uma entre as duas emoções: o medo de um lado, o amor, de outro. Na verdade, apenas essas duas emoções, duas palavras apenas na linguagem da alma."

O estoicismo nos ensina como controlar a mente para que estejamos sempre no momento presente, para que todo o nosso futuro seja o melhor possível, construído minuto a minuto no momento presente. Refletir sobre a nossa finitude nos ajuda a agir com sabedoria e a buscar uma vida definida com nossos valores e virtudes.

As reflexões sobre a dicotomia de amor e medo, sob a perspectiva do estoicismo e das tradições budistas, são profundas e inspiradoras. É impressionante perceber como nossas ações e emoções são governadas por esses dois sentimentos primordiais. A ideia de que todas as outras emoções são variações desses dois extremos nos convida a uma profunda introspecção sobre nossos comportamentos e motivações.

Então, devemos aprender sobre a importância de viver plenamente no presente, pois é nele que moldamos o nosso futuro. Essa ênfase no momento presente nos lembra da impermanência da vida e da necessidade de agir com sabedoria, buscando virtudes e valores em nossas ações.

EPISÓDIO #430 | **TAGS** #medo, #amor, #sabedoria

DIA 86: / /

FELICIDADE DE VERDADE

"Felicidade é um verbo; é o desempenho contínuo, dinâmico e permanente de atos de valor. Nossa vida é construída a cada momento e tem utilidade para nós e para as pessoas que tocamos."

"A felicidade é, sim, um subproduto de quando você faz o bem para outras pessoas, de quando você vive os seus valores e princípios. Buscar a felicidade diretamente em objetos ou experiências externas não é o caminho para encontrá-la."

A busca pela felicidade é uma jornada profunda e complexa que, muitas vezes, deixa-nos perplexos sobre o que ela realmente é. Não existe uma fórmula única que nos garanta a felicidade. A verdadeira felicidade parece estar enraizada em ações contínuas de valor e propósito. Por isso, a compreensão de que a felicidade é um verbo, um processo contínuo de construção e prática de valores, é uma perspectiva poderosa. Nossas ações e atitudes em relação a nós mesmos e aos outros desempenham um papel fundamental na busca pela felicidade autônoma.

É fácil cair na armadilha de buscar a felicidade em coisas externas, como aquisições materiais ou conquistas momentâneas. No entanto, como ensinado pelos grandes filósofos, a verdadeira felicidade parece emergir quando buscamos o bem-estar das pessoas ao nosso redor e vivemos de acordo com nossos valores mais profundos.

Precisamos enfrentar os nossos medos, restringir e enfrentar as nossas imperfeições como um caminho árduo, mas necessário para alcançar uma felicidade genuína.

Convido você, portanto, a se prolongar nessa jornada interior em busca da verdadeira felicidade, assim como eu fiz. A autodescoberta e a prática de valores nobres são como as sementes que plantamos, e, com cuidado e paciência, colheremos os frutos de uma vida mais plena e significativa.

EPISÓDIO #431 | **TAGS** #felicidade, #realização, #autodescoberta

DIA 87: / /

SORTE E A VERDADEIRA FELICIDADE

"O que é sorte e o que não é?" – Marcus Aurelius

Neste trecho, devemos refletir sobre os conceitos de trabalho duro e sorte, e sobre como a meritocracia nem sempre se manifesta no mundo real. A vida é aleatória, e o sucesso nem sempre é proporcional ao esforço. Você já percebeu isso?

No entanto, a filosofia estoica nos lembra de que a distinção mais útil que podemos fazer é entre o que depende de nós e o que não depende. Nossas ações, nossos pensamentos e nossas reações estão sob nosso controle, enquanto o reconhecimento, os resultados e a aprovação dos outros não estão.

Por isso, mantenha o seu foco naquilo que pode controlar e aceite o que não pode. A verdadeira felicidade não é encontrada na sorte, mas em nossas próprias ações e atitudes.

EPISÓDIO #708 | **TAGS** #sorte, #trabalhoduro, #controle, #aceitação

DIA 88: / /

COINCIDÊNCIAS OU ACASO?

"Felicidade é fé, é saber que tudo tem um propósito, é saber que a vida acontecerá da maneira que deve acontecer. Uma das grandes razões da infelicidade humana é projetarmos a nossa felicidade em coisas que estão fora do nosso controle."

Nada é por acaso; não existem coincidências na vida. O universo é ordem, não é caos. Reflita sobre isso. Pense sobre a ordem do universo, o propósito da vida e a busca pela felicidade plena. A ideia de que nada é por acaso e de que não existem coincidências nos lembra que cada acontecimento em nossa vida possui um significado e está interligado a um propósito maior.

A frase "A felicidade é o antídoto da amargura e da perplexidade" nos lembra da importância de cultivarmos a felicidade em nossa vida para enfrentarmos os desafios com mais leveza e sabedoria. A busca pela felicidade genuína é um caminho que nos conduz a uma vida mais plena e satisfatória. Em vez de resistir ou de evitar as dificuldades, devemos enfrentá-las com resiliência e buscar aprender com cada experiência, evoluindo como seres humanos.

No estoicismo, aprendemos sobre a dicotomia do controle, que nos ajuda a discernir entre aquilo que podemos controlar, como nossas ações e nossos pensamentos, e aquilo que não podemos controlar, como eventos externos e outras pessoas. Ao compreender essa distinção, somos capazes de encontrar uma maior paz interior e de aceitar as situações que não estão sob nosso controle, permitindo-nos viver com maior serenidade.

Portanto, busque compreender o propósito de cada experiência em sua vida, confiando na ordem do universo. Cultive a felicidade interior como um antídoto para as adversidades e não tema os desafios que surgem em seu caminho.

A partir do autoconhecimento e da busca contínua pelo crescimento pessoal, você encontrará uma vida mais plena e significativa.

EPISÓDIO #433 | **TAGS** #propósito, #sentidodavida, #fé, #confiança

DIA 89: / /

A BONDADE É A PRÁTICA E A PRÓPRIA RECOMPENSA

> *"A bondade é a prática e a própria recompensa. Basta-nos para sermos felizes. Devemos afinar nosso caráter como se fosse as cordas de um instrumento. A bondade é o sutil reajuste do nosso caráter durante a vida inteira."*

Hoje quero que você reflita sobre a importância da bondade como um meio de encontrar a paz interior e combater a tristeza. A bondade, por si só, é uma prática que traz recompensas intrínsecas, não exigindo nada além de um caráter bem ajustado, como as cordas de um instrumento harmônico.

Vivemos em uma sociedade que nos impõe valores deturpados e padrões superficiais, distanciando-nos da verdadeira essência de quem somos. Nesse cenário, a ansiedade e a depressão se tornam constantes, afastando-nos do momento presente e nos fazendo temer o futuro ou remoer o passado. Entender a dicotomia do controle é fundamental para encontrarmos a serenidade: focar as coisas que estão sob nosso domínio e aceitar aquelas que não estão.

A noção de *sympatheia* é um belo lembrete de que somos todos interligados e de que nossas ações têm impacto não apenas em nós mesmos, mas também na sociedade como um todo. Ao priorizarmos o desenvolvimento do nosso caráter e praticarmos o bem, contribuímos positivamente para o bem-estar coletivo.

Portanto, devemos nos desapegar da busca incessante por bens materiais e reconhecer o valor das virtudes em nossa vida. A verdadeira felicidade não está em acumular máquinas ou riquezas passageiras, mas sim em cultivar uma alma nobre e generosa.

EPISÓDIO #434 | **TAGS** #paz, #tristeza, #serenidade

DIA 90: / /

TRANSFORME O DIFÍCIL EM FÁCIL

"Amar o seu destino significa enfrentar todas as situações como algo que veio especialmente para você, como uma oportunidade de evolução. Não existem problemas; apenas situações que são oportunidades para melhorar e crescer."

Devemos enxergar os desafios como remédios necessários para a nossa evolução e aceitar as coisas que a vida nos traz com todo o coração. A vida é repleta de adversidades, como perdas, separações, problemas financeiros e políticos, que podem nos fazer sofrer profundamente. Entretanto, há uma antiga fórmula estoica que pode nos proporcionar serenidade e resiliência diante dessas adversidades.

O conceito de *amor fati*, ou amar o destino, ensina-nos a abraçar tudo que a vida nos apresenta como oportunidade para evoluir. As situações difíceis são como remédios amargos que precisamos tomar para curar a alma e fortalecer os nossos músculos internos.

Podemos transformar a maneira como encaramos os problemas, tratando-os como um jogo em que a superação é o objetivo final. Amar o destino significa aceitar com todo o coração aquilo que a vida nos reserva, confiando no fato de que essas experiências são necessárias para o nosso crescimento espiritual.

Entender que os eventos não são a causa do nosso sofrimento, mas sim a nossa percepção sobre eles, dá-nos o poder de enfrentar as situações de forma serena e equilibrada. Assim como a fisioterapia fortalece os nossos músculos físicos, a filosofia estoica é um conhecimento interno que fortalece a nossa alma, permitindo-nos transcender os problemas com sabedoria.

EPISÓDIO #435 | **TAGS** #sofrimento, #serenidade, #evolução

DIA 91: / /

A GRATIDÃO É PARTE IMPORTANTE DA SUA CURA

"A vida do tolo está vazia de gratidão e cheia de medos; seu curso está totalmente voltado para o futuro." - Epicuro

"Nenhum homem, se for ingrato, será infeliz só no futuro. Não lhe concedo nenhum dia de graça; ele será infeliz imediatamente."

Às vezes, buscamos a felicidade em conquistas grandiosas, mas ela está mais próxima do que imaginamos, nas coisas simples e cotidianas. Como mencionado, a gratidão não é apenas um sentimento, mas uma força que pode afetar positivamente o nosso corpo e a nossa mente. Ao praticarmos o *amor fati*, ou seja, amarmos as coisas e os eventos que nos acontecem, reconhecemos que tudo tem um propósito em nosso caminho de evolução. Dessa forma, abraçamos o presente com serenidade, compreendendo que cada desafio nos leva à nossa melhoria e ao nosso crescimento interior.

Lembre-se de que a gratidão não deve ser apenas um exercício intelectual, mas sim um sentimento genuíno que brota do coração. Busque aplicar essa virtude em sua vida cotidiana, agradecendo por todas as experiências, boas ou más, como oportunidades de crescimento. Com essa mentalidade, você alcançará uma paz interior profunda e se libertará do medo e da insatisfação.

Sêneca, um dos grandes filósofos estoicos, costumava dizer: "A felicidade é alcançada quando o que você pensa, o que você diz e o que você faz estão em harmonia". Portanto, cultive a gratidão em seu coração, agradeça não apenas pelas bênçãos inesperadas, mas também pelos desafios que o tornam mais forte e resiliente. A serenidade verdadeira é fruto de uma mente sábia e grata, capaz de encontrar a paz mesmo nas adversidades da vida.

EPISÓDIO #436 **| TAGS** #gratidão, #medo, #serenidade

SEMANA 14

UMA JORNADA PARA DENTRO - PARTE 2

"A felicidade de sua vida depende da qualidade de seus pensamentos."

- MARCUS AURELIUS

ESCANEIE O QR CODE

Continue a sua exploração interna e mergulhe mais fundo em seus pensamentos e emoções.

DIA 92: / /

VOCÊ JÁ SE OLHOU COM RAIVA NO ESPELHO?

"Observe-se: Já se viu com raiva no espelho?" – Sêneca

Perceba o efeito da raiva em nossa aparência e nosso comportamento. Sêneca descreve como a raiva pode tornar uma pessoa irreconhecível, distorcendo a sua aparência e fazendo com que ela pareça patética e infantil.

Ele nos encoraja a nos olharmos no espelho quando estamos com raiva, para realmente vermos a transformação que ocorre. O objetivo não é nos criticar, mas nos conscientizar de como a raiva nos deforma, e é um exercício que ajuda a nos lembrar de que a raiva não nos favorece, mas nos prejudica.

A mensagem final que quero deixar, portanto, é a de manter a calma e a tranquilidade, pois essas são virtudes muito mais atraentes e benéficas do que a raiva. Assim, somos encorajados a corrigir as nossas más escolhas e a trabalhar para manter o nosso equilíbrio emocional.

EPISÓDIO #701 | **TAGS** #raiva, #autoconsciência, #calma, #equilíbrioemocional

DIA 93: / /

A ÚNICA CONSTÂNCIA DA VIDA SÃO AS MUDANÇAS: TUDO É IMPERMANENTE

"Viva o seu melhor hoje; seja uma pessoa melhor hoje do que amanhã. Quando você percebe as condições transitórias da vida, percebe que tantas das coisas que você valoriza não têm valor algum."

Refletindo sobre a mortalidade humana, devemos entender que a vida é efêmera e incerta. Não podemos saber quanto tempo exato nos resta, mas podemos ter uma noção com base na expectativa média de vida. A partir dos 80 anos, considere-se um bônus. Essa percepção não deve nos trazer tristeza ou angústia, mas sim prioridades e perspectiva.

Pensando em nossa mortalidade, devemos viver o nosso melhor hoje, sendo pessoas melhores e cultivando virtudes como honestidade, temperança, justiça e coragem. Não devemos adiar a nossa busca pela melhoria, esperando por condições perfeitas, mas sim agir agora, pois o agora é tudo que temos.

Podemos ler livros e assistir a diversos filmes, mas a verdadeira mudança vem da experiência e da vivência. Devemos experimentar, aprender e crescer, pois, apenas assim, podemos compreender plenamente as nuances e os significados da vida. Afinal, não é o conhecimento intelectual que transforma, mas sim a experiência vivida.

Portanto, reconhecer a transitoriedade da vida nos permite confrontar o presente e nos conduzir a uma jornada de autodescoberta e evolução constantes. Assim, podemos viver uma vida plena, mesmo diante das interferências que o futuro pode trazer.

EPISÓDIO #438 **| TAGS** #impermanência, #reflexão, #buscapelopresente

DIA 94: / /

VOCÊ PODE SER O SEU MAIOR INIMIGO OU O SEU MELHOR AMIGO: A ESCOLHA É SUA!

"Você é a pessoa mais perigosa que existe e a mais abençoada; sempre dependerá de a qual das duas você dá força, alimenta, para definir o resultado da sua vida."

"Todo o seu sofrimento, sua alegria, sua paz, sua felicidade, sua tranquilidade existirão ou deixarão de existir de acordo com o comando mental que você der para esses sentimentos, de acordo com a forma como você avaliar o que está protegido na sua vida, com a forma como você colocar a etiqueta: 'isso é bom, é ruim, é indiferente'."

"Foque em ser uma pessoa melhor por ser melhor; foque em fazer o bem pelo bem; foque em ajudar alguém pelo bem que você está fazendo; perceba quando sua vida é curta."

Precisamos reconhecer o nosso papel central em nossa vida e como nossos pensamentos e ações podem influenciar a nossa experiência. Devemos buscar uma motivação interna, em vez de buscar a validação externa ou entrar em uma competição sem sentido. O estoicismo é mencionado como uma filosofia que ensina a aceitar as circunstâncias da vida e a buscar a virtude. Além disso, é enfatizada a necessidade de olhar para dentro de si, cultivar valores e princípios pessoais e viver de acordo com eles.

Nós temos poder em nossa vida. Devemos estar conscientes de como nossas escolhas e atitudes podem nos levar ao sucesso ou ao fracasso.

EPISÓDIO #440 | **TAGS** #autoconhecimento, #autorreflexão, #autovalorização, #autocompaixão

DIA 95: / /

VAMOS EMBORA E TUDO FICA AQUI

"Nós somos pequenos, mas nós somos arrogantes, prepotentes, metidos à besta, mas vamos embora, e é bem assim: com um estalo, a vida se vai."

Precisamos refletir sobre a mortalidade e a efemeridade da vida. Nós vamos embora e não precisamos ficar imersos em preocupações cotidianas. Devemos encontrar tempo para apreciar as coisas que realmente importam e proteger os nossos relacionamentos e os momentos emocionantes.

A ideia de *memento mori*, ou a contemplação da morte, é uma prática que pode nos ajudar a ganhar perspectiva sobre a vida e apreciar o presente com mais intensidade. Reconhecer que a vida é fugaz e que a morte é inevitável pode nos incentivar a viver de maneira mais autônoma e significativa. No entanto, é importante encontrar um equilíbrio entre a reflexão sobre a mortalidade e a capacidade de viver o momento presente. A sabedoria está em aceitar a nossa condição mortal, mas também em encontrar alegria e propósito em nossa vida.

Assim, a busca por uma vida bem vivida é uma jornada constante, e cada um de nós deve encontrar a sua própria maneira de apreciar a existência e deixar um impacto positivo no mundo enquanto estamos aqui. Como disse Sêneca: "A vida é curta, mas cabe nela muito mais do que somos capazes de viver". Devemos aproveitar a dádiva da vida com sabedoria e gratidão, encontrando significado e satisfação naquilo que escolhemos fazer com o tempo que nos foi concedido.

EPISÓDIO #462 **| TAGS** #reflexão, #humildade, #urgência, #efemeridade

DIA 96: / /

A VIDA VAI LHE ENSINAR; NÃO SE PREOCUPE

"A vida confronta, te quebra, te desaponta, mas creia: isso é para que o seu melhor se manifeste."

"A vida não lhe dá o que você quer, mas o que você precisa para evoluir."

Quero fazer uma reflexão profunda sobre a vida e as suas características. Ela se apresenta como uma série de experiências que nos desafiam e confrontam, mas com o propósito de nos tornarmos pessoas melhores.

Assim, precisamos nos soltar de nossos caprichos e apreciar os tesouros ocultos que a vida oferece. Essa é uma chamada para valorizar as lições de aprendizado e encontrar transformação pessoal. É também, ao mesmo tempo, uma oportunidade para confiar no processo e acreditar que tudo acontece para o nosso próprio bem.

Leve essa mensagem inspiradora em seu coração. Convido você a viver com gratidão, evolução e paz interior.

EPISÓDIO #493 **| TAGS** #desapontamento, #transformação, #apreciação

DIA 97: / /

A DOR CAUSADA PELA AMBIÇÃO DESMEDIDA

"A vida do tolo está vazia de gratidão e cheia de medos; seu curso está totalmente voltado para o futuro." - Sêneca

Estamos mergulhados em nossos desejos cegos em empreendimentos que nos prejudicarão, mas certamente nunca nos satisfarão. Sêneca nos incentiva a refletir sobre a satisfação interior, em vez de depender da acumulação de bens materiais para nossa felicidade.

A calma da mente é alcançada ao valorizarmos o presente e sermos gratos pelo que temos, evitando a armadilha da ambição sem limites. É um lembrete de que a verdadeira riqueza está na satisfação interior e na sabedoria, e não na busca incessante por mais. Portanto, buscar a calma da mente é encontrar contentamento no presente e não depender da fortuna material para nossa felicidade.

EPISÓDIO #550 **| TAGS** #gratidão, #ambição, #humildade

DIA 98: / /

SEJA MELHOR HOJE DO QUE ONTEM; ISSO JÁ BASTA

"Não se preocupe com a opinião dos outros. Concentre-se em ser a melhor versão de si mesmo."

Na nossa vida é assim: são esforços incrementais; são passos que você dará. Não busque aquelas fórmulas mágicas, como "vou resolver hoje", "vou ficar rico" ou "vamos comprar". A vida é sobre a jornada; valorize-a.

Essas palavras nos lembram da importância das pequenas evoluções em nossa jornada. Como Sêneca sabiamente afirmou, "De nada adianta ter a coragem de iniciar sem a disciplina de continuar". Devemos abraçar as ações incrementais, pois são elas que moldam o nosso progresso real. A vida não se constitui de soluções mágicas instantâneas, mas sim da busca constante por crescimento, seja na academia do corpo, seja na academia da mente. Valorizar a jornada, cultivar resiliência e persistir em passos disciplinados é a essência da verdadeira transformação.

EPISÓDIO #552 **| TAGS** #resiliência, #desenvolvimentopessoal, #persistência

SEMANA 15

UMA JORNADA PARA DENTRO – PARTE 3

"Quem olha para dentro, acorda."

– CARL JUNG

ESCANEIE O QR CODE

Finalize sua jornada interna com chave de ouro e desperte o seu verdadeiro eu.

DIA 99: / /

NOSSO GRANDE EGO, CONSCIÊNCIA E A JORNADA INTERIOR

"O ego é como uma prisão invisível que nos mantêm afastados da verdadeira liberdade." - Sócrates

"Ao cultivarmos a consciência de nós mesmos e da mente, podemos discernir entre os impulsos do ego e nossa verdadeira essência, levando a uma vida mais serena e autônoma."

A busca pela compreensão do ego e da consciência é uma jornada profunda e essencial para o autodesenvolvimento. As tradições filosóficas e espirituais oferecem perspectivas valiosas sobre como transcender as amarras do ego e alcançar uma liberdade interior duradoura.

No entanto, essa jornada requer autorreflexão e discernimento constantes, à medida que exploramos as complexidades de nossa mente e buscamos a verdadeira confiança. Sêneca, o estoico, observaria com perspicácia que a maestria sobre o ego não é apenas um ato de liberdade, mas também um compromisso consigo mesmo e com a sabedoria atemporal.

EPISÓDIO #553 **| TAGS** #autenticidade, #liberdade, #reflexão

DIA 100: / /

CALMA DA MENTE É SOBRE ISSO

"Não é sobre ter tudo que quero, mas sobre ser grato por tudo que tenho."

Não é sobre buscar ser o melhor, mas sobre entender que, por melhor que eu me torne diante da grandeza do universo, sou apenas um ponto na imensidão. Não é sobre evitar quedas, é sobre me levantar e persistir quantas e quantas vezes forem necessárias até eu atingir o meu objetivo. Não é sobre não ter medo, é sobre enfrentar desafios e fazer o que é necessário mesmo diante do medo.

Às vezes, ficamos presos em desejos intermináveis e na busca incessante pelo "melhor", sem perceber que somos apenas uma pequena parte do vasto universo. Devemos aprender a apreciar cada momento, reconhecendo que o presente é o nosso bem mais valioso. E não devemos temer os desafios, mas enfrentá-los com coragem. As quedas são parte da jornada, e o verdadeiro sucesso está em nos levantarmos quantas vezes forem necessárias até atingirmos nossos objetivos.

Além disso, é importante compreender que não existe bem ou mal absoluto; muitas vezes, são os nossos próprios julgamentos que tornam as coisas boas ou ruins. A sabedoria está em controlar os nossos julgamentos e aceitar as situações com serenidade.

Viva com gratidão, coragem e uma mente tranquila. A felicidade está na apreciação do presente e na aceitação das lições que a vida nos oferece.

EPISÓDIO #570 | **TAGS** #gratidão, #coragem, #aceitação

DIA 101: / /

A VERDADE É DEUS

"Seja a mudança que você quer ver no mundo." - Gandhi

Marcus Aurelius disse: "Que sorte eu tenho, que me deixou sem amargura, inabalável pelo presente e não afetado pelo futuro. A coisa poderia ter acontecido com qualquer um, mas nem todos teriam ficado imperturbáveis".

Quantas vezes nos deparamos com situações difíceis que abalam a nossa paz interior? É nessas horas que precisamos buscar inspiração e encontrar a resiliência que nos permitirá superar qualquer obstáculo. A verdadeira força está em reconhecer a presença de algo divino em nossa vida. Independentemente das suas crenças, encontrar um propósito maior dará a você a coragem necessária para enfrentar os desafios.

Então, faço o convite hoje para que você reflita sobre a sua jornada, olhe para dentro, medite, feche os olhos e se conecte com o que é verdadeiro. Quantas vezes você já passou por dificuldades e as superou? Agora você tem outras questões de que precisa cuidar, e está tudo bem. Outras ainda virão, então não se apegue, não se abata; simplesmente olhe para elas e faça o que deve ser feito sem medo, sem ansiedade, sem procrastinação, com a calma da mente.

A calma da mente e a gratidão são valores fundamentais para lidar com as intensidades e as mudanças constantes da vida. Ao aceitarmos que enfrentaremos desafios, podemos nos preparar melhor para eles e enfrentá-los com confiança.

Nossa vida é uma jornada repleta de altos e baixos, mas é com resiliência, fé e gratidão que podemos superar os desafios e construir um caminho significativo. Que possamos aplicar essas lições em nossa jornada pessoal, encontrando coragem para enfrentar as dificuldades com calma e confiança.

EPISÓDIO #511 | **TAGS** #resiliência, #superação, #fé, #espiritualidade

REFLEXÕES DE UMA JORNADA VIPASSANA: DESCONEXÃO, IMPERMANÊNCIA E AUTOCONHECIMENTO

"O segredo da saúde mental e corporal não está em lamentar o passado, preocupar-se com o futuro ou antecipar problemas, mas sim em viver o momento presente sabiamente e de forma seriamente alegre."

Tive um período desafiador e enriquecedor que me permitiu desconectar-me completamente da tecnologia e do mundo externo. Embora eu não possa afirmar que tenha sido fácil, posso garantir que valeu a pena, pois, como em tudo na vida que vale a pena, a jornada foi intensa e transformadora.

Durante esses dias, imerso na prática de meditação Vipassana, desenvolvida por Gautama Buda há 2.500 anos, pude vivenciar a lei natural da impermanência na prática. Essa técnica, desprovida de religião ou dogmas, permitiu-me refinar e controlar a minha mente, compreendendo, de maneira tangível, a natureza efêmera de todas as coisas. Nesse processo, encontramos a chave para erradicar a raiz do sofrimento, que, muitas vezes, carregamos.

Uma descoberta mágica foi a realização de todo esse processo no laboratório mais incrível: nosso próprio corpo e mente. Por meio da disciplina moral (Sila), do controle da mente (Samadhi) e da sabedoria (Panna), buscamos a arte de uma vida plena. Que os méritos de nossa jornada, permeados por bondade, generosidade, amor e compaixão, possam ser compartilhados por todos os seres.

Com profunda gratidão, encerro esta narrativa e convido você a explorar a sua própria jornada de autoconhecimento e transformação. Assim como Sócrates nos ensinou, ao conhecermos a nós mesmos, podemos compreender os deuses em todas as formas. Que a busca incessante pela verdade e pela compreensão continue a iluminar o seu caminho.

EPISÓDIO #539 | **TAGS** #transformaçãopessoal, #gratidão, #autoconhecimento

DIA 103: / /

DINHEIRO × RIQUEZA: A DISTINÇÃO ENTRE SÍMBOLO E REALIDADE

"O dinheiro é apenas um símbolo da riqueza; ele não é a riqueza em si."

"Muitas vezes, nós somos confundidos; confundindo o símbolo com a realidade, confundindo o dinheiro com a riqueza." - Alan Watson

Essa reflexão é profunda e nos convida a questionar a relação que temos com símbolos como o dinheiro e o ego. É importante lembrar que o dinheiro, por si só, não é a verdadeira riqueza, mas apenas um símbolo que usamos para medi-la. Da mesma forma, o ego é uma ilusão que nos faz acreditar que estamos separados do todo, quando, na realidade, somos parte integrante desse todo.

As palavras de Alan Watson nos fazem refletir sobre como, muitas vezes, confundimos os símbolos com a realidade: o dinheiro com a riqueza, o cardápio com a comida ou o ego com o organismo humano real. Essa confusão nos distrai da verdadeira percepção e experiência da vida.

Desse modo, é importante refletir sobre esses temas e buscar uma compreensão mais profunda sobre a natureza dos símbolos, a ilusão do ego e a importância de nossa percepção na forma como vivemos nossa vida. Assim, podemos cultivar clareza e sabedoria maiores para lidar com as experiências que surgem em nosso caminho.

EPISÓDIO #496 **| TAGS** #reflexão, #autoconhecimento, #poder

DIA 104: / /

O MAPA NÃO É O TERRITÓRIO

"Tudo o que vivemos e sentimos é apenas uma interpretação subjetiva da realidade, sujeita a nossos erros e visão sobre aquilo."

"Nós somos seres espirituais passando pela experiência humana e, para que possamos experienciar tudo o que é nosso, teremos que viver e passar por isso."

Essas frases abordam a diferença entre os símbolos que usamos para representar o mundo e a própria realidade em si. É importante lembrar que nossas palavras e nossos pensamentos são apenas convenções, e não devemos confundi-los com a realidade absoluta. Por isso, a compreensão de que o mapa não é o território nos leva a refletir sobre como interpretamos e vivenciamos a realidade, reconhecendo a subjetividade nisso envolvida. E essa é uma lição valiosa!

Nossas experiências são apenas interpretações pessoais, sujeitas a erros e influências da nossa visão de mundo. É essencial, portanto, praticar e aplicar o conhecimento que adquirimos, transformando-o em hábitos e compartilhando-o com os outros. Assim como Sêneca disse, "A vida é uma escola. O que você aprende é importante, mas como você aplica esse conhecimento é ainda mais crucial".

Devemos buscar aplicar esses princípios em nossa vida, entendendo a diferença entre os símbolos e a realidade, e buscando viver de modo mais consciente e em sintonia com o território real, em vez de nos perdermos em mapas e interpretações limitadas.

EPISÓDIO #494 | **TAGS** #confusão, #reflexão, #compreensão

DIA 105: / /

A IMPORTÂNCIA DO PRESENTE

"O presente é tudo o que realmente existe, e, por meio da sabedoria e da virtude, podemos encontrar a paz interior e a felicidade duradoura."

É exatamente por esse motivo que precisamos viver plenamente no presente, reconhecendo que é nele que encontramos a verdadeira realidade e a oportunidade de alcançar a felicidade. Muitas vezes, somos enganados pelas palavras e ideias que nunca conseguem capturar totalmente o mundo real e misterioso ao nosso redor. Ou seja, a nossa percepção do tempo pode variar, e o tempo do relógio é apenas uma convenção humana.

A valorização do momento atual, por outro lado, liberta-nos da ansiedade e da procrastinação, permitindo que enfrentemos as tarefas e os desafios com mais calma e presença. Valorizar isso é também procurar a calma da mente como aspecto fundamental da vida, incluindo relacionamentos saudáveis, sucesso profissional e realização de sonhos. A calma nos permite lidar melhor com as adversidades e aproveitar as oportunidades que surgem.

É importante lembrar as palavras de Sêneca, que nos convida a viver no presente: "A vida é dividida em três períodos: o passado, o presente e o futuro. Desses, o presente é breve, o futuro é incerto, o passado é irreparável. Portanto, devemos aproveitar o presente". Que possamos aprender a valorizar cada momento presente e buscar a calma da mente para vivermos uma vida plena e significativa.

EPISÓDIO #495 | **TAGS** #reflexão, #ansiedade, #gratidão

SEMANA 16

CONECTANDO OS PONTOS

"A vida é o que acontece quando estamos ocupados fazendo outros planos."

- JOHN LENNON

ESCANEIE O QR CODE

Veja a grande imagem da sua vida e aprenda a conectar os pontos com clareza.

DIA 106: / /

CONECTANDO OS PONTOS: STEVE JOBS E O ESTOICISMO (PARTE 1/3)

"Os pontos da nossa vida apenas se conectam em retrospecto. Por isso, é preciso confiar que estarão conectados no futuro. É preciso confiar em algo - seu instinto, o destino, o karma. *Não importa. Essa abordagem jamais me decepcionou, e mudou minha vida." - Steve Jobs*

Aqui, Steve Jobs compartilha a sua jornada de vida e suas experiências, destacando a importância de seguir a sua paixão e confiar no fato de que os eventos se conectam ao longo do tempo. Ele aborda como a sua decisão de desistir da faculdade o levou a um caminho inesperado, repleto de aprendizado e oportunidades. É uma narrativa que ressoa princípios estoicos, como o *amor fati*, que significa amar e abraçar o que o destino lhe reserva, mesmo perante os desafios.

Quero que você reflita sobre como pode aplicar essas lições em sua própria vida. A confiança em seu instinto e a disposição para abraçar as reviravoltas dele podem levá-lo a descobertas e realizações inesperadas. Lembre-se de que nem sempre é possível conectar os pontos no momento, mas, em retrospecto, você verá como cada experiência contribuiu para o seu crescimento.

EPISÓDIO #608 | **TAGS** #confiança, #aceitação, #*amorfati*

DIA 107: / /

SUPERANDO A PERDA: STEVE JOBS E O ESTOICISMO (PARTE 2/3)

"Não percebi, na época, mas ser demitido da Apple foi a melhor coisa que poderia ter acontecido comigo. O peso do sucesso foi substituído pela leveza do recomeço. Isso me libertou para um dos mais criativos períodos de minha vida. [...] A única maneira de sentir satisfação completa é amar o que você faz. Quando encontrar, você saberá." - Steve Jobs

Aqui, Steve Jobs compartilha a segunda parte de sua história na formatura de Stanford, destacando a importância de perseverar e amar o que você faz. Ele aborda a sua demissão da Apple e como, inicialmente, a dor e a incerteza o afetaram. No entanto, ressalta que essa reviravolta na vida foi a melhor coisa que poderia ter acontecido com ele, permitindo-lhe ser criativo, criar novas empresas e encontrar o amor verdadeiro. Isso nos lembra da resiliência humana e da capacidade de transformar desafios em oportunidades.

Você deve refletir sobre como a adversidade pode, por vezes, ser o impulso necessário para alcançar o sucesso e a realização. Assim como Steve Jobs, é crucial não se deixar abalar pelas pedras que a vida joga em seu caminho. Encontre o que você ama e persista, mesmo diante de obstáculos, pois é essa paixão que o manterá motivado.

EPISÓDIO #609 **| TAGS** #resiliência, #gratidão, #determinação

DIA 108: / /

MEMENTO MORI: STEVE JOBS E O ESTOICISMO (PARTE 3/3)

> *"Lembrar de que em breve estarei morto é a melhor ferramenta que encontrei para me ajudar a fazer as grandes escolhas da vida. Porque quase tudo - expectativas externas, orgulho, medo do fracasso - desaparece diante da morte, que só deixa aquilo que é importante. Lembrar que você morrerá é a melhor maneira que conheço de evitar a armadilha de temer por aquilo que temos a perder. Não há motivo para não fazer o que dita o coração." - Steve Jobs*

Aqui, em nosso último dia de análise do discurso de Steve Jobs, ele enfatiza a importância de reconhecer a nossa mortalidade e como isso nos ajuda a focar o que realmente importa na vida. Ele relembra a sua própria batalha contra o câncer e como essa experiência o fez apreciar ainda mais o tempo que tinha. Jobs também destaca a necessidade de seguir o coração, não permitindo que influências externas moldem a nossa vida.

Internalize a mensagem de Steve Jobs sobre a mortalidade e como ela pode ser uma ferramenta poderosa para evitar que você viva com medo do fracasso e das expectativas dos outros. Afinal, o tempo que você tem é limitado, e é fundamental que o gaste fazendo o que realmente ama. Lembre-se destas palavras dele: "Permaneçam famintos, permaneçam tolos". Mantenha a sua paixão e a curiosidade, pois são essas qualidades que o levarão a alcançar os seus objetivos e a encontrar significado em sua jornada.

EPISÓDIO #610 **| TAGS** #reflexão, #coragem, #determinação

AMOR FATI: AME TUDO O QUE A VIDA TROUXER

"Aceite as coisas que o destino lhe traz e ame as pessoas que o destino aproxima de você, mas faça isso de todo o seu coração." - Marcus Aurelius

"O homem não é afetado pelos eventos, mas pela visão que tem deles."

Exercitar o *amor fati* significa aceitar de peito aberto todos os acontecimentos da vida, tanto aqueles que trazem felicidade, prazer e memórias como aqueles que trazem tristeza, sofrimento e angústia.

Amor fati não é sobre aceitar passivamente o que acontece, mas abraçar ativamente cada situação, independentemente de quão desafiadora seja. É sobre ver a realidade com olhos amorosos, como se estivesse recebendo um remédio para a sua evolução. Assim, quando eventos inevitáveis ocorrem e não podemos mudá-los, sabemos que podemos mudar a nossa perspectiva.

A diferença está em como escolhemos enxergar a vida. Faça essa mudança de mindset e transforme os desafios em oportunidades para crescimento e positividade.

EPISÓDIO #578 **| TAGS** #*amorfati*, #aceitação, #*mindset*positivo

DIA 110: ___ / ___ / ___

ASSUMA O CONTROLE DO QUE VOCÊ PODE CONTROLAR

"A principal tarefa na vida é identificar e separar as questões de modo que eu possa dizer claramente para mim mesmo quais são externas, fora do meu controle, e quais têm a ver com as escolhas que realmente controlo." - Epictetus

"A prática mais importante na filosofia estoica é a distinção entre o que podemos mudar e o que não podemos."

"Deus, conceda-me serenidade para aceitar as coisas que não posso mudar, coragem para mudar as coisas que posso e sabedoria para distinguir umas das outras."

A vida se resume a controlar e escolher. Epictetus nos ensina que a chave para uma vida mais serena está em discernir o que está sob nosso controle e o que não está.

Quando compreendemos essa distinção, ganhamos a habilidade de focar as nossas escolhas e as decisões que moldam o nosso destino. A famosa prece da serenidade nos lembra disso: aceitar o que não podemos mudar, encontrar a coragem para alterar o que podemos e sabedoria para distinguir entre ambas. Concentrarmo-nos nas escolhas que controlamos nos torna mais felizes e nos dá uma vantagem sobre aqueles que travam batalhas impossíveis.

EPISÓDIO #579 **| TAGS** #controle, #escolha, #serenidade

DIA 111: / /

LEMBRE-SE DA SUA MORTALIDADE

"Lembre-se de que você deve morrer, para que, enquanto vive, cesse de viver para o que lhe agrada e comece a viver para o que lhe agrada após a morte." - Sêneca

M*emento mori* é uma lembrança poderosa de nossa mortalidade. Essa reflexão nos recorda de que a vida é efêmera, uma breve passagem de nosso espírito pela experiência humana. No entanto, essa compreensão não é triste, mas transformadora.

Ela nos ensina a valorizar cada momento, a ser corajosos, a não nos deixar dominar pelos medos e ansiedades. A morte é uma igualdade universal, e ela nos lembra da importância de vivermos as nossas virtudes, de sermos a melhor versão de nós mesmos, pois é isso que levamos conosco. Como disse Jesus, o reino do céu não é sobre o que temos, mas sobre quem somos e o bem que fazemos. Que sua jornada seja repleta de virtudes e paz.

EPISÓDIO #580 **| TAGS** #*mementomori*, #impermanência, #virtudes

DIA 112: / /

SOMOS APENAS UM PONTO NA INFINITUDE DO TEMPO E DO ESPAÇO

"Você não é um ser humano em um universo, mas um universo em um ser humano." - Marcus Aurelius

A visão de Marcus Aurelius nos ensina a enxergar o mundo de cima, a partir de uma perspectiva aérea que nos mostra quão pequenos somos em relação ao vasto panorama da existência. Essa visão nos lembra da nossa insignificância diante da imensidão do universo.

À medida que a tecnologia avançou, os seres humanos foram capazes de realmente adotar essa visão aérea, essa visão maior, e isso trouxe uma consciência global instantânea. Nesse estado de ampla perspectiva, as preocupações cotidianas, as batalhas e os problemas que costumam dominar a nossa vida se tornam insignificantes.

Ter essa perspectiva nos traz humildade e nos ensina a virtude da temperança. Lembra-nos de não nos abalarmos diante dos problemas, pois, em última análise, somos apenas uma pequena parte de algo muito maior. Essa compreensão nos ajuda a cultivar a tranquilidade interior, independentemente das adversidades que enfrentamos.

EPISÓDIO #587 | **TAGS** #humildade, #perspectiva, #insignificância

SEMANA 17

AUTOCONTROLE E SUPERAÇÃO DO MEDO

"Você tem poder sobre sua mente, não sobre os eventos externos. Perceba isso, e encontrará força."

- MARCUS AURELIUS

ESCANEIE O QR CODE

Domine o autocontrole e supere seus medos com técnicas que fortalecem a mente.

DIA 113: / /

COMO NÃO SE IRRITAR COM OS OUTROS

"Quando damos às pessoas o benefício da dúvida, a presunção de inocência em vez da presunção de culpa e de más intenções, tudo relaxa. Podemos perdoar, podemos encontrar um terreno comum, podemos nos concentrar no que realmente importa: o nosso próprio comportamento." - Epictetus

Aqui existe uma lição valiosa sobre como evitar a irritação em nossas interações com os outros. Muitas vezes, frustramo-nos com as ações de pessoas ao nosso redor – um vizinho, um colega de trabalho ou um membro da família.

Assim, a abordagem recomendada é adotar a perspectiva de um advogado ou defensor público. Em vez de imediatamente assumir o pior sobre os outros, devemos reservar um momento para considerar o que pode estar motivando as ações deles. Essa reflexão nos ajuda a ver o lado bom das pessoas e a dar o benefício da dúvida.

Ao adotar essa mentalidade, conseguimos relaxar, perdoar e encontrar terreno comum com os outros. Em vez de nos prendermos a mágoas e preocupações desnecessárias, podemos focar o que realmente é importante em nossa vida: o nosso próprio comportamento. Desse modo, podemos construir relacionamentos mais saudáveis e viver com mais harmonia.

EPISÓDIO #596 **| TAGS** #comportamento, #empatia, #relacionamentos, #controleemocional

UM DE SEUS MAIORES SUPERPODERES

"Embora não tenhamos controle sobre os acontecimentos externos, temos o poder de decidir como reagir a eles e o que significam para nós." - Sêneca

Temos o superpoder de decidir o significado dos acontecimentos em nossa vida. E isso é muito poderoso! Sêneca argumenta que os deuses foram generosos em conceder essa habilidade a todos os seres vivos, uma vez que ela nos dá a possibilidade de controlar o que sentimos em relação aos eventos externos para evitar dinâmicas desequilibradas e caóticas. Precisamos olhar para o dia vindouro e nos alegrar pela única coisa que realmente controlamos: nós mesmos. Essa é uma perspectiva valiosa e saudável. Ao focar aquilo que está sob nosso domínio, podemos evitar cair no desespero causado pela preocupação excessiva com o que não podemos controlar.

A filosofia estoica destaca a importância de aceitar as coisas que não podemos mudar e de adotar uma atitude resiliente diante dos desafios da vida. Quando você controla o significado atribuído aos acontecimentos externos, está também encontrando força e equilíbrio mesmo diante das situações mais difíceis.

E essa é uma lição valiosa, pois nos convida a direcionar nosso foco e energia àquilo que podemos influenciar, em vez de nos desgastarmos com preocupações infrutíferas. A busca por encontrar o controle sobre as nossas reações e por compreensão é uma jornada de crescimento pessoal e autodescoberta, permitindo-nos alcançar um estado de serenidade e contentamento interior, independentemente das circunstâncias externas.

EPISÓDIO #347 | **TAGS** #empoderamento, #aceitação, #resiliência, #controle

DIA 115: / /

APENAS VOCÊ TEM O PODER DE SE TRANSFORMAR

"A alma, quando tentam assustá-la, perturbá-la, basta que ela forme o juízo correto a esse respeito e nada há de sofrer, pois ela não está obrigada a abrigar perturbações."

Ao conquistarmos o domínio sobre a mente, descobrimos a grandiosidade que existe dentro de nós. Essa jornada de autoconhecimento nos leva a um estado de serenidade e nos impulsiona a crescer como indivíduos. É fundamental, portanto, buscar o equilíbrio mental para enfrentar os desafios da vida e alcançar a verdadeira realização.

Além disso, é importante lembrar que, assim como Sêneca afirmava, devemos buscar o conhecimento e a sabedoria para aprimorar o nosso controle sobre a mente. Por meio desse processo, podemos alcançar a serenidade, desenvolver-nos pessoalmente e encontrar o verdadeiro significado da vida.

EPISÓDIO #503 | **TAGS** #paz, #calma, #crescimentopessoal

DIA 116: / /

SOBRE OS MEDOS INFUNDADOS

"Não é porque as coisas são difíceis que tememos; é porque tememos que elas são difíceis." - Sêneca

Sêneca nos lembra de que sofremos mais por antecipação do que pelos eventos reais que ocorrem em nossa vida. O medo pode ser uma ferramenta poderosa de autossabotagem, e é essencial aprender a controlá-lo.

O filósofo estoico nos adverte contra a tendência de amplificar os nossos medos e nossas preocupações, deixando que nos dominem. Ele nos encoraja a questionar os nossos medos e a olhar para a realidade com mais objetividade. Muitas vezes, nossos medos são baseados em conjecturas infundadas e ansiedades imaginárias.

Sêneca também destaca a importância de vivermos o presente em vez de nos preocuparmos excessivamente com o futuro. Ele nos lembra de que a incerteza é uma característica inevitável da vida e de que, em vez de nos preocuparmos com eventos que podem ou não acontecer, devemos focar o presente e as coisas que estão ao nosso alcance.

Além disso, ele nos aconselha a manter a esperança, mesmo em momentos difíceis, e a não ceder ao pânico. A força mental e a resiliência são essenciais para enfrentar os desafios que a vida nos apresenta.

Portanto, lembre-se de que o medo é frequentemente alimentado pela imaginação e pela incerteza. Ao enfrentar os seus medos infundados com coragem, moderação e esperança, você pode viver uma vida mais plena e significativa.

EPISÓDIO #619 | **TAGS** #medo, #incerteza, #esperança

NÃO SEJA DOMINADO PELO MEDO

"Não podemos deixar que o primeiro impacto nos guie, mas sim como reagimos a partir dele. A vida é sobre superar momentos de dificuldade, resistir e seguir em frente. Respirar, reassumir o controle e enfrentar os desafios com tranquilidade e serenidade."

O estoicismo nos mostra que o que importa não é como reagimos ao susto inicial, mas sim como transcendemos a primeira impressão. Não podemos parar as surpresas, porém podemos entender como devemos agir conforme elas surgem. Nossa vida é sobre superar esses momentos; nossas dificuldades continuarão transitando, mas podemos reassumir o controle e superá-las com maior tranquilidade.

É natural reagir com emoções intensas em momentos de estresse e perigo, mas devemos agir de maneira mais consciente após a primeira impressão emocional. Devemos transcender a fantasia inicial e, em vez de nos deixarmos levar por medo e pânico, assumir o controle e agir com tranquilidade e resiliência.

A chave está em aprendermos a lidar com tudo de modo mais sábio e sereno. Não negue as suas emoções; aprenda a reagir e supere com mais equilíbrio. Tenha controle emocional e uma mentalidade resiliente. Participe do chamado estoico: essa é uma oportunidade valiosa em sua vida. A vida é intensa, mas fazer isso é encontrar maior paz interior e felicidade.

EPISÓDIO #411 **| TAGS** #surpresa, #resiliência, #controleemocional

DIA 118: / /

O OBSTÁCULO COMO CAMINHO

"O obstáculo no caminho se torna o caminho." - Marcus Aurelius

Essa bela reflexão de Marcus Aurelius fala sobre como os obstáculos em nossa vida podem se transformar no próprio caminho que estamos percorrendo. Ele nos lembra de que tudo na vida depende de nossa perspectiva. Então, podemos escolher ver os desafios como bloqueios em nosso caminho, ou podemos enxergá-los como oportunidades para crescer. Ao abraçarmos essa última perspectiva, podemos nos fortalecer por meio das dificuldades que encontramos.

A visão estoica nos encoraja a ver cada obstáculo como uma chance de praticar a virtude – a coragem, a humildade, a paciência ou a autodisciplina. Assim, nada em nosso caminho pode verdadeiramente nos impedir, pois tudo se torna combustível para o nosso crescimento pessoal.

EPISÓDIO #699 **| TAGS** #desafios, #crescimentopessoal, #oportunidade, #virtude

DIA 119: / /

NOVOS PERCURSOS

"Não é o que você suporta que o define, mas como você suporta." - Sêneca

Refletir sobre essa citação de Sêneca nos leva a ponderar a natureza da resiliência humana. O infortúnio é uma constante na tapeçaria da vida, mas nossa resposta a ele é o que esculpe nosso caráter. Quando Sêneca fala sobre suportar, ele não se refere a uma mera tolerância passiva, mas a uma atitude ativa de enfrentamento e superação. A adversidade não é vista como um fardo a ser lamentado, mas como uma oportunidade para o crescimento pessoal e para a demonstração de fortaleza interior.

A maneira como reagimos aos reveses da vida pode revelar forças que nem sabíamos possuir. Em vez de nos deixarmos definir pelas circunstâncias, Sêneca nos convida a redirecionar nosso foco para a nossa capacidade de persistir e de nos adaptar. A adversidade, portanto, torna-se um catalisador para a autotransformação e um teste para a nossa firmeza de espírito. A vida inevitavelmente nos desafia, e, embora não possamos controlar os eventos externos, temos a prerrogativa de escolher nossa reação. Em última análise, é essa escolha que determina a qualidade de nossa vida.

EPISÓDIO #710 **| TAGS** #adversidade, #resiliência, #crescimento, #oportunidade

SEMANA 18

VENCENDO O EGO E ENCONTRANDO O DESAPEGO

"Lembre-se: muito pouco é necessário para fazer uma vida feliz."

– MARCUS AURELIUS

ESCANEIE O QR CODE

Liberte-se do ego e encontre o desapego para conquistar uma vida mais plena e feliz.

DIA 120: / /

AS ALTERNATIVAS DA VIDA

"Sempre existe ao menos uma alternativa." - Sêneca

Relembre os momentos de dificuldade da sua vida. Você sentiu que existia uma alternativa para eles? Ou achou que aquilo era o fim de tudo e percebeu depois que existiam outras possibilidades?

No dia de hoje, Sêneca nos lembra de que, mesmo diante de situações difíceis e desafiadoras, sempre existe pelo menos uma alternativa. Esse ensinamento estoico nos incentiva a não nos rendermos ao derrotismo, mas sim a concentrarmos os nossos esforços no pequeno espaço de uma oportunidade.

Ele nos ensina que tempos difíceis podem ser suavizados, grandes apertos podem ser afrouxados e cargas pesadas podem se tornar mais leves para aqueles que aplicam a força no lugar correto. E isso não significa que tudo pode ser magicamente consertado, e sim que podemos encontrar uma forma de lidar com a situação, mesmo que essa forma seja aceitar a situação em paz.

Então, resista e persista. Assuma a responsabilidade e lute para seguir em frente, pois sempre temos um movimento a fazer.

EPISÓDIO #713 **| TAGS** #alternativa, #resistir, #persistir, #responsabilidade

DIA 121: / /

A ILUSÃO DA VAIDADE DO LEGADO

"Eles não querem louvar os seus concidadãos, que vivem em seu próprio tempo, mas fazem questão de obter louvores póstumos, de homens que ainda nem sequer nasceram, que nunca viram e jamais verão. É quase como se uma pessoa ficasse ofendida por não ter sido lembrada por aqueles que morreram antes mesmo de ela nascer!"

Marcus Aurelius nos convida a refletir sobre todos aqueles que não querem ser elogiados por seus contemporâneos, mas buscam obter elogios póstumos de homens que ainda nem nasceram, que nunca verão nem conhecerão. Faz uma proposta também para que possamos pensar sobre como o que importa é como tratamos as pessoas e como contribuímos com a sociedade. É o bem que deixamos, o bem que implantamos durante a nossa vida, e não o ego ou como seremos lembrados.

Quero desafiar você a questionar a busca por um legado e um reconhecimento póstumo. Quero que olhe a vaidade inerente a essa busca e perceba que o importante é como tratamos as pessoas e o bem que deixamos durante a nossa vida. Muitas vezes, preocupamo-nos mais com o que será dito sobre nós depois de nossa morte do que com o impacto que podemos ter no presente. Essa busca por elogios futuros é vazia e ilusória.

O seu foco deve estar em viver de acordo com os seus valores e princípios, em vez de buscar agradar o ego ou se preocupar com a memória que deixará. Esse é o significado de sua existência. Assim, você aprenderá a valorizar mais o presente, a construir relacionamentos significativos e a buscar um propósito que transcenda a vaidade e o desejo de legado. E poderá experimentar uma vida mais plena, tranquila e abundante.

EPISÓDIO #383 **| TAGS** #vaidade, #legado, #significadopessoal

DIA 122: / /

VOCÊ CRIA A FELICIDADE DENTRO DA SUA CABEÇA

"Por que eu exigiria da fortuna que ela me dê, em vez de exigir de mim mesmo que eu não deseje?" - Sêneca

Aqui temos um trecho da Carta XV de Sêneca para Lucílio, em que o filósofo explica como o desejo e a busca por bens materiais podem ser prejudiciais e vazios.

Sêneca, um nobre romano extremamente rico, percebeu que a riqueza e o poder não trazem a verdadeira paz e felicidade. Ele argumenta que os bens materiais são apenas empréstimos temporários, e que nenhum deles nos acompanhará após a nossa morte. O que realmente importa é o nosso conhecimento, as boas ações que realizamos e a marca que deixamos na humanidade.

Ele nos encoraja a nos libertarmos da incessante busca por bens materiais e a encontrarmos satisfação em nós mesmos, em vez de nas coisas que possuímos, rememorando que a verdadeira paz e a plenitude não estão na posse de bens, mas em nossas percepções, em nossos desejos e ações.

Desse modo, avalie em que você está colocando a sua felicidade e a importância de focar o que pode controlar, em vez de olhar para os elementos externos de sua vida.

EPISÓDIO #662 | **TAGS** #bensmateriais, #conhecimento, #nobreza, #deixeasuamarca

DIA 123: / /

FILOSOFIA, O GUIA DA VIDA

"Se você viver de acordo com a natureza, nunca será pobre; se você viver de acordo com a opinião, nunca será rico." – Epicuro

A filosofia, argumenta Sêneca ao citar Epicuro, não deve ser um truque para impressionar, mas uma prática constante que nos guia na vida. Ela ajuda a construir a alma, ordenar a nossa vida e nos mostrar o que devemos fazer e o que devemos evitar. Sem filosofia, viveríamos incertos e inseguros.

Sêneca encoraja Lucílio a se fortalecer por meio do estudo e a transformar as suas boas disposições em propósitos firmes. Ele também discute a diferença entre viver de acordo com a natureza, que nos leva à verdadeira riqueza, e viver de acordo com a opinião, que nunca nos satisfaz plenamente.

Este é um dia em que quero que você se desafie a refletir sobre a importância da filosofia e a considerar onde coloca valor e foco.

EPISÓDIO #663 | **TAGS** #filosofia, #valor, #foco

DIA 124: / /

MATERIALISMO E RETIRO

"Por que esperar até que não haja nada para você desejar? Esse tempo nunca chegará." - Sêneca

Sêneca, um dos mais proeminentes filósofos estoicos e um dos homens mais ricos de Roma, desafia-nos a questionarmos a nossa busca incessante por mais e a considerarmos o valor de nos retirarmos do mundo material para aprofundar o nosso autoconhecimento e a nossa paz interior.

Ele argumenta que nunca chegaremos a um ponto em que não desejaremos mais nada, se nosso foco estiver fixado na aquisição de bens materiais. Mais importante do que acumular riquezas, devemos buscar a satisfação em nossa própria companhia e nas pessoas que escolhemos para nos cercar.

A verdade é que precisamos ser autênticos em nossas relações. Ele sugere que uma dívida grande pode transformar um amigo em inimigo, e que a verdadeira amizade não pode ser comprada ou baseada em obrigações materiais. Devemos, portanto, repensar as nossas prioridades e considerar o valor de uma vida mais simples e autêntica.

EPISÓDIO #681 **| TAGS** #materialismo, #retiro, #autenticidade

O QUE É SER RICO?

"A riqueza tem impedido muitos homens de alcançar a sabedoria. A natureza exige um pouco e o homem sábio adapta as suas necessidades à natureza." - Sêneca

Vamos falar sobre o conceito de riqueza e o que realmente significa ser rico. Sêneca nos lembra de que a riqueza tem, muitas vezes, impedido os homens de alcançar a sabedoria e sugere que a verdadeira riqueza não está em posses materiais, mas na paz, na serenidade e na gratidão que temos em nossa vida. A riqueza material, na forma de dinheiro, propriedades ou honrarias, é vista como o objetivo final. No entanto, Sêneca argumenta que a aquisição de riqueza costuma ser apenas uma mudança de problemas, e que a culpa não está na riqueza, mas na mente.

Ele destaca que é a nossa mente que torna tanto a pobreza quanto a riqueza um fardo, pois não importa se você coloca um homem doente em uma cama de madeira ou em uma cama de ouro – onde quer que ele esteja, levará a doença consigo. Da mesma forma, não importa se uma mente doente é agraciada com riquezas ou com pobreza – o sofrimento acompanha o homem.

Sêneca nos lembra de que devemos valorizar a nós mesmos além de nossa riqueza material. A verdadeira riqueza está em nossa serenidade, em nossa paz e em nossa gratidão por tudo o que temos, e não na busca incessante e infinita por bens materiais.

EPISÓDIO #692 | **TAGS** #riqueza, #sabedoria, #valorpessoal

DIA 126: / /

EVOLUÇÃO ATÉ O FIM

"Evolua até o último minuto de sua vida." - Diógenes

Diógenes de Sinope, filósofo da Grécia antiga, desafia-nos hoje a nunca parar de melhorar, independentemente de nossa idade ou das circunstâncias. Para a filosofia, esse trabalho de evolução deve ser contínuo: um esforço constante para a evolução pessoal até o último minuto de nossa vida.

Ele também nos ensina que não devemos usar a velhice como desculpa para vagar na verdade. Em vez disso, devemos continuar a questionar convenções, reduzir os nossos desejos, desafiar o poder e insistir na verdade.

Quero incentivar você, portanto, a se esforçar para ser sempre melhor a cada dia e a não tirar o pé do acelerador, indo direto até a linha de chegada, independentemente de quantos anos você tenha.

EPISÓDIO #715 **| TAGS** #evolução, #melhoracontínua, #verdade, #persistência

SEMANA 19

CALMA DE DENTRO

"A maior parte do que dizemos e fazemos é desnecessária: remova o supérfluo e o homem encontrará tempo e tranquilidade."

- MARCUS AURELIUS

ESCANEIE O QR CODE

Encontre a calma interior para simplificar sua vida e acalmar a sua mente.

DIA 127: / /

A MELHOR VIAGEM QUE EXISTE

"Sua melhor viagem é para dentro de você." - Marcus Aurelius

Existe uma grande ilusão de que viajar para lugares paradisíacos trará a paz e a serenidade que tanto buscamos. Marcus Aurelius, assim como Sêneca, lembra-nos de que levaremos conosco os nossos problemas, as nossas angústias e ansiedades para todos os lugares aonde formos.

A verdadeira paz, a verdadeira beleza, está dentro de nós. O filósofo nos ensina que a única forma de encontrar essa tranquilidade é olhando para dentro de nós mesmos. Não há lugar mais pleno de tranquilidade e liberdade do que a nossa própria alma, quando retirada do turbilhão mundano.

Por isso, quero inspirar você a buscar a serenidade duradoura em seu interior, em vez de procurá-la em lugares distantes. Este é um lembrete de que a verdadeira viagem é para dentro de nós mesmos.

EPISÓDIO #712 | **TAGS** #interior, #paz, #serenidade, #viageminterior

DIA 128: / /

SOBRE AS NOSSAS ANGÚSTIAS

"O que aflige você?" - Marcus Aurelius

Hoje trago um convite de Marcus Aurelius para uma reflexão profunda sobre o que nos aflige. Ele nos desafia a identificar e entender a origem da angústia, que, muitas vezes, surge repentinamente, e nos ensina que a maldade dos outros, o destino traçado pelo universo, as exigências do corpo e o desejo de fama podem ser fontes de angústia. No entanto, ele nos lembra de que essas coisas todas existem externamente e que a nossa perturbação surge unicamente da opinião que fazemos delas.

Quero que você compreenda, portanto, que precisa olhar para dentro de si mesmo e perceber que o mundo é transmutação e que a vida é a nossa opinião acerca dela. Com tal perspectiva, podemos encontrar a paz, a calma e a resiliência para superar as nossas aflições.

EPISÓDIO #714 **| TAGS** #angústia, #reflexão, #paz, #resiliência

DIA 129: / /

A PAZ ESTÁ DENTRO DE VOCÊ

"Todas as ações humanas são motivadas, em seu nível mais profundo, por uma das duas emoções: medo ou amor. Esses dois pontos – o Alfa e o Ômega – são essenciais para a existência do sistema que vocês chamam de 'relatividade'."

A dualidade entre amor e medo parece ser uma parte inerente da experiência humana. E todas as outras emoções e ideias derivam dessas duas bases. Você já parou para pensar sobre isso? Olhar para essa questão oferece uma abordagem para compreender os comportamentos e as decisões humanas, uma vez que todas as ações podem ser analisadas em relação a essas duas motivações primárias.

Ao compreendermos o equilíbrio delicado entre o amor e o medo, podemos ter uma visão mais profunda de nossas próprias ações e emoções. Quero, então, que você tente encontrar uma compreensão maior sobre si mesmo e sobre os outros, além de se permitir cultivar uma vida mais consciente e alinhada com os seus valores mais elevados.

EPISÓDIO #350 | **TAGS** #amor, #medo, #dualidade

DIA 130: / /

A SERENIDADE É A CHAVE DA BOA VIDA

"O indício mais seguro de uma vida superior é a serenidade. O progresso moral resulta do fato de você se ver livre do tumulto interior." - Epictetus

Este é um convite para refletir sobre a verdadeira natureza das nossas aflições. Em muitos momentos, é preferível renunciar a certas comodidades materiais, se isso significar conquistar a paz interior e a tranquilidade da alma. Ao enfrentarmos as adversidades com calma e moderação, começando pelas pequenas coisas, cultivamos a serenidade interior e nos libertamos de perturbações desnecessárias.

Assim, por meio do cultivo da paz interior e do libertar-se do tumulto que nos aflige, somos conduzidos ao progresso moral e à sabedoria estoica. Precisamos evitar padrões de pensamentos comuns que nos causam inquietação e ansiedade, como a preocupação excessiva com questões materiais ou o receio de que nossas boas ações sejam mal interpretadas. Ao abandonar essas preocupações superficiais, podemos encontrar uma vida mais significativa, dedicada ao autodomínio e ao equilíbrio emocional.

Isso é ter serenidade! E esse é o estado que permitirá que você viva uma boa vida.

EPISÓDIO #352 | **TAGS** #serenidade, #autodomínio, #pazinterior

AQUELE PARAÍSO QUE VOCÊ TANTO BUSCA ESTÁ DENTRO DE VOCÊ

"Não busque a felicidade em lugares distantes; ela está sempre dentro de você, esperando ser descoberta." - Epictetus

As férias, muitas vezes, decepcionam-nos, porque carregamos conosco a nossa verdadeira fonte de ansiedade. A verdadeira riqueza está na compreensão de que tudo nos é emprestado por um breve instante de tempo. Não é sobre ter tudo que se quer, mas sobre ser o melhor que podemos ser diante da grandeza do universo. A verdadeira jornada para o paraíso começa dentro de nós mesmos.

Muitos de nós acreditam que, ao escaparmos das responsabilidades diárias e dos problemas, encontraremos a felicidade em férias perfeitas. No entanto, frequentemente descobrimos que nossa ansiedade e nossas preocupações nos acompanham para qualquer lugar que vamos. Isso ocorre porque os nossos verdadeiros desafios estão enraizados em nossa mente e em nosso coração.

A busca pelo paraíso verdadeiro começa quando olhamos para dentro de nós mesmos. Através das lentes da gratidão, da humildade, da fé, da aceitação, da sabedoria, do controle e da coragem, aprendendo a cultivar a verdadeira felicidade e a paz de espírito. Essas lentes nos mostram que a verdadeira riqueza está na compreensão de que tudo o que temos é temporário, e de que devemos viver cada momento com gratidão e alegria.

Não é sobre escapar das dificuldades da vida, mas sobre enfrentá-las com coragem e aceitação. Cada desafio é uma oportunidade de crescimento e aprendizado. Se você deseja, portanto, encontrar o paraíso verdadeiro, comece olhando para dentro de si mesmo. A verdadeira calma da mente e a felicidade duradoura não estão em lugares distantes, mas em sua própria jornada interior.

EPISÓDIO #572 **| TAGS** #felicidadeinterior, #autoconhecimento, #gratidão

DIA 132: / /

NADA É SEU; TUDO É EMPRESTADO

"Não temos fundamento para o narcisismo, como se estivéssemos cercados por bens que nos pertencem; eles nos foram emprestados. Podemos usá-los e desfrutar deles, mas aquele que distribuiu tais ofertas decide por quanto tempo seremos arrendatários delas; nosso dever é manter de prontidão as ofertas que nos foram cedidas por tempo indeterminado e devolvê-las quando solicitado, sem reclamar: é um devedor lamentável aquele que abusa de seu credor." - Sêneca

Sêneca nos lembra de que nada do que possuímos é realmente nosso. Carros, bens materiais, relacionamentos e até mesmo a nossa própria vida são empréstimos temporários. Devemos apreciar e utilizar essas coisas com gratidão e contentamento, sabendo que um dia teremos que devolvê-las.

Muitas vezes, somos pegos de surpresa pela perda dessas coisas e nos sentimos arrasados, pois negligenciamos a possibilidade de perdê-las. Ignoramos a nossa própria vulnerabilidade e a transitoriedade de todas as coisas. Ao reconhecer a natureza passageira de tudo o que temos, podemos adotar uma postura de desapego saudável e viver com mais paz e tranquilidade.

Por isso, é essencial pensar em tudo como um empréstimo da natureza ou de uma força superior, e utilizar esses empréstimos com sabedoria e gratidão. Dessa forma, seremos devedores conscientes, prontos para devolver o que nos foi emprestado quando chegar o momento, sem lamentações ou resistência. Além disso, devemos lembrar que nossa vida não é apenas sobre nós mesmos, mas também sobre as pessoas que tocamos ao longo do caminho. Apreciar a transitoriedade da vida nos permite valorizar cada momento e aproveitar as oportunidades para impactar positivamente a vida dos outros.

EPISÓDIO #390 | **TAGS** #desapego, #gratidão, #reconhecimentodatransitoriedade

DIA 133: / /

TODOS PODEM TER SORTE; NEM TODOS PODEM PERSEVERAR

"O sucesso chega para os humildes e os poucos talentosos, mas a característica especial de uma grande pessoa é triunfar sobre os desastres e pânicos da vida humana."

A pessoa mais admirável que existe é aquela que, com resiliência e determinação, avança enquanto os outros desistem. Alcança os seus objetivos por meio do esforço árduo e da honestidade. Não conta com privilégios ou com as circunstâncias favoráveis. Ter sorte é fácil; perseverar é para aqueles que são admiráveis.

Muitas vezes, admiramos aqueles que parecem ter uma vida fácil, que parecem receber tudo de mão beijada. Mas será que essa bem-aventurança é merecida? Afinal, qualquer um pode ser beneficiado pela sorte, mas o verdadeiro mérito está na perseverança diante das adversidades.

A vida não deve ser aplaudida pela facilidade, mas pelo significado e pelo propósito encontrados nos desafios. Sabe por quê? A nossa existência é uma jornada de evolução, aprendizado e constante aprimoramento, então deixar um legado positivo é – ou deve ser – o nosso objetivo.

Por isso, em vez de almejar a comodidade, acredite na importância de perseverar e deixar uma marca significativa em sua trajetória. Faça isso por meio da resiliência, do trabalho árduo e do impacto positivo que você gera, assim contribuirá para um mundo melhor. Siga em frente com determinação e busque uma vida repleta de significado. A verdadeira grandeza não está apenas no *resultado*, mas na *transformação pessoal* e na jornada que percorremos para atingir os nossos objetivos.

EPISÓDIO #343 | **TAGS** #perseverança, #resiliência, #impactopositivo

SEMANA 20

SAÚDE MENTAL

"Não é a carga que derruba você, mas a forma como você a carrega."

- LOU HOLTZ

ESCANEIE O QR CODE

Cuide da sua saúde mental com práticas de bem-estar mental.

DIA 134: / /

A PROCRASTINAÇÃO É PRIMA DA ANSIEDADE E DA DEPRESSÃO

"Aprenda a se concentrar em uma coisa de cada vez e a realizar uma tarefa antes de começar outra." - Marcus Aurelius

Você sabia disso? A procrastinação é, de fato, um problema comum que afeta muitas pessoas. É importante reconhecer que ela está relacionada a falhas na regulação emocional e à resposta de luta ou fuga ativada pela ansiedade. No entanto, é fundamental compreender que essa forma de evitar a ansiedade imediata apenas aumenta o estresse no longo prazo.

Para superarmos a procrastinação, devemos amar o destino e nos dedicar a cada tarefa com foco e concentração. A proposta é seguir os conselhos de Marcus Aurelius, como se concentrar em uma coisa de cada vez e realizar uma tarefa antes de começar outra.

A prática da meditação, uma técnica simples e eficaz, pode auxiliar no controle da mente e no enfrentamento dos desafios diários. A meditação nos permite encontrar paz e serenidade, evitando a procrastinação e desenvolvendo a capacidade de lidar com os obstáculos que surgem em nosso caminho.

Saiba que você tem poder sobre a sua mente, mesmo diante de eventos externos que não pode controlar. Ao fazer essa distinção, encontrará a força necessária para enfrentar os desafios, evitando a procrastinação e progredindo em direção aos seus objetivos.

EPISÓDIO #457 | **TAGS** #resiliência, #ansiedade, #superação

DIA 135: / /

A BREVIDADE DAS HORAS: UMA REFLEXÃO SOBRE O TEMPO

"Não é que tenhamos pouco tempo de vida, mas perdemos muito desse tempo. A vida é longa o suficiente e foi generosamente dada para que possamos fazer tudo o que precisamos fazer." - Sêneca

A procrastinação nada mais é do que você rasgar o seu tempo como quem rasga dinheiro. A única diferença é que dinheiro você ganha mais; tempo, não. Lembre-se de que todos temos as mesmas 24h por dia, independentemente de quem somos ou de nossas circunstâncias. No entanto, o que nos diferencia é a forma como utilizamos esse tempo precioso. A procrastinação age como um ladrão sorrateiro, roubando nosso tempo e nos impedindo de alcançar os nossos objetivos e de atingir nosso potencial máximo.

O desafio reside em encontrar equilíbrio entre as demandas do cotidiano e a busca por algo significativo que nos traga satisfação e realização. É importante lembrar que o tempo é finito, e que cada dia é único. Desperdiçar tempo com a procrastinação pode nos levar a uma vida vazia e desprovida de propósito.

Cultivar a consciência do tempo e priorizar o que é verdadeiramente importante em nossa vida é fundamental. A procrastinação resulta da falta de clareza em relação às nossas metas e aos nossos valores, assim como da falta de disciplina e de autodisciplina. Devemos aprender a estabelecer prioridades claras, definir metas alcançáveis e agir com determinação para realizar os nossos objetivos.

Nossas ações devem refletir nossos valores e aspirações mais profundos. Devemos lembrar que cada dia é uma oportunidade única para viver com propósito e significado. Portanto, podemos abandonar a procrastinação, abraçar a consciência do tempo e buscar uma vida mais significativa, alinhada com nossos valores e aspirações verdadeiros. Como Sêneca diria, "Não vivemos apenas para nos experimentar, mas sim para realizar algo de grande significado e propósito".

EPISÓDIO #509 **| TAGS** #procrastinação, #agora, #sentidodavida

DIA 136: / /

SUPERANDO A PREGUIÇA E ABRAÇANDO A CORAGEM

"A ação é a chave fundamental de todo sucesso." - Pablo Picasso

Quando for custoso despertar do sono, lembre-se de que vai de acordo com a sua constituição e a natureza humana prestar serviços à comunidade, enquanto a sonolência é comum também aos seres irracionais. O que está de acordo com a natureza de cada um lhe é mais adequado, mais natural e, portanto, também mais agradável.

Assim como Picasso disse, a ação é a chave para que possamos buscar e alcançar o sucesso, então não devemos deixar a preguiça tomar conta e precisamos abraçar a coragem para que possamos evoluir.

EPISÓDIO #558 | **TAGS** #transformação, #preguiça, #evolução, #coragem

DIA 137: / /

LIVRE-SE DA ANGÚSTIA REPENTINA

"Aprenda a se retirar para dentro de si mesmo e encontre paz em meio ao caos. Aprenda a se escutar, a escutar a sua alma, a escutar o seu interior; assim perceberá que existe um paraíso dentro de você. O mundo é transmutação; a vida é nossa opinião acerca delas." - Marcus Aurelius

A importância de se retirar para um espaço de reflexão interna é evidenciada por Marcus Aurelius. As palavras sobre a insignificância dos aplausos e das preocupações com o que chamam de fama são um lembrete poderoso para nos concentrarmos nas coisas que realmente importam em nossa existência. A noção de que tudo é transitório e está em constante transformação é uma lição valiosa para aprendermos a lidar com as adversidades da vida.

Devemos aprender a nos escutar e a encontrar um paraíso dentro de nós mesmos. É com a serenidade e a paz interior que encontramos a força para enfrentar as angústias da vida. Uma reflexão sobre a insignificância das preocupações com a fama e com os aplausos é uma lição que ecoa os ensinamentos estoicos sobre a importância de cultivar a virtude e a tranquilidade interior.

Recordar que tudo é transitório e está em constante mudança é uma maneira de nos prepararmos para as adversidades, sabendo que elas também passarão. A busca pelo autoconhecimento e a prática da autotransformação são caminhos fundamentais para uma vida plena e virtuosa. Que possamos aplicar esses pensamentos em nossa vida externa e encontrar a verdadeira paz interior que reside em cada um de nós.

EPISÓDIO #428 **| TAGS** #angústia, #serenidade, #paz

DIA 138: / /

ANSIEDADE: CONTROLE OU SEJA CONTROLADO

"Não são as coisas que nos incomodam, mas o nosso julgamento sobre as coisas." - Epictetus

Você controla a sua ansiedade ou é controlado por ela? A ansiedade, quando vivenciada de maneira intensa, pode se tornar uma doença que nos deixa paralisados e leva à depressão. O estoicismo é uma ferramenta eficaz para lidar com a ansiedade, promovendo a aceitação da realidade e a gratidão pelas situações que o destino nos traz.

A citação de Epictetus enfatiza a importância de nossos julgamentos e opiniões na forma como interpretamos os eventos da vida e reagimos a eles. Devemos aceitar a realidade e adotar uma perspectiva mais serena como maneiras de encontrar a paz interior e viver uma vida mais tranquila.

Devemos reconhecer os limites dessa emoção e buscar um equilíbrio saudável. A ansiedade é a nossa mente ausente, fazendo várias conjecturas do que pode dar errado no futuro. É como se estivéssemos criando infinitas possibilidades de universos dentro de nossa vida, tanto para o que pode dar errado quanto para o que pode dar certo. Percebe qual é a lógica?

A ansiedade está ligada à preocupação excessiva com o futuro, levando a uma falta de presença no momento presente. Não seja controlado pela ansiedade; controle-a. Mas como? Com consciência plena e direcionando a sua atenção para o agora.

EPISÓDIO #441 | **TAGS** #ansiedade, #medo, #aceitação

DIA 139: / /

LIÇÕES ESTOICAS PARA A PROCRASTINAÇÃO

"Adiar as coisas é o maior desperdício da vida."

Não é a pessoa mais inteligente que consegue; é aquela que se recusa a desistir. Essa é uma das maiores lições estoicas sobre a procrastinação, e é preciso superar esse hábito nocivo. Então, cerque-se de pessoas positivas e compreenda que a procrastinação é um obstáculo a ser superado para alcançar uma vida mais significativa.

Ela só nos afasta de nossas metas e de nossos sonhos. Lembre-se de que o tempo é precioso, e você tem o poder de usá-lo da melhor maneira possível. Assim, não deixe que a procrastinação limite o seu potencial. Comece hoje mesmo a viver uma vida mais produtiva e significativa.

EPISÓDIO #607 | **TAGS** #procrastinação, #resiliência, #autodisciplina

DIA 140: / /

TIRE DA SUA AGENDA TUDO O QUE NÃO É ESSENCIAL

"Não se preocupe com a opinião dos outros a seu respeito; elas estão fascinadas, iludidas pelas aparências. Mantenha-se firme em seu propósito. Só isso poderá fortalecer a sua vontade e dar coerência à sua vida." - Epictetus

Esse trecho nos encoraja a não nos preocuparmos com a opinião das outras pessoas sobre nós, pois ela pode ser influenciada por aparências enganosas. Ao permanecermos fiéis a nós mesmos e ao nosso propósito, fortalecemos a nossa vontade e nos tornamos mais resilientes diante dos desafios.

Lembre-se da importância de direcionarmos a nossa atenção para o que realmente importa e deixarmos de lado as distrações e ocupações banais. Ao fazermos isso, encontramos clareza e foco em nossos objetivos mais elevados.

O estoicismo nos ensina a não buscarmos a aprovação externa e a não nos envolvermos em uma busca por *status* ou reconhecimento superficial. A verdadeira sabedoria está em encontrar a nossa própria importância interna, desapegando-nos do desejo de sermos vistos como especiais ou superiores. Ao vivermos em harmonia com a verdade e focarmos as nossas ações e nossos pensamentos, encontramos uma vida abundante e significativa.

EPISÓDIO #353 **| TAGS** #sabedoria, #autenticidade, #desapego

SEMANA 21

LIDERANÇA ESTOICA – PARTE 1

"A primeira e melhor vitória é conquistar a si mesmo."

- PLATÃO

ESCANEIE O QR CODE

Seja um líder de si mesmo para desbloquear o líder estoico que existe dentro de você.

DIA 141: / /

TOMADA DE DECISÃO CONSCIENTE PARA O SUCESSO PROFISSIONAL

"A sabedoria está em agir com a mente clara, não em se precipitar nas sombras da incerteza."

Para ter sucesso profissional em qualquer área, é essencial tomar decisões de forma consciente, evitando agir por impulso e arriscar consequências indesejadas. Quando agimos sem ponderação, podemos enfrentar consequências que nos levam ao remorso, desejando ter feito de outra maneira. A calma da mente nos ajuda a evitar erros grosseiros e a enxergar o quadro completo antes de tomar decisões.

Cultivar o hábito de refletir e testar ações futuras antes de realizá-las é fundamental para evitar decisões precipitadas e alcançar uma vida profissional mais disciplinada, focada e determinada.

Por último, refletir antes de agir é uma prática sábia, permitindo evitar erros evitáveis e tomar decisões mais conscientes. A disciplina e a inspiração são virtudes fundamentais para alcançar a calma da mente e encontrar a serenidade interior. Lembre-se de aplicar esses ensinamentos em sua vida diária, cultivando uma mentalidade resiliente e consciente. Que esta série de pensamentos inspire você a alcançar novos patamares em sua jornada profissional e na busca pelo equilíbrio interior.

EPISÓDIO #517 **| TAGS** #determinação, #autodisciplina, #remorso

DIA 142: / /

PLANEJAMENTO ESTRATÉGICO E TOMADA DE DECISÃO

"A ação sem reflexão é como um barco à deriva, enquanto a ação ponderada é como um leme que guia com propósito."

Suponhamos que você queira ganhar uma medalha nos Jogos Olímpicos. É ótimo, mas pense bem em qual situação você está se envolvendo. Ao analisar o panorama completo da situação, você se distingue do mero diletante, aquela pessoa que participa de coisas porque elas parecem interessantes ou porque não encorajaram grandes esforços.

Então, descubra o que você quer, descubra o que faz o seu coração cantar, descubra o que lhe dá alegria. Pense como você pode usar o seu conhecimento para impactar positivamente a vida de outras pessoas, e, no processo, ser também uma pessoa virtuosa e feliz. Cada indivíduo possui desejos e metas diferentes, e é crucial conhecer a si mesmo para buscar aquilo que traz verdadeira satisfação e realização.

Sêneca poderia acrescentar que a busca por uma vida virtuosa e significativa requer um autoexame contínuo e um compromisso com a excelência. É essencial ser determinado e disciplinado na busca por nossos objetivos, considerando sempre as possíveis consequências de nossas ações. O autoconhecimento nos permite fazer escolhas com os nossos valores e os nossos propósitos, conduzindo-nos para uma vida mais plena e feliz. Portanto, é prudente adotar uma abordagem reflexiva e estratégica em nossas decisões, buscando sempre a harmonia entre nossas aspirações e a realidade que nos cerca.

EPISÓDIO #518 **| TAGS** #determinação, #reflexão, #autoconhecimento

DIA 143: / /

AUTOCONHECIMENTO E SABEDORIA: BUSQUE A EVOLUÇÃO CONSTANTE

"O sucesso é reservado para aqueles que estão dispostos a pagar o preço do trabalho árduo e da renúncia."

"Não espere resultados diferentes se continuar fazendo as mesmas coisas. O sucesso requer mudança e disciplina."

Não só é preciso ter certas habilidades para obter sucesso em determinadas áreas, como é preciso também fazer algumas concessões. Ao procurar viver sabiamente, você pode ser ridicularizado e até mesmo levar a pior em vários aspectos de sua vida, incluindo a carreira, a posição social e a situação perante a lei. É preciso estar disposto a pagar o preço do objetivo mais precioso: liberdade, equilíbrio e tranquilidade.

Perceber que a busca pela sabedoria pode acarretar adversidades e desafios é crucial para manter a experiência e o foco. É necessário avaliar as amizades e os relacionamentos, compreendendo se eles são para o nosso crescimento ou se nos afastam da busca pela virtude.

Nesse caminho, o autoconhecimento se torna essencial, pois só por meio dele seremos capazes de alcançar uma vida mais elevada e sábia. Além disso, a busca por essa sabedoria deve ser feita com empenho e resiliência, lembrando sempre que o preço pago por essa conquista é a liberdade e a tranquilidade interior.

Assim como Epictetus nos ensina, é importante manter o foco no objetivo mais precioso, buscando uma vida plena e equilibrada, mesmo que isso signifique enfrentar desafios e críticas. A busca pela sabedoria é um caminho árduo, mas a recompensa é uma vida mais significativa e virtuosa.

EPISÓDIO #520 **| TAGS** #autoavaliação, #superação, #sabedoria

EXCELÊNCIA × SUPERFICIALIDADE: O CAMINHO DA SABEDORIA

> *"A busca da excelência não conhece limites; é uma jornada interminável que nos leva a alcançar o nosso potencial máximo."*

> *"Só se pode ser uma única pessoa, ou boa ou ruim; você tem duas opções básicas: empenhar-se e desenvolver a razão, mantendo-se fiel à verdade, ou ansiar por exterioridades."*

Se você quer evoluir de verdade, buscar a excelência e colher os frutos desse esforço, precisa ter disciplina e ser resiliente para não aceitar abordagens que maculem a sua ética. Não poderá tentar ser várias pessoas ao mesmo tempo, buscando agradar a todos, o que leva à superficialidade e à falta de identidade.

A mensagem central no dia de hoje é clara: devemos escolher o caminho da sabedoria, em que buscamos constantemente o desenvolvimento interior, que deve estar apoiado em nossos valores. Caso isso não aconteça, você correrá o risco de ser levado à mediocridade e ao vazio existencial.

Essa busca pela excelência exige disciplina, satisfação e resiliência. É um caminho desafiador, mas é o único que nos permite alcançar a verdadeira evolução e colher os frutos de uma vida plena e significativa. Ainda que enfrentemos adversidades, devemos permanecer firmes em nossos princípios éticos, pois é dessa forma que construímos uma base sólida para o nosso crescimento pessoal e profissional.

Que possamos, então, aprender com esses ensinamentos e trilhar o caminho da excelência, buscando a verdadeira sabedoria e a plenitude em nossa jornada.

EPISÓDIO #521 **| TAGS** #sabedoria, #excelência, #autenticidade, #integridade

DIA 145: / /

SOBRE FALSAS AMIZADES

"É igualmente falho confiar em todos e não confiar em ninguém." - Sêneca

Você tem amizades verdadeiras? É uma pessoa que confia em todos? Ou não confia em ninguém? Saber identificar as verdadeiras amizades é fundamental. Não apenas em nossa vida pessoal, mas também no trabalho e nos círculos sociais que frequentamos.

É importante saber quem são aquelas pessoas mais sinceras, aquelas em quem podemos confiar. Assim, a filosofia estoica nos ensina que devemos confiar naqueles que provam ser verdadeiros amigos e que é necessário usar o julgamento para avaliar as relações antes de estabelecer uma amizade.

Além disso, não deixe de lado a sua sensibilidade e a sua energia, que podem trazer maior compreensão de si mesmo e das suas relações com os outros. Ao compartilhar preocupações e reflexões com amigos leais, construímos relacionamentos mais sólidos e saudáveis.

Por fim, o estoicismo também prega: "Conheça a si mesmo e conhecerá a um Deus perfeito. Temos aqui uma reflexão profunda que sugere que o autoconhecimento é uma jornada para compreender a nossa própria essência divina.

Em suma, avalie e cultive amizades sinceras, assim como também procure e desenvolva o autoconhecimento e a sensibilidade emocional.

EPISÓDIO #522 **| TAGS** #confiança, #julgamento, #amizade

DIA 146: / /

DEFINA CLARAMENTE A PESSOA QUE VOCÊ QUER SER

"O homem sábio é aquele que decide o que é bom e segue esse caminho com firmeza." - Sêneca

A jornada de autodescoberta e desenvolvimento pessoal é uma busca constante em nossa vida, e criar algo significativo ecoa como um combustível crucial para todos nós.

Como exercício, quero propor que você faça um diário com ideias, pensamentos e ações dos seus dias. Esse hábito será como um mapa para a sua evolução pessoal e acelerará o progresso em todos os sentidos, além de ser uma ótima maneira de colocar para fora tudo o que está aí dentro, pronto para ser dito.

Essa é uma abordagem inspiradora e prática para transformar os nossos sonhos em realidade: "Assim como um artesão molda a sua obra-prima com paciência e habilidade, você molda a sua jornada pessoal por meio da materialização de suas ideias".

Ter um diário é um registro tangível de nossos pensamentos, de nosso progresso e amadurecimento, pois, ao escrevermos sobre a nossa jornada, traçamos um mapa detalhado do nosso crescimento pessoal. Isso não apenas nos mantêm focados e direcionados, como também nos permite olhar para trás e apreciar o quanto evoluímos.

Então, defina claramente quem você quer ser e tenha um lugar para registrar diariamente o seu desenvolvimento pessoal. Tenho certeza de que será recompensador e de que você trilhará um caminho de segurança, autoridade e crescimento.

EPISÓDIO #532 **| TAGS** #autoconhecimento, #determinação, #crescimentopessoal

DIA 147: / /

FALE ALGO QUE IMPORTA OU FIQUE EM SILÊNCIO

"A fala é um dom precioso; use-a com sabedoria e considere o impacto de suas palavras." - Epictetus

Você cuida do que sai da sua boca? Você pensa no que vai falar? Seja um artesão de suas palavras, esculpindo cada expressão com propósito e consideração. A jornada para uma comunicação eficaz também envolve a moderação e a escolha criteriosa do que será dito. Internalize isso e você pavimentará um caminho de sucesso pessoal e profissional elevado e autêntico.

Em nosso contínuo aprendizado, somos gratos pela oportunidade de explorar a essência da comunicação e sua profunda influência no caminho do sucesso profissional. As palavras de Epictetus são como pérolas antigas, e nos guiam em direção à maestria da expressão consciente, reforçando que a qualidade de nossas palavras molda os nossos reflexos e resultados.

Por isso, convido você a refletir sobre a delicadeza da comunicação. Assim como um artesão molda sua obra-prima com dedicação e atenção aos detalhes, devemos esculpir as nossas expressões com intenção e consideração. Afinal, cada palavra carrega o poder de construir ou de destruir conexões valiosas.

Nossas palavras, como recursos limitados, devem ser direcionadas para assuntos construtivos, enriquecedores e inspiradores. Ao fazê-lo, evitamos o pântano da tagarelice e concentramos a nossa energia na busca de resultados tangíveis. Além disso, ao abraçar o silêncio, selecione cuidadosamente as palavras quando for falar e cultive um diálogo de valor.

Por fim, permita que a sua comunicação floresça com garantia e propósito. Pavimente esse caminho com consciência e abra portas para um futuro de relações mais profundas, conquistas impressionantes e um legado duradouro.

EPISÓDIO #533 **| TAGS** #sabedoria, #crescimento, #consciência

SEMANA 22

LIDERANÇA ESTOICA – PARTE 2

"Ser um líder é ser mais servo do que chefe."

– MARCUS AURELIUS

ESCANEIE O QR CODE

Evolua na sua liderança e aprofunde sua liderança servidora e estoica.

DIA 148: / /

DO MEDÍOCRE AO EXTRAORDINÁRIO: A IMPORTÂNCIA DE NÃO SE RENDER A CONVERSAS FIADAS

> *"O caminho da evolução não é o da embriaguez com futilidades; é o da busca consciente pela serenidade e pelo crescimento. Não se contente com uma vida vazia; busque a profundidade, a autenticidade e a virtude em tudo o que faz." - Epictetus*

No efêmero tecido do tempo, a vida se revela como um presente precioso que não pode ser deslocado com frivolidades. Como um arquiteto cuidadoso, escolhemos conscientemente as imagens e ideias que preenchem a nossa mente, sabendo que a nossa atenção é um recurso limitado. Optamos, assim, por nos afastar das distrações inúteis que minam os nossos esforços.

É fundamental reconhecer que a busca por autonomia e sucesso no mundo corporativo exige autocontrole. O encanto das diversões fúteis pode atrair, mas a verdadeira recompensa reside na resistência a essas tentativas e na busca pela sabedoria que impulsiona o crescimento. Não somos mais reféns do entretenimento superficial; somos mestres de nosso destino, conscientes de nossas escolhas.

À medida que nos elevamos acima da mediocridade, somos lembrados da importância do equilíbrio. A busca pelo sucesso profissional não deve ser manchada por excessos, mas guiada pela moderação e pelo discernimento. O chamado para evitar armadilhas corporativas não é uma restrição, mas uma libertação que nos permite focar o que realmente importa: a construção de uma vida de significado.

EPISÓDIO #534 **| TAGS** #corporativo, #autocontrole, #sabedoria, #crescimento

DIA 149: / /

AMIZADE VERDADEIRA É TESOURO NA VIDA PESSOAL OU CORPORATIVA

"Aquele que começa a ser seu amigo por interesse também cessará por interesse." - Sêneca

Essa sentença ecoa como um farol, alertando-nos das amizades fundadas em ganhos efêmeros, mas incapazes de resistir ao teste do tempo. A verdadeira alegria é encontrada nas conexões humanas genuínas, nas amizades que nutrimos e nas relações que valorizamos.

Nesse labirinto de relações, Sêneca nos conduz à cultura da verdadeira amizade, que transcende meras transações e ações. É um tesouro imaterial que enriquece a alma e fortalece os corações ligados por parentes genuínos.

Ao adentrar no âmbito profissional, somos lembrados de que a amizade não deve suprimir nossa autossuficiência emocional. Ela é um complemento, uma sinfonia que embeleza a jornada rumo ao sucesso. A verdadeira conquista reside em harmonizar as nossas aspirações com relações que enriqueçam a nossa vida, em vez de substituir as nossas virtudes. Riqueza e sucesso podem não garantir uma existência plena, mas amizades genuínas, cultivadas com cuidado e afeto sincero, podem preencher nossa jornada com significado e contentamento.

Portanto, convido você a refletir sobre as suas próprias conexões. Que possamos vencer e nutrir amizades que nos fortaleçam. Que possamos trilhar o caminho da confiança, cultivando relações que enriqueçam nossa jornada, conduzindo-nos da mediocridade à excelência.

EPISÓDIO #535 | **TAGS** #corporativo, #autenticidade, #valorização, #conexão

DIA 150: / /

A VERDADE POR TRÁS DA MÁSCARA

"Cuidado com quem você compartilha a sua opinião, pois nem todos são dignos de confiança." - Sêneca

"A solidão revela a verdadeira natureza das pessoas - tanto suas virtudes quanto seus perigos."

Evite distrações que possam comprometer a sua produtividade e o seu desempenho. Assim, durante o trabalho, cuidado ao estar muito sozinho ou com muitas pessoas, pois estar muito sozinho pode fazer você ceder aos comportamentos negativos, e estar o tempo todo com muitas pessoas pode fazer com que perca o foco. É preciso buscar equilíbrio e não agir impulsivamente.

Além disso, tenha cuidado com as suas palavras e com o que é dito para os seus colegas de trabalho. Assim como Sêneca disse, nem todos são dignos de nossa confiança, e interpretações erradas podem levar a problemas futuros. Reconheça o poder que as palavras têm e cuide delas em sua vida. Fale apenas o necessário para quem não confia e compartilhe com sabedoria com quem quer o seu bem-estar genuíno.

EPISÓDIO #536 | **TAGS** #corporativo, #confiança, #foco, #autenticidade

DIA 151: / /

O SEU CORPO É O SEU TEMPLO

"O corpo é o instrumento da alma; cuide dele como se fosse o mais precioso dos instrumentos." - Sêneca

Seu corpo é o seu templo; respeite-o e cuide dele para garantir saúde e bem-estar para si mesmo. Somos aquilo que ingerimos, por isso, nutrir o nosso corpo com cuidado é a chave para uma vida plena. E, como a transformação começa na mente, mudar hábitos negativos é o primeiro passo para uma vida saudável.

Essas palavras sábias ecoam em nosso dia, lembrando-nos da grande importância de cuidar do nosso corpo e da nossa mente. Sei que a jornada profissional é um desafio constante; contudo, é essencial que não negligenciemos a fonte de nossa força e energia: nosso próprio ser.

Assim como um jardim florescente com os devidos cuidados, nosso corpo prospera quando lhe damos a atenção necessária. Alimentação saudável, roupas práticas, exercícios e um ambiente acolhedor formam o alicerce de nosso bem-estar. A escolha consciente de nutrir nosso corpo com o que é mineral resulta em energia, vitalidade e clareza mental.

A relação intrínseca entre saúde e sucesso no mundo corporativo não pode ser subestimada. Nossa mente e nosso corpo estão interligados, ou seja, a maneira como tratamos um afeta diretamente o outro. Por isso, a busca pela excelência profissional requer um equilíbrio que começa com o cuidado pessoal. Afinal, uma mente sã e um corpo saudável são as ferramentas fundamentais para enfrentar os desafios do dia a dia.

Questione os seus hábitos e avalie as suas escolhas para redefinir a relação com o seu corpo. A resiliência e a experiência são nossas aliadas nessa jornada de mudança. Ao reconhecer que somos capazes de transformar comportamentos negativos, abrimos a porta para uma vida mais saudável e gratificante.

EPISÓDIO #538 **| TAGS** #autocuidado, #determinação, #transformação

DIA 152: / /

INFLUÊNCIAS PODEROSAS

"A influência dos outros em você é poderosa; então, escolha bem quem você permite moldar o seu caráter." - Epictetus

Embora algumas pessoas possam ser bem-intencionadas, elas podem ter critérios diferentes para distinguir o que é digno do que não é. O verdadeiro teste de excelência pessoal está na atenção que damos aos pequenos detalhes de nossa conduta que costumamos negligenciar. Vale a pena você trocar a sua vida, os seus valores morais, os seus princípios e a ética por um dinheiro que eventualmente desaparecerá? Com certeza não!

Assim, a influência é uma estrada de duas vias. Enquanto nos preocupamos com a influência que os outros podem exercer sobre nós, é fundamental nos lembrarmos da nossa própria influência moral na vida daqueles que nos cercam. Um ditado popular reforça que somos a média das cinco pessoas com quem passamos mais tempo. Portanto, nossa responsabilidade vai além de selecionar boas companhias, pois também devemos nos esforçar para ser exemplos virtuosos.

A busca por uma vida plena e virtuosa é uma jornada interior que se reflete em nosso convívio externo. A influência das pessoas ao nosso redor, especialmente no ambiente corporativo, molda as nossas perspectivas e decisões. Nesse contexto, a escolha das empresas com as quais nos associamos também é crucial, pois sua cultura e seus valores podem influenciar diretamente o nosso crescimento pessoal e profissional.

Enquanto navegamos por essas reflexões, lembre-se sempre do autoconhecimento e da evolução pessoal. Ao nos aprofundarmos nisso, desenvolvemos a capacidade de discernir as influências positivas das negativas. A chave reside na atenção constante aos detalhes de nossa conduta, que, muitas vezes, negligenciamos, mas que podem impactar profundamente as outras pessoas.

Convido você a considerar: Será que estou confiante no progresso espiritual daqueles ao meu redor? Será que as minhas palavras, os meus pensamentos e as minhas ações refletem os valores que desejo compartilhar com o mundo?

Escolha a companhia daqueles que o inspiram a ser a melhor versão de si mesmo, enquanto também se esforça para ser essa inspiração para os outros. E lembre-se: a influência é uma ferramenta poderosa. Use-a com sabedoria, buscando sempre despertar o que há de melhor nos outros e se tornando, assim, um farol de luz em um mundo que, muitas vezes, precisa de orientação moral.

EPISÓDIO #540 **| TAGS** #autoaperfeiçoamento, #ética, #moralidade, #escolhasconscientes

DIA 153: / /

A AÇÃO JUSTA E CORRETA É SEMPRE A MELHOR RESPOSTA

"Quem busca a aprovação dos outros está à mercê de suas opiniões. Quem busca a virtude encontra a paz interior." - Epictetus

Não tenha medo de agressões verbais ou de críticas. Só os moralmente fracos se sentem impelidos a se defender ou se explicar aos outros. Deixe que a qualidade de suas ações fale a seu favor. Não podemos controlar as impressões que os outros têm a nosso respeito, e o esforço de fazê-lo só degrada o nosso caráter.

Assim, se alguém lhe disser que determinada pessoa criticou você, não se dê ao trabalho de apresentar desculpas ou justificativas. Apenas sorria e diga o que disse Epictetus: "Acho que essa pessoa não conhece todos os meus outros defeitos. Ou não teria mencionado somente esses".

EPISÓDIO #562 | **TAGS** #justiça, #valores, #autoconfiança

DIA 154: / /

PORTE-SE SEMPRE COM DIGNIDADE

"A dignidade é o que permanece quando tudo o mais desaparece."
- Epictetus

A vida nem sempre nos coloca nas melhores situações, seja no trabalho seja em outros lugares, mas a verdadeira questão é: até que ponto conseguimos manter a nossa postura digna, independentemente das circunstâncias?

Na maioria das vezes, as pessoas permitem que o ambiente as influencie, deixando que o seu comportamento seja moldado pelo que acontece ao redor delas. No entanto, a dignidade verdadeira reside em manter um padrão elevado, independentemente do cenário. No dia a dia, somos frequentemente afetados pelo ambiente em que vivemos – no trabalho, em casa ou em eventos públicos.

Se você se encontra em um ambiente com pessoas desonestas, arrogantes, desagradáveis ou viciadas, saiba que é normal sentir-se afetado. No entanto, você tem o poder de escolher como reagir. Mantenha a sua dignidade, seja firme em sua maneira de falar e agir e evite se envolver em conversas negativas ou fofocas. Lembre-se da famosa frase: "Quando Pedro me fala de Paulo, sei mais de Pedro do que de Paulo". Isso significa que você será julgado pelas palavras que profere.

Assim, a verdadeira força está em permanecermos fiéis aos nossos valores, não importa o ambiente em que nos encontremos. Mantendo um padrão mais alto, destacamo-nos como pessoas dignas em todas as situações. Que seja um dia repleto de paz e conexão com seus valores.

EPISÓDIO #563 **| TAGS** #dignidade, #comportamento, #valores

DESFRUTE
DESTES
BENEFÍCIOS
+ Presença
+ Leveza
+ Propósito
+ Gratidão
+ Coragem
+ Disciplina
+ Intencionalidade
+ Valores e virtudes
+ Performance
– Ansiedade
– Desconexão
– Procrastinação
– Depressão
– Medo
ESCANEIE O QR CODE
Desfrute desses benefícios.

SEMANA 23

LIDERANÇA ESTOICA – PARTE 3

"Um grande homem está sempre disposto a ser pequeno."

– RALPH WALDO EMERSON

ESCANEIE O QR CODE

Desfrute desses benefícios.

DIA 155: / /

IMITAR UM MODELO DE SUCESSO TRARÁ SUCESSO

"Não é vergonhoso seguir o exemplo daqueles que alcançaram a excelência; é sábio." - Sêneca

Há cerca de dois mil anos, filósofos já destacavam a relevância de adotar comportamentos de pessoas bem-sucedidas como um caminho para o próprio sucesso. Se alguém alcança resultados notáveis, é natural que as suas ações e seus hábitos tenham desempenhado um papel importante nesse sucesso. O comportamento humano é um padrão; todos somos humanos, porém somos também os nossos valores, as nossas virtudes e os nossos princípios. Todo o resto é passageiro.

Assim, perceba que a neurociência e a programação neurolinguística (PNL) confirmam a importância de espelhar comportamentos de sucesso. Pequenos gestos, como sorrir para si mesmo de manhã, podem influenciar positivamente seu humor e sua perspectiva. A imitação de modelos de sucesso não é falsa; é uma estratégia poderosa para aprimorar seu caráter e alcançar os seus objetivos.

Lembre-se de que, quando você conhece pessoas bem-sucedidas, muitas vezes elas são tão humanas quanto você, com seus próprios medos e inseguranças. A humildade é essencial, pois somos todos mortais e nosso tempo é limitado. Então, concentre-se em sua jornada pessoal de evolução sem se comparar aos outros.

EPISÓDIO #564 **| TAGS** #sucesso, #imitação, #humildade

DIA 156: / /

ESCOLHA A SATISFAÇÃO DURADOURA À RECOMPENSA IMEDIATA

"A verdadeira recompensa vem da perseverança e do esforço constantes ao longo do tempo." - Epictetus

À medida que vamos ficando mais fortes e mais resilientes, conseguimos, a cada dia, fazer coisas mais extraordinárias. Tudo está dentro da nossa cabeça.

Nossa vida é constantemente desafiada pelo dilema entre a gratificação imediata e a satisfação duradoura. É como aquela sobremesa tentadora em uma dieta, ou o impulso de procrastinar em vez de fazer o trabalho necessário. Mas lembre-se: a verdadeira grandeza e a realização vêm da capacidade de adiar a gratificação instantânea em busca de recompensas maiores e mais duradouras.

Aprenda a olhar para esses momentos como exercícios de autocontrole, como desafios para sua mente. Distinguir entre emoções fugazes e conquistas significativas pode transformar completamente a sua vida. Às vezes, a renúncia momentânea é um triunfo para o aprimoramento do seu caráter. E não somos apenas vítimas de nossos impulsos; podemos dominar a nossa mente e as nossas ações. Ao fazermos isso, ganhamos a habilidade de tomar decisões racionais e escolher a satisfação duradoura sobre a gratificação efêmera. Isso nos torna mais resilientes e nos permite alcançar coisas extraordinárias.

Então, da próxima vez que se deparar com a escolha entre o prazer imediato e uma recompensa maior no futuro, lembre-se deste ensinamento. Pratique a arte de esperar, avaliar e escolher com sabedoria. A sua capacidade de resistir às tentações momentâneas o fortalecerá e o levará a um caminho de realização e sucesso duradouros.

EPISÓDIO #566 | **TAGS** #autocontrole, #gratificaçãoimediata, #satisfaçãoduradoura

DIA 157: / /

ASSUMA RESPONSABILIDADE PELOS SEUS ATOS

"A verdadeira liberdade começa quando você assume total responsabilidade por suas ações." - Epictetus

Empreender é sobre acertar mais do que errar, mas se lembre de que inovar é sobre tentativa e erro; crescimento e evolução exigem erros em seu trajeto.

Tomar decisões é fundamental na vida e nos negócios. A sabedoria estoica nos lembra da importância de manter a firmeza em nossas escolhas, mesmo quando os outros podem não entender ou aprovar. Acreditar em suas decisões é um pilar essencial para o sucesso.

Por isso, é crucial reconhecer que, ao empreender ou liderar, você enfrentará momentos de incerteza e erros. No entanto, como Thomas Edison exemplificou, o sucesso, muitas vezes, está nas tentativas persistentes. A disciplina e a resiliência são qualidades que podem ser cultivadas e aprimoradas com o tempo. Já a disciplina mental desempenha um papel fundamental em tomar decisões sólidas e alcançar os seus objetivos.

No fim das contas, tudo está dentro de nossa cabeça. Acredite em suas decisões, busque a constante melhoria e, juntos, alcançaremos grandes conquistas.

EPISÓDIO #567 | **TAGS** #tomardecisões, #disciplinamental, #corporativo, #resiliência

DIA 158: / /

CONTROLE O SEU HUMOR; NÃO SEJA INFANTIL

> *"O verdadeiro autocontrole é demonstrado quando você mantém a calma em todas as situações." - Epictetus*

O sábio tem conhecimento de que ser mal-humorado ou rude não é apenas desagradável, mas também inútil. O bom comportamento é o resultado de uma mente calma e equilibrada, e o homem virtuoso sabe que o verdadeiro poder está em controlar as suas próprias emoções e reações e não culpabilizar os eventos externos.

Ser mal-humorado ou rude não é ruim só para as outras pessoas, mas também para o nosso interior, uma vez que palavras e ações impensadas que resultam de um humor negativo só nos trazem consequências negativas. Assim, o verdadeiro poder reside em nossa capacidade de nos controlarmos, independentemente das circunstâncias externas. Quando optamos por responder com calma e tranquilidade, criamos um ambiente mais positivo ao nosso redor.

Além disso, assim como a energia que emitimos retorna para nós, as nossas atitudes e os nossos humores afetam diretamente a nossa interação com o mundo. Optar por ser virtuoso, manter a calma e tratar os outros com respeito não apenas beneficia os outros, mas também nos ajuda a alcançar a paz interior.

Lembre-se de que o poder de transformar a sua vida está em suas mãos. Escolha sabiamente como você deseja enfrentar cada dia.

EPISÓDIO #568 **| TAGS** #controleemocional, #sabedoriaestoica, #calmamental

DIA 159: / /

A HORA CERTA

"Tudo acontece na hora certa." - Marcus Aurelius

Tudo em nossa vida acontece exatamente quando deveria acontecer. Cada evento, cada desafio, cada dificuldade não chega nem cedo nem tarde, mas no momento certo para nos auxiliar em nossa evolução.

Esta reflexão nos convida a entender que não há conspiração do universo contra nós, mas sim uma determinação divina que nos molda e nos fortalece. E cada obstáculo em nosso caminho se torna, de fato, o caminho.

Precisamos, portanto, levantar-nos diante das adversidades e continuar, pois cada dificuldade é uma oportunidade para crescimento e fortalecimento. Tudo parte do universo, é sustentado por ele e retorna a ele, como um fruto maduro que chega em sua estação.

EPISÓDIO #718 **| TAGS** #evolução, #crescimento, #adversidades, #obstáculos, #caminho

DIA 160:   /   /

ACEITANDO AS MUDANÇAS NA VIDA DO PROFISSIONAL MODERNO

"A única constante na vida é a mudança." - Heráclito

Quero explorar a importância da aceitação da mudança no ambiente de trabalho moderno. Ela é uma constante, especialmente no mundo profissional em que tecnologias, dinâmicas de equipe e empresas estão sempre evoluindo.

Os estoicos nos ensinam que resistir à mudança pode causar sofrimento. Em vez disso, devemos abraçar a mudança como uma oportunidade para o crescimento pessoal e profissional. Quando aceitamos que o mundo é fluido, podemos nos adaptar com mais facilidade.

Algumas maneiras de aplicar esses princípios no seu trabalho incluem: desenvolver flexibilidade, mudar a perspectiva, manter o controle, buscar aprendizado contínuo e desenvolver resiliência emocional.

Lembre-se de que aceitar a mudança não significa comprometer os princípios, mas encontrar formas de viver esses princípios de maneira adaptativa. A mudança pode ser a aliada que você busca na evolução da sua carreira.

EPISÓDIO #653 | **TAGS** #estoicismo, #mudança, #carreira

DIA 161: / /

NUNCA SERÁ PERFEITO

"Nunca é tão bom quanto o ensaio." - George Harrison

A vida, assim como em uma *performance* musical, nunca será perfeita. Mesmo quando fazemos todas as simulações mentais e tentamos evitar o pior, ainda somos surpreendidos pelo curso dos acontecimentos. Pequenas coisas podem não dar certo, mesmo quando eliminamos todos os grandes problemas potenciais. E essa é uma lição de vida. Mesmo quando planejamos a pessoa que queremos ser, sempre ficaremos aquém.

No estoicismo, Marcus Aurelius nos lembra de que não podemos esperar que o mundo seja a república de Platão e que devemos nos levantar quando caímos, porque vamos cair.

Não espere a perfeição hoje. Não espere que as coisas sejam tão boas quanto na sua cabeça ou como quando você praticou. Contente-se em ser melhor hoje do que foi ontem. Faça o melhor que puder, enquanto ainda tenta melhorar um pouco mais para a próxima vez.

A melhoria é progressiva e é a única coisa com a qual podemos contar com certeza. Somos seres imperfeitos, sabemos que vamos errar e cair, mas devemos ter a força para nos levantar e recomeçar.

EPISÓDIO #655 **| TAGS** #perfeição, #melhoria, #resiliência

SEMANA 24

GIBRAN KHALIL GIBRAN

"Entre o que é dito e não significado, e o que é significado e não dito, a maior parte do amor se perde."

- GIBRAN KHALIL GIBRAN

ESCANEIE O QR CODE

Explore a sabedoria de Gibran para mergulhar nas profundezas do amor e da compreensão.

DIA 162: / /

A FORÇA DA CARIDADE

"E o que é o medo da necessidade senão a própria necessidade?" - Gibran Khalil Gibran

"A caridade começa em casa, mas não deve terminar lá." - Epictetus

A citação de Gibran Khalil Gibran aborda a natureza da dádiva e a essência de dar sem expectativas ou desejos ocultos. É uma perspectiva que está alinhada com o estoicismo, uma vez que enfatiza a importância de dar sem apego aos resultados ou à busca de reconhecimento.

Os estoicos acreditavam na virtude de dar com generosidade e desapego, e que a verdadeira recompensa está na própria ação de dar, não nos resultados ou nas reações dos outros. Portanto, a mensagem que quero que você leve hoje é sobre dar livremente e com alegria, ressoando a filosofia estoica de desprendimento e virtude.

EPISÓDIO #542 | **TAGS** #caridade, #humildade, #princípios

DIA 163: / /

VOCÊ É O QUE VOCÊ COME

"Ao comermos, devemos lembrar que estamos conectados a toda a natureza e que nosso corpo é alimentado pelos mesmos elementos que sustentam todas as criaturas." - Marcus Aurelius

"Assim como o alimento nutre nosso corpo, devemos buscar nutrir nossa alma com virtudes e sabedoria, para viver de forma plena e significativa." - Sêneca

"Não devemos consumir apenas para satisfazer nossos desejos, mas devemos encontrar significado e reverência em nossos atos de alimentação." - Epictetus

Ao nos alimentarmos, nutrimos não apenas nosso corpo, mas também nossa conexão com toda a natureza. A reverência que trazemos para nossos atos de alimentação transforma-os em rituais sagrados, permitindo-nos apreciar os dons oferecidos pelo universo.

Além disso, precisamos reconhecer que, ao consumir um ser, entramos em uma relação de veneração e gratidão, reconhecendo a nossa parte na grande teia da existência. A alimentação vai além da mera sensação de satisfação, oferecendo uma oportunidade de transformação e evolução pessoal.

Neste convite à conscientização, somos instigados a olhar além do que está no prato e a contemplar o significado mais profundo de nossos atos alimentares. A busca pela resiliência mental, pela saúde e pelo bem-estar se torna uma jornada espiritual que nos convida a ser mais atentos, gratos e conscientes do nosso papel na grande sinfonia da vida. Que possamos seguir em frente com essa compreensão renovada, nutrindo não apenas nosso corpo, mas também nossa alma, e encontrando uma conexão mais profunda com o divino por intermédio de cada refeição.

EPISÓDIO #543 | **TAGS** #conexãoespiritual, #gratidão, #transformaçãopessoal

DIA 164: / /

A NOBREZA DO TRABALHO: UM CHAMADO À REALIZAÇÃO E AO AMOR

"Nada dignifica o homem senão o trabalho." - Sêneca

"O trabalho é a essência da vida e a fonte de toda virtude." - Marcus Aurelius

Devemos trabalhar não apenas para nosso próprio benefício, mas também para o benefício dos outros. Com essas palavras, somos lembrados da profunda conexão entre trabalho e amor. Trabalhar é também amar a vida, e isso é reconhecer a arte de transformar nossos esforços em uma sinfonia que ressoa os segredos mais profundos da existência.

A sabedoria contida na ideia de que o trabalho vazio se preenche com amor é um chamado à reflexão. Assim como um artista que tece uma tela com fios retirados do próprio coração, nosso trabalho deve ser impregnado com o amor que nutre conexões genuínas e resultados alcançados. Ao buscar realizar nossos deveres não apenas por obrigação, mas também pelo desejo de contribuir para com a vida dos outros, estamos alinhados com o ensinamento estoico de que a virtude e as realizações florescem por meio do serviço ao próximo.

Assim, convido você a reconhecer o trabalho como um ato de amor que transcende o egoísmo e nos leva à essência da humanidade. É nos momentos em que elevamos os nossos esforços à luz do amor que nos aproximamos de nossa verdadeira natureza e nos conectamos com a vastidão do universo. Portanto, sigamos a jornada com coração aberto, alegres ao realizar cada tarefa e expressando o amor que reside em nós. Desse modo, cumpriremos o nosso dever com a humanidade e encontraremos a verdadeira realização.

EPISÓDIO #544 **| TAGS** #amor, #realização, #dever

DIA 165: / /

SOBRE A ALEGRIA E A TRISTEZA

"O sábio não se deixa levar nem pela alegria excessiva nem pela tristeza profunda." - Sêneca

"Alegria verdadeira não é encontrada em coisas externas, mas na serenidade interior da nossa alma." - Marcus Aurelius

"Quando você estiver triste, olhe bem dentro do seu coração e descobrirá que só aquele que lhe deu tristeza lhe dá também alegrias." - Gibran Khalil Gibran

Como bem nos ensinam os antigos sábios, a vida é um equilíbrio constante entre as forças da tristeza e as da alegria. Nossas emoções são como ondas, sempre em movimento, mas o segredo reside em não nos deixarmos levar pelo excesso de alegria nem pela profundidade da tristeza. Epictetus nos lembra de que a tristeza não reside nas situações, mas nas nossas análises e nos nossos julgamentos. Ao compreendermos isso, ganhamos a chave para manter a serenidade diante das circunstâncias.

Já Marcus Aurelius nos conduz à verdadeira fonte da alegria: dentro de nós mesmos. A alegria permanente não está vinculada às conquistas externas, mas é encontrada na tranquilidade interior da nossa alma. Aqui, o estoicismo nos oferece um caminho para encontrar um refúgio de paz no meio das tempestades da vida. A alegria verdadeira é intrínseca e independente das flutuações externas.

E, enquanto refletimos sobre a relação entre tristeza e alegria, Gibran Khalil Gibran nos apresenta uma visão poética e profunda. Ele nos lembra de que a tristeza e a alegria estão intrinsecamente entrelaçadas, e de que não podemos experimentar uma sem a outra. A sabedoria está em perceber que ambas fazem parte da mesma jornada, equilibrando-se como em uma balança em nosso ser. Aceitar essa dualidade é o primeiro passo para encontrar uma paz interior que transcenda os altos e baixos da vida.

Aqui, encontramos um ponto de convergência entre os ensinamentos da Antiguidade e as necessidades modernas. Em um mundo em que a ansiedade e a resiliência emocional.

Portanto, convido você a manter a mente serena e equilibrada, independentemente das circunstâncias externas. Aceite a tristeza e a alegria como parceiras inseparáveis em sua jornada, e busque a verdadeira alegria na serenidade de sua própria alma. Afinal, como Gibran nos lembra, poeticamente, é na aceitação de ambos os extremos que encontramos a verdadeira plenitude.

EPISÓDIO #545 | **TAGS** #equilíbrio, #serenidade, #aceitação

DIA 166: / /

SOBRE A SUA CASA

"A verdadeira morada está dentro de nós mesmos, onde encontramos serenidade e paz independentemente das circunstâncias externas. A alegria verdadeira não é encontrada em coisas externas, mas na serenidade interior da nossa alma." - Marcus Aurelius

"Só quando vocês se esvaziarem ficarão em equilíbrio e imóveis. Quando o guardador de tesouros os erguer para pesar o seu ouro e a sua prata, nem a sua alegria nem a sua tristeza se devem alterar." - Gibran Khalil Gibran

Os ensinamentos da série sobre *O profeta*, de Gibran Khalil Gibran, e a relação com o estoicismo exploram profundamente os aspectos da alegria e da tristeza na vida humana. Epictetus também nos lembra que nossas emoções são moldadas por nossas evidências e nossos julgamentos, destacando a importância da aceitação e da serenidade interior.

Marcus Aurelius nos convida a encontrar uma alegria genuína, que transcende as circunstâncias externas, ancorando-nos na paz interior. Já Gibran, nos oferece uma perspectiva única, descrevendo a interconexão entre alegria e tristeza e ressaltando a importância de reconhecermos ambos os sentimentos como parte de nossa jornada.

Essas reflexões sobre a alegria e a tristeza são de extrema importância em um mundo repleto de desafios emocionais. A abordagem estoica de manter o equilíbrio observando as oscilações da vida é uma lição valiosa que nos ajuda a enfrentar situações com maior clareza e serenidade. Existe a inevitabilidade da dualidade emocional, e isso deve nos encorajar a abraçar ambas as emoções, reconhecendo que são partes inseparáveis de nossa jornada.

Encontrar a paz interior e aceitá-la é um caminho a ser trilhado, e esses ensinamentos antigos continuam a ser uma luz orientada para alcançar esse objetivo.

EPISÓDIO #546 **| TAGS** #equilíbrioemocional, #aceitação, #reflexão

REFLEXÕES SOBRE ARREPENDIMENTO, AUTOPERDÃO E TRANSFORMAÇÃO INTERIOR

"A culpa só é útil quando nos leva a uma ação corretiva. Além disso, ela é apenas um fardo desnecessário." - Sêneca

O arrependimento é como uma repreensão a si mesmo por ter negligenciado algo útil. A verdadeira redenção não está em se culpar, mas em aprender com os erros e buscar uma transformação interior. Nós somos seres espirituais passando por uma experiência humana, e essa experiência admite erros e acertos.

Assim, essas palavras ressoam como um guia para compreender a complexidade do arrependimento. Ele não deve ser um autojulgamento rígido, mas sim uma avaliação honesta de como negligenciamos algo útil. Esse pensamento ecoa a ideia de que o bem é inerentemente valioso, e um indivíduo virtuoso direcionaria o seu arrependimento para a negligência do bem em vez de para prazeres fúteis.

A sabedoria de Epictetus sobre a verdadeira redenção ressalta a necessidade de aprendermos e crescermos a partir dos erros, em vez de viver sob o peso da culpa. O verdadeiro autoperdão não apenas liberta a mente da culpa, mas também desencadeia uma transformação interior. Ao abraçarmos a busca pelo crescimento pessoal, reconhecemos que a experiência humana é uma jornada contínua de erros e acertos.

É vital entendermos que somos seres espirituais navegando pelas águas turbulentas da experiência humana. Nessa jornada, é natural cometermos erros. A perspectiva de que os erros fazem parte do aprendizado nos liberta da armadilha da culpa perpétua. A verdadeira grandeza reside na capacidade de aprendermos com esses erros, acolhermos a transformação interior e, assim, trilharmos o caminho em direção à virtude.

EPISÓDIO #557 **| TAGS** #arrependimento, #culpa, #autoperdão, #transformação

DIA 168: / /

SOBRE O CASAMENTO

"Amar é encontrar na felicidade do outro a própria felicidade. O amor verdadeiro é aquele que permite a liberdade individual dentro da união. O casamento deve nos dar espaço, não deve ser uma prisão; ele deve dar espaço para o nosso crescimento." – Gibran Khalil Gibran

Suas reflexões sobre o casamento e a busca pela liberdade dentro da união são de grande profundidade. De fato, a compreensão de que o verdadeiro amor não é sobre aprisionar o outro, mas permitir que ambos floresçam individualmente enquanto inspiram uma vida em conjunto, ecoa os princípios estoicos. Como Sêneca observou, "O amor que reina entre duas pessoas é a amizade aperfeiçoada". No casamento, essa amizade aperfeiçoada deve ser construída sobre alicerces de confiança, respeito e crescimento mútuos.

Gibran Khalil Gibran, autor de *O profeta*, também oferece sabedoria valiosa ao lembrar que o casamento não deve ser uma fusão total das identidades, mas sim uma harmonia de notas distintas tocando em conjunto, como as cordas de uma lira. Nesse sentido, as palavras de Sêneca ecoam: "A amizade é sempre proveitosa; o amor às vezes é".

É uma jornada delicada essa busca por uma união que permita o desenvolvimento individual, e suas considerações nos lembram das nuances desse caminho. Assim como as figueiras e os carvalhos, relacionamentos precisam de espaço para crescer. É a habilidade de dançar entre a independência e a conexão que permite que um casamento floresça. Como Sêneca disse, "Viver é não ser unilateral".

Por fim, quero deixar como mensagem central que você compartilhe as tristezas enquanto respeita a individualidade do outro. Em um mundo em que muitos buscam a fusão completa, é crucial lembrar que o amor autêntico abraça tanto as semelhanças quanto as diferenças, cultivando uma união que é simultaneamente nutridora e libertadora.

EPISÓDIO #560 **| TAGS** #amor, #liberdade, #crescimento

TENHA TODO O CONTEÚDO AO SEU ALCANCE, PARA VOCÊ OU PARA SUA EMPRESA.
ESCANEIE O QR CODE
Conheça nossos treinamentos e palestras para a liderança da sua empresa.
WWW.CALMADAMENTE.COM.BR

SEMANA 25

A CURA QUE VEM DE DENTRO

"A felicidade e a liberdade começam com a compreensão de que algumas coisas estão dentro de nosso controle e outras não."

- EPICTETUS

ESCANEIE O QR CODE

Descubra mais sobre o poder da mente em encontrar a cura interna e explore o treinamento da calma da mente.

DIA 169: / /

ESSA "TRAGÉDIA" VEIO PARA VOCÊ!

"Todo o seu mundo acontece dentro de você; todas as coisas externas são apenas estímulos para o que acontecerá dentro de você." – Sadhguru

A vida traz todas as experiências que são importantes para a evolução da nossa consciência. Isso significa que adversidades também aparecem em prol do nosso crescimento. Ao mudar essa visão, você perceberá que todas as experiências pelas quais passa podem ser vistas como um peso ou como uma bênção, e isso só depende de você. Ao abandonar a atitude vitimista na vida, você perceberá que tudo é para o seu bem e para a sua evolução.

No estoicismo, Sêneca e Epictetus nos lembram de que a vida nos traz experiências importantes para o nosso desenvolvimento. Pensar de maneira diferente ajudará você a transformar os desafios em oportunidades de crescimento e aprendizado e a estar presente no agora. Além disso, fará com que você abandone a mentalidade vitimista e mantenha a serenidade em todas as circunstâncias.

Assim, tenha fé e confiança no propósito da vida, pois todas as experiências são oportunidades para nos tornarmos pessoas melhores. Acredite, entregue-se e perceba que tudo acontece para o seu bem. A serenidade interior surge quando compreendemos que somos capazes de enfrentar a tragédia com sabedoria e resiliência, transformando-a em uma oportunidade de crescimento e evolução.

EPISÓDIO #371 | **TAGS** #serenidade, #aceitação, #oportunidadedecrescimento, #propósito

DIA 170: / /

NADA É IMPOSSÍVEL

"Se algo parece difícil de ser conquistado, não pense que se trata de algo impossível, pois, se é possível e está de acordo com a natureza humana, pense que você também pode eventualmente conquistá-lo."

O impossível é quase sempre aquilo que nunca foi tentado. Por isso, a persistência e a resistência são necessárias e resumem a vida. Marcus Aurelius nos ensina sobre isso e mostra que, muitas vezes, o que consideramos impossível, na verdade, pode ser alcançado. Só depende de nós!

Ele nos convida a acreditar no poder da possibilidade e a ter confiança em nossa capacidade de superação. Eu não poderia concordar mais: persistir e resistir são elementos essenciais para enfrentar os desafios da vida.

Carregue isso consigo e aprenda com esses ensinamentos para que possa aplicá-los em seu dia a dia, alcançar os seus objetivos e encontrar a paz interior.

EPISÓDIO #384 **| TAGS** #crença, #persistência, #resiliência

DIA 171: / /

SE ACONTECEU COM VOCÊ, ERA PARA VOCÊ!

"A verdadeira felicidade não está na busca incessante por prazeres efêmeros, mas sim na descoberta de um propósito maior que dê significado à vida."

Tudo o que acontece com você tem um bom motivo para acontecer. Essa sábia lição de Epictetus nos convida a assumir a responsabilidade por nossos pensamentos e interpretações da realidade. Ele nos lembra de que nossos pensamentos moldam a forma como percebemos os acontecimentos e que devemos evitar atribuir significados supersticiosos ou negativos a eles.

Nossos pensamentos têm o poder de influenciar a nossa realidade e contribuir para o nosso bem-estar emocional. Desse modo, assumir a responsabilidade por eles é fundamental para alcançar uma mentalidade positiva e aberta e aprender com todas as experiências da vida.

Seja consciente e responsável em relação aos seus pensamentos. Busque uma mentalidade positiva e aberta para encontrar aprendizados e oportunidades em todas as situações da vida. Ao fazermos isso, poderemos trilhar um caminho de crescimento pessoal e serenidade, enfrentando as adversidades com sabedoria e equilíbrio.

EPISÓDIO #399 **| TAGS** #pensamentos, #responsabilidade, #autoconsciência, #mentalidade

DIA 172: / /

ENCARANDO A ADVERSIDADE: SUPERANDO O IMPACTO DE UMA DOENÇA GRAVE

"Feche os olhos, respire fundo, solte o ar... Conecte-se com você mesmo e perceba a graça e o milagre de estar vivo." - autor desconhecido

"Não podemos escolher as circunstâncias da vida, mas podemos escolher como responder a elas." - Sêneca

Não fique obcecado pelo futuro; encontre a paz interior, entendendo que você só controla a si mesmo. Sei que enfrentar uma doença grave pode ser um desafio avassalador, mas os estoicos oferecem lições importantes sobre como lidar com a adversidade.

Sêneca ensinou que não temos controle sobre tudo o que acontece ao nosso redor, mas podemos aprender a reagir de modo diferente a esses acontecimentos. A resiliência é fundamental para superar momentos difíceis, como o diagnóstico de uma doença grave. Assim, aceitar a situação e se concentrar no presente são atitudes que podem nos ajudar a encontrar significado e propósito mesmo em meio à adversidade.

É importante lembrar que a vida é efêmera e que devemos respeitar cada instante que temos. Seguindo os ensinamentos dos estoicos, podemos construir uma mente inabalável e ser uma fonte de serenidade para nós mesmos e para os que nos cercam. Nesse sentido, a meditação e a prática do estoicismo podem nos auxiliar a enfrentar os desafios da vida com coragem e perseverança. Lembre-se sempre de aproveitar cada momento e de viver com gratidão, pois não sabemos quanto tempo realmente temos aqui. Que possamos enfrentar as adversidades com sabedoria e fortaleza interior.

EPISÓDIO #452 | **TAGS** #resiliência, #aceitação, #serenidade

DIA 173: / /

ENFRENTANDO UMA DOENÇA GRAVE: LIÇÕES DO ESTOICISMO

"A sua cura virá de dentro de você."

"Não existe cura fora de nós; toda cura se inicia por dentro."

O enfrentamento de uma doença grave é uma adversidade com a qual muitos precisarão lidar, então se lembre de que a cura está dentro de nós e começa a partir de nosso interior. Precisamos olhar para dentro e encontrar a força necessária para enfrentar os desafios que a vida nos impõe. A partir do momento em que aceitamos a situação e buscamos a serenidade interior, encontramos um caminho para lidar com a adversidade.

A frase de Epictetus ressoa profundamente: "Não são as coisas que perturbam os homens, mas a opinião que eles têm sobre as coisas". Devemos lembrar que é nossa mente que interpreta os eventos e lhes atribui significados. Ao adotarmos uma mentalidade mais positiva e resiliente, somos capazes de enfrentar as dificuldades com mais equilíbrio e sabedoria.

Além disso, o estoicismo nos convida a refletir sobre a finitude da vida e o propósito que desejamos alcançar. A frase "não existe cura fora de nós; toda cura se inicia por dentro" nos lembra de que a verdadeira cura envolve não apenas o corpo, mas também a mente e a alma. Devemos buscar a paz interior, a autodescoberta e a conexão com nossos valores mais profundos.

Em momentos de adversidade, é essencial cultivar a aceitação, a tranquilidade e a resiliência. Com essa mentalidade, podemos enfrentar os desafios com coragem, buscando sempre a cura interior. Então, desejo-lhe força para enfrentar qualquer doença grave que possa surgir em seu caminho.

EPISÓDIO #473 | **TAGS** #aceitação, #tranquilidade, #resiliência

DIA 174: / /

AÇÃO E SUPERAÇÃO: APRENDA A NÃO RECLAMAR E A FAZER O QUE PRECISA SER FEITO

"Não reclame; faça o que tem que ser feito. Se algo ou alguém está incomodando você, ignore-o e siga a vida."

"Você não está ancorado na maneira como a sua vida está hoje. A vida é sua: faça dela o que quiser."

"Qual é a melhor atitude que posso ter com o que está à minha disposição? Faça o seu melhor e perceba que melhores serão os resultados da sua vida."

Se há alguém que incomoda você, simplesmente ignore essa pessoa. Deixe de segui-la nas mídias sociais ou apenas corte os seus laços sociais com ela. Odeia o seu trabalho? Saia do seu emprego ou descubra uma maneira de torná-lo menos doloroso ou miserável.

Muitas vezes, não podemos mudar as nossas situações externas no mundo, mas sempre podemos mudar a nossa atitude em relação a isso. Afinal, a vida é toda sobre fazer o melhor com aquilo que temos.

Uma boa meditação é a de Marcus Aurelius: "Qual é o melhor que pode ser dito ou feito com os materiais à sua disposição?". Pense sobre isso. A maioria de nós não tem muito tempo, energia ou dinheiro. Ainda assim, considerando os nossos meios limitados, precisamos buscar fazer o melhor com o que está à nossa disposição. Isso será o suficiente!

EPISÓDIO #477 | **TAGS** #empoderamento, #autoconfiança, #reflexão

DIA 175: / /

NUNCA DESISTA DA VIDA

"A vida é muito preciosa; é única. Você tem uma força interior incrível e é capaz de crescer, de se adaptar, de se recuperar, de se reinventar diante das situações mais adversas. Então, lembre-se: a tempestade passará, e o sol voltará a brilhar."

Pedir ajuda não é sinal de fraqueza, mas sim de força, coragem e confiança. É preciso conversar com pessoas em quem confiamos, compartilhar emoções e preocupações, pois não devemos carregar o peso dos problemas sozinhos. Todos passamos por momentos difíceis e adversidades na vida, e, assim como Marcus Aurelius ensinou, podemos encontrar força interior para enfrentá-los.

A filosofia estoica diz que a maneira como interpretamos os eventos e os pensamentos que alimentamos desempenham um papel crucial em nossa perspectiva de vida. Praticar o pensamento positivo não significa ignorar a dor, mas adotar uma abordagem mais saudável. Então, procure pequenas coisas que tragam gratidão e alegria, por menores que sejam. Cultivar uma mentalidade otimista pode abrir caminhos para uma perspectiva mais esperançosa.

Por fim, perceba que a história está repleta de exemplos de superação e resiliência. Por mais desafiador que pareça agora, lembre-se de que você possui uma incrível força interior. O ser humano é capaz de se adaptar, de crescer e de se recuperar mesmo diante das situações mais adversas. Acredite na capacidade de enfrentar as dificuldades e encontrar uma nova perspectiva para seguir em frente.

Isso é também o conceito de *sympatheia*, ou seja, estamos todos conectados e juntos nesta maravilhosa jornada da vida.

EPISÓDIO #508 | **TAGS** #resiliência, #aceitação, #compaixão

SEMANA 26

RECOMEÇOS

"Nunca é tarde demais para ser o que você poderia ter sido."

– GEORGE ELIOT

ESCANEIE O QR CODE

Reinvente-se e dê o primeiro passo para uma nova jornada.

DIA 176: / /

VOCÊ NÃO É O SEU SUCESSO NEM O SEU FRACASSO

"Ter muito dinheiro não torna você especial; não ter dinheiro algum não torna você inútil; apenas as suas ações e escolhas refletem quem você é neste momento presente."

Perceba que todos esses marcadores de sucesso, posses, conquistas não nos mudam. Um trabalho impressionante não nos torna uma pessoa impressionante, assim como uma crítica ruim não significa que sejamos inúteis. Tudo está dentro de nós.

Por isso, a sabedoria estoica de Marcus Aurelius nos lembra da importância de viver o momento presente e buscar o autoconhecimento como uma ferramenta para lidar com as adversidades da vida. Por meio desse processo, podemos ter o impacto positivo do autoconhecimento e da meditação no enfrentamento de momentos difíceis. O estoicismo, aliado a práticas de consciência plena, proporciona conforto e sabedoria para lidar com as situações delicadas da vida.

Assim como Sêneca ensinava sobre a serenidade diante das adversidades, o texto nos convida a transcender a dualidade sucesso e fracasso.

EPISÓDIO #421 **| TAGS** #evoluçãopessoal, #evoluçãoespiritual, #autoaceitação, #transformação

DIA 177: / /

SUA EMPRESA FALIU; E AGORA?

"Uma pedra jogada para cima não ganha nada ao subir e não perde nada ao cair." – Marcus Aurelius

"A gente não passa do chão, e a vida é sobre aprendizado e evolução."

"A falência não é o fim do mundo e não define você como pessoa."

Não é fácil enfrentar a falência e o fracasso nos negócios, mas é importante lembrar que muitos passam por isso e que faz parte da jornada. O estoicismo e a resiliência podem ser aliados poderosos nesses momentos, ajudando-nos a aceitar as circunstâncias fora de nosso controle e a encontrar maneiras de seguir em frente.

Lembre-se de que a falência não é o fim do mundo e não define quem somos como pessoas. É essencial separar nossa identidade de nossos sucessos ou fracassos. Ao olhar para o futuro, é fundamental manter a simplicidade, a bondade e a verdade consigo mesmo. Aprenda com os erros e não fique preso ao passado, pois a vida é uma jornada de aprendizado e evolução constante.

Sêneca disse: "Não há vento favorável para aquele que não sabe para onde vai". Leve isso com você! Não se deixe definir pelo aconteceu; saiba para onde quer caminhar e siga em frente.

EPISÓDIO #456 | **TAGS** #resiliência, #aceitação, #esperança

DIA 178: / /

MANTENHA O FOCO EM VOCÊ

"Não desperdice o que resta da sua vida especulando sobre os seus vizinhos. Qualquer coisa que o distraia da fidelidade ao governante dentro de você significa uma perda de oportunidade para alguma outra tarefa." - Marcus Aurelius

Você concentra a sua energia em seu próprio caminho? Essa é a reflexão que faremos hoje. Devemos concentrar os nossos esforços em nós mesmos, em vez de nos distrairmos com o que os outros estão fazendo. Temos um tempo limitado na Terra, o que torna cada momento precioso.

Assim, ficar obcecado com a vida dos outros, com as suas conquistas e posses é um desperdício do nosso valioso tempo. Em vez disso, devemos focar o nosso chamado, a nossa vocação e o que acreditamos ser a nossa missão na Terra. Seja você um artista, um empresário, um esportista ou alguém dedicado a cuidar de sua família, seu foco deve estar em cumprir essa missão.

A comparação constante e o desejo por aquilo que os outros possuem só nos traz frustração e nos desvia do nosso verdadeiro caminho. A calma da mente, a intencionalidade e o foco são essenciais para uma vida que valha a pena ser vivida.

EPISÓDIO #630 **| TAGS** #foco, #propósito, #calmadamente

DIA 179: / /

A DOR DA SEPARAÇÃO: COMO LIDAR COM ELA?

"Lembre-se de que a virilidade se encontra mais na brandura e na serenidade em meio à excitação do que nas explosões incontroláveis de raiva. Ora, aquele que se entrega à ira se comporta tal qual aquele que se entrega à dor: ambos sofrem de maneira submissa, sem nenhum controle da situação." - Marcus Aurelius

Embora possamos não ser capazes de controlar a situação que levou ao fim do relacionamento, nós podemos, sim, controlar as nossas reações sobre esse término. Olhe para tudo isso como uma oportunidade que a vida está dando a você para que se conheça, seja uma pessoa melhor e se aproxime de pessoas que talvez você tenha se distanciado.

A dor de um divórcio ou separação é uma experiência profundamente humana, com a qual muitos de nós teremos que lidar em algum momento de nossa vida. Seja uma relação longa e significativa ou um vínculo de amor intenso, a mudança repentina pode gerar uma série de emoções negativas. Contudo, o estoicismo, com a sua sabedoria milenar, oferece-nos preciosos ensinamentos para enfrentar essa situação com mais serenidade.

Ao compreendermos que as nossas emoções negativas não são causadas por circunstâncias externas, mas sim por nossas evidências e julgamentos, abrimos caminho para lidar com a situação de maneira mais tranquila e serena.

Não devemos, portanto, buscar culpados ou nos entregar ao sofrimento. Em vez disso, é importante reconhecermos que essa mudança faz parte da vida e que tanto você quanto seu ex-parceiroou ex-parceira estão trilhando agora caminhos diferentes, evoluindo sozinhos. Encare essa experiência como uma oportunidade de crescimento pessoal e autoconhecimento.

Não desperdice energia se lamentando com tristeza ou com medo do futuro. Em vez disso, dedique-se a se reencontrar, a se reconectar com pessoas queridas, a aproveitar a vida e a viver cada momento com intensidade.

EPISÓDIO #446 **| TAGS** #aceitação, #tranquilidade, #separação, #oportunidade

DIA 180: / /

SUPERANDO UM DIVÓRCIO OU SEPARAÇÃO COM O ESTOICISMO

"Ninguém pode nos ferir sem o nosso consentimento. Temos a capacidade de resistir e minimizar a dor e o sofrimento."

"O sofrimento é passageiro; o caráter é eterno; a felicidade não é algo externo: ela vem das suas próprias ações."

É fundamental reconhecer que eventos como o divórcio podem ser traumáticos e abalar a nossa autoconfiança, mas também é nessas situações difíceis que podemos encontrar sabedoria e orientação nos ensinamentos de filósofos estoicos.

Os estoicos nos lembram de que a vida é cheia de eventos que não podemos controlar, e de que a única coisa sobre a qual temos controle real é como reagimos a eles. Aceitar as circunstâncias como são e buscar lidar com elas da melhor forma possível é um caminho para encontrar paz e felicidade.

É encorajador lembrar que o sofrimento é passageiro e que podemos resistir a ele por meio da nossa força mental e da nossa capacidade de racionalizar. Seguir adiante, olhando para o futuro e praticando a gratidão pelas coisas que temos, mesmo diante das dificuldades, ajuda-nos a encontrar uma perspectiva mais positiva.

EPISÓDIO #455 | **TAGS** #resiliência, #aceitação, #gratidão

DIA 181: / /

PAZ APÓS A PARTIDA DE UM ENTE QUERIDO

"A morte não é o fim, mas uma passagem para um destino desconhecido, levando consigo as conquistas feitas durante a vida. A morte é a única certeza que temos depois que nascemos, ela alcançará a todos nós, independentemente da raça, do sexo ou de qualquer país em que você more. A vida é feita de partidas e chegadas, de idas e vindas, e o que para uns parece a partida, para outros é a chegada."

Refletir sobre a morte é uma das práticas filosóficas mais antigas e importantes para a humanidade. A morte é uma certeza inescapável, que faz parte do ciclo natural da vida. Aprendemos que é essencial aceitar essa realidade para enfrentar a perda de entes queridos com serenidade.

Nesse trecho, temos a lembrança poderosa de que a morte não é o fim definitivo, mas sim uma mudança de estado. Ao superar as experiências e os ensinamentos compartilhados com aqueles que partiram, podemos encontrar conforto e significado mesmo na saudade.

Por outro lado, a morte também nos inspira a viver de maneira significativa e cultivar relacionamentos baseados em amor e afeto. Agradecimento e valorização pela vida que compartilhamos com os outros são fundamentais para vivermos com propósito e deixarmos um legado positivo.

A morte é um mistério divino, e cada um de nós tem a liberdade de acreditar no que nosso coração ressoa. Independentemente das crenças, a busca por virtudes e valores é uma constante, enriquecendo a jornada humana. Assim, diante da finitude da vida, devemos lidar com as adversidades com sabedoria. Aceitar a morte como um aspecto natural da existência nos permite viver com confiança, coragem e compaixão, criando uma vida plena e significativa até o momento em que também nos tornaremos um pequeno ponto branco na linha do horizonte.

EPISÓDIO #443 **| TAGS** #aceitação, #luto, #sofrimento, #gratidão, #valorização

DIA 182: / /

SUPERANDO O LUTO COM A SABEDORIA ESTOICA

"Não chore por coisas que foram tiradas de você. Apenas seja grato pelo que você teve." - Sêneca

Superar a perda de um ente querido é uma das experiências mais difíceis que podemos enfrentar, mas é uma parte inevitável da vida.

Os estoicos nos ensinam que não devemos reprimir as nossas emoções, mas sim confrontá-las e lidar com elas de maneira adequada. Sentir tristeza diante da perda é natural, mas é importante não permitir que essa tristeza se transforme em uma espiral de autopiedade e desespero.

Reconhecer a nossa mortalidade e a dos que amamos é um exercício importante, e precisamos nos lembrar de que a nossa existência é finita. Isso pode nos ajudar a apreciar mais profundamente cada momento que compartilhamos com aqueles que amamos.

A gratidão pelos momentos que passamos com a pessoa que partiu pode ser um antídoto para o luto. Em vez de focar a perda, devemos nos concentrar na apreciação pelos momentos compartilhados. Faça esse exercício!

Por fim, é fundamental lembrar que a vida continua. Enquanto lamentamos a perda de uma pessoa querida, não devemos nos esquecer daqueles que ainda estão conosco. Eles também precisam do nosso amor e da nossa atenção.

EPISÓDIO #686 | **TAGS** #luto, #perda, #superar, #estoicismo, #gratidão

SEMANA 27

SUPERANDO A DOR

"A dor é inevitável, mas o sofrimento é opcional."

– MARCUS AURELIUS

ESCANEIE O QR CODE

Aprenda a superar e a transformar a dor.

DIA 183: / /

APRENDA A LIDAR COM A DOR

"Lembre-se de que muitos incômodos comuns são dores disfarçadas, como a sonolência, a febre e a perda de apetite."

Talvez você não tenha pensado sobre isso, mas a dor é uma experiência humana natural e não há motivo para vergonha ao enfrentá-la. A filosofia estoica nos incentiva a não nos deixarmos consumir pela dor, mas sim, compreender os nossos limites e não alimentarmos a nossa imaginação.

Epicuro, filósofo grego que viveu durante o período helenístico, acrescenta outra camada de sabedoria, lembrando-nos de que a dor é transitória e não é insuportável ou interminável. É uma nova perspectiva, e ela pode nos ajudar a suportar as dificuldades com uma mentalidade mais resiliente. Ao reconhecer que muitos incômodos cotidianos são apenas dores disfarçadas, como a sonolência, a febre e a perda de apetite, somos incitados a analisar a situação com clareza e discernimento. É uma conscientização que pode nos livrar dos desconfortos e ajudar a compreender a fonte real de nossos sentimentos.

Em última análise, as meditações de Marcus Aurelius nos convidam a promover o autocontrole em nossa vida e a não nos deixarmos dominar pelos reveses. Abraçar a filosofia estoica é uma busca pela *serenidade interior*, enfrentando a dor com sabedoria e resiliência. Ao fazer isso, você aceitará que, apesar dos desafios, poderá encontrar força na compreensão da impermanência das aflições humanas.

Aprenda a lidar com a dor! E, quando ela aparecer, diga a si mesmo que não cederá a ela. Lembre-se: ela nunca é insuportável ou interminável.

EPISÓDIO #344 | **TAGS** #resiliência, #autocontrole, #sabedoriaestoica, #serenidade

DIA 184: / /

TUDO É IMPERMANENTE

"Contemple a imensidão do universo e a minúscula centelha que somos dentro dele. Que esse reconhecimento não seja apenas um convite à humildade, ao entendermos a efemeridade do nosso papel, mas também um despertar poderoso para a consciência de que somos fragmentos de uma energia vasta e interminável, eternamente conectados ao todo."

Devemos compreender a transitoriedade de tudo que existe ao nosso redor, desde os acontecimentos cotidianos até a finitude das pessoas que amamos. Todas as coisas existentes logo se modificam, são reduzidas a mero vapor. Então contemple a essência, não deixe que a qualidade peculiar das coisas, ou seu valor, ou qualquer outra aparência, iluda-o. Essa percepção nos traz humildade, pois reconhecemos quão pequenos somos em relação ao universo vasto e infinito.

A busca pela consciência nos leva a entender que somos parte de uma energia universal e interconectada. Não há motivo para temer desafios e dificuldades, pois eles são insignificantes diante da grandiosidade da criação divina. Assim como os estoicos nos ensinaram, podemos controlar os nossos pensamentos e as nossas emoções, moldando o nosso entorno com nossas ações e crenças.

É fundamental, portanto, aproveitar o momento presente e viver de maneira consciente, honrando cada instante que nos foi concedido. Afinal, a única certeza que temos é a da impermanência de tudo, e o que verdadeiramente importa é como utilizamos esse breve período em que existimos.

EPISÓDIO #348 **| TAGS** #efemeridade, #humildade, #consciência

DIA 185: / /

DESCONSTRUA A ESSÊNCIA DAS COISAS E ENCONTRE A VERDADE

"As únicas coisas que importam na vida são as suas virtudes e o bem que você faz."

Quero começar trazendo uma reflexão de Marcus Aurelius:

> Quando temos carne e outros pratos diante de nós, temos a impressão de se tratar de um cadáver de um peixe, de ave ou de pássaro. [...] Já homens com um pouco mais de razão podem admirar seres animados, como as ovelhas e o gado em geral; os mais instruídos, no entanto, admiram seres governados por uma alma dotada de razão e buscam tão somente conservar em seu ser disposição e ação racionais, voltadas para o bem comum. Assim como ajudar aos demais a galgar tal condição.

Precisamos enxergar a essência das coisas. Ir além da aparência superficial e compreender a verdadeira natureza dos alimentos que consumimos. Isso é agir de modo consciente, e esse é um princípio fundamental do estoicismo. Devemos evitar ser influenciados pelas opiniões dos outros e buscar compreender as coisas como realmente são, separando-as do louvor e das aparências.

A busca pela virtude e pelo bem comum é o que realmente importa para os sábios instruídos. Devemos cultivar a percepção, a clareza de pensamento e a sabedoria necessárias para compreender a verdadeira essência das coisas e agir de modo justo e virtuoso em todas as situações. Somente assim encontraremos o caminho para uma vida significativa e alinhada com os valores mais nobres do estoicismo.

EPISÓDIO #351 | **TAGS** #percepção, #clareza, #sabedoria

VOCÊ NÃO PODE MUDAR A REALIDADE, MAS PODE MUDAR A SUA VISÃO SOBRE ELA, E ISSO MUDA TUDO

"Se é liberdade o que você procura, então não deseje nada e rejeite tudo o que depende dos outros; caso contrário, será sempre um escravo indefeso." - Epictetus

Por que brigamos tanto com a vida e tentamos controlar o que não pode ser controlado? A verdade é que precisamos mudar a nossa perspectiva em relação à realidade que nos cerca. Veja: não podemos esperar que nossos filhos, nosso marido ou nossa esposa vivam para sempre. Todos somos mortais e, por isso, a lei da mortalidade está completamente fora de nossas mãos. Entender isso é ter liberdade, pois, embora não possamos controlar os eventos e as circunstâncias externas, podemos alterar a maneira como os interpretamos e reagimos a eles. Aceitar a realidade como ela é, sem desejar que seja diferente, tornará-nos mais tranquilos e livres.

A liberdade não é o direito ou a capacidade de fazer o que você deseja. Ela advém da compreensão de seus próprios limites e de seu poder dentro dos limites naturais estabelecidos pela Providência Divina. Desejar controlar algo que está além de seu alcance é uma ilusão que faz com que você seja escravo das circunstâncias.

Assim, quero convidar você a mudar a sua abordagem diante da vida. Em vez de lutar contra as inevitabilidades e decepções que encontra, aceite a realidade como ela é e encontre a liberdade interior por meio da aceitação e do desapego. A verdadeira liberdade é encontrada quando você compreende e abraça os limites da vida, permitindo que a sua perspectiva mude e transforme a sua experiência.

EPISÓDIO #354 **| TAGS** #aceitação, #desapego, #liberdade

DIA 187: / /

A VIRTUDE DA JUSTIÇA

> *"A justiça é a glória culminante das virtudes. É a virtude mais importante, pois é fonte de todas as outras virtudes. Viver de acordo com a virtude da justiça significa agir de maneira justa em todas as áreas da vida."*

Para o estoicismo, a justiça é uma das quatro virtudes fundamentais, representando o *summum bonum* – o bem mais elevado. Ela é o compromisso com o bem comum, agindo com sabedoria e coragem em busca da justiça para benefício de todos.

Marcus Aurelius, em suas palavras, convida-nos a refletir sobre como a justiça é a fonte de todas as outras virtudes, enfatizando a sua importância e a sua centralidade no caminho da vida virtuosa. Ela é o equilíbrio entre os interesses próprios e o bem-estar da comunidade, pois nos faz agir com sabedoria em prol de todos.

Cícero, filósofo, escritor, advogado e político romano, foi um exemplo de alguém que viveu de acordo com os princípios do estoicismo, buscando a justiça em todas as suas ações e sendo reconhecido ao longo da história como um estadista e filósofo exemplar.

Desse modo, ao buscarmos a virtude da justiça, devemos nos lembrar da importância de agir com sabedoria, coragem e em benefício de todos, contribuindo para o bem mais elevado em nossa vida e na sociedade.

EPISÓDIO #367 **| TAGS** #justiça, #sabedoria, #compromissocomobemcomum

DIA 188: / /

COMO CONQUISTAR A RIQUEZA

"Qual é o limite adequado para a riqueza? É primeiro ter o que é necessário, e segundo ter o que é suficiente." - Sêneca

A verdadeira riqueza não está conectada apenas à acumulação de bens materiais ou dinheiro, mas sim à sabedoria e à satisfação interior. Buscar o equilíbrio entre os nossos objetivos materiais e o olhar para dentro de nós é essencial para encontrar a verdadeira felicidade. Ser rico é também ter uma vida com significado e equilíbrio, na qual o dinheiro é visto como um meio, não como um fim em si mesmo. Você tem isso em seu coração?

Esse tema é essencial para o nosso bem-estar, mostrando a importância de buscar uma riqueza interior em vez de se concentrar exclusivamente na busca por riquezas materiais. Essa abordagem ressoa as ideias de Sêneca, que também enfatizava a importância do autoconhecimento e da serenidade interior para alcançar uma vida feliz e significativa. É uma busca que funciona como um lembrete oportuno de que a verdadeira felicidade não é medida pela quantidade de bens materiais que possuímos, mas sim pela paz e pelo contentamento que encontramos dentro de nós mesmos.

Epicuro também nos ensina a valorizar o suficiente, evitando cair na armadilha da ganância desenfreada. Ao olharmos para dentro, cultivando a gratidão, priorizando relacionamentos significativos e encontrando propósito em nossa vida, estaremos mais próximos de alcançar a verdadeira riqueza, que transcende os bens materiais.

EPISÓDIO #380 **| TAGS** #felicidade, #insatisfação, #autodescoberta

DIA 189:   /   /

TENHA UM BOM OLHAR PARA AS PESSOAS

"O controle sobre as nossas emoções faz a grande diferença entre aqueles que obtêm serenidade e tranquilidade e aqueles que se deixam levar pelas emoções, tornando-se reativos."

Afaste-se de quem não tem desconfiança, mas não como nos afastamos de um inimigo, e sim evitando os seus golpes sem ira. Controle os impulsos e se permita obter serenidade, tranquilidade e controle da própria mente e das suas emoções. Isso é resiliência mental, e é o que distingue os vencedores dos perdedores, pois os vencedores não desistem e encontram força para superar as adversidades.

Assim, ao nos depararmos com situações adversas, é importante evitar reações impulsivas, como nos afastarmos sem desconfiança, sem nutrir ódio, e sim buscando uma postura distante, mas não hostil. Essa sabedoria nos permite lidar melhor com os desafios e evitar conflitos desnecessários. Isso é ter autodomínio. É a chave para a paz interior e o crescimento pessoal.

Além disso, a resiliência mental é uma qualidade fundamental para alcançarmos o sucesso e a vitória em nossas jornadas. Seja um vencedor, persista e encontre força para superar o que está em sua vida. Isso fará com que você tenha uma verdadeira vitória e harmonia interior.

EPISÓDIO #385 | **TAGS** #controleemocional, #serenidade, #resiliência

SEMANA 28

EVOLUÇÃO CONSTANTE

"Não se contente com o que você é, se você quer ser mais."

- EPICTETUS

ESCANEIE O QR CODE

Para evoluir constantemente, é preciso se desafiar.

DIA 190: / /

ASSUMA OS SEUS ERROS

"Acaso alguém me convença ou traga provas de que penso ou ajo incorretamente, tomarei as medidas para que possa me corrigir. Busco a verdade, que a ninguém jamais causou o mal; mas aquele que persiste no erro e se apraz na ignorância, causa o mal a si mesmo."

Precisamos buscar a verdade e estar abertos às correções em nossos pensamentos e em nossas ações. Isso é reconhecer a própria falibilidade e estar disposto a aprender com os outros. É ser humilde e sábio. Então, não se esqueça de que a busca pela verdade é uma jornada constante e nobre. Ela nos permite compreender o mundo de modo mais claro e genuíno, e nos ajuda a tomar decisões mais assertivas. Além disso, a verdade, quando compartilhada com honestidade e respeito, também pode enriquecer a vida de outras pessoas.

Por outro lado, aqueles que se apegam ao erro e resistem a novas perspectivas acabam prejudicando a si mesmos. A estagnação na ignorância impede o crescimento pessoal e limita as oportunidades de evolução. É essencial cultivar a mente aberta para que possamos seguir em direção ao autodesenvolvimento.

Nossa jornada rumo à verdade e ao autodesenvolvimento deve ser pautada no cumprimento do nosso dever. Ao focarmos nossas responsabilidades e agirmos com integridade, as influências negativas externas têm menos poder sobre nós. Assim, podemos trilhar um caminho de constante aprendizado, crescimento e harmonia interior.

EPISÓDIO #386 **| TAGS** #humildade, #buscapelaverdade, #consequências, #persistirnoerro

DIA 191: / /

FOI INCRIVELMENTE INJUSTO; E AGORA?

"Não podemos escolher as circunstâncias externas de nossa vida, mas sempre podemos escolher a maneira como reagimos a elas." - Epictetus

Essa citação nos apresenta exemplos marcantes de como enfrentar a injustiça e as adversidades da vida. Sêneca nos mostra que, apesar das circunstâncias difíceis e injustas que enfrentou, sempre buscou sobreviver e suportar esses momentos com dignidade e coragem. O resultado é a capacidade de transformar experiências negativas em crescimento espiritual. Em vez de se deixar abalar pelas injustiças que lhe foram impostas, escolha encontrar significado e aprendizado em meio às dificuldades.

Epictetus fala sobre a importância de nossa reação diante das circunstâncias externas que não podemos controlar. Embora não possamos escolher o que nos acontece, podemos sempre escolher como responder a essas situações. Essa responsabilidade sobre a nossa reação é a chave para enfrentar a vida com sabedoria e resiliência.

Portanto, diante das injustiças e dos desafios inesperados, inspire-se nesses ensinamentos e encontre força para transformar a adversidade em oportunidade de crescimento pessoal. Aprenda a lidar com as circunstâncias da vida com sabedoria e coragem. Assim, trilhará um caminho de superação e evolução constante, e encontrará um futuro melhor mesmo em meio às situações mais difíceis e imprevistas.

EPISÓDIO #387 **| TAGS** #resiliência, #transformaçãopessoal, #responsabilidade

DIA 192: / /

A FORTUNA NÃO LIBERTARÁ VOCÊ

> *"Sua fortuna não protegerá você do destino. Qualquer coisa que o destino tenha reservado para você não será impedida pela fortuna. A maior diferença entre o sucesso e o fracasso está na disciplina, na força e na resiliência mental que os vencedores têm até alcançar suas metas."*

Os nossos bens não nos protegerão de nosso destino, dos desafios que a vida nos reserva. A verdadeira proteção vem de dentro, do cultivo da sabedoria interior e do entendimento de que a felicidade genuína não é encontrada em coisas externas. As ilusões que, muitas vezes, perseguimos, como a busca por satisfação dos desejos, fama e poder, podem nos levar a crer que encontraremos a verdadeira realização por meio dessas conquistas materiais. No entanto, Sêneca nos alerta de que todas essas coisas são efêmeras e não podem nos oferecer uma sensação duradoura de contentamento.

A verdadeira felicidade e a paz de espírito só podem ser alcançadas quando nos voltamos para dentro de nós mesmos, em busca do autoconhecimento e da conexão com nosso eu verdadeiro. Essa jornada interior nos conduz à verdadeira fortuna, aquela que não pode ser medida por um saldo bancário ou por conquistas mundanas, mas pelo encontro com nossa essência e pela busca por uma vida virtuosa e significativa.

Portanto, convido você a refletir sobre as suas prioridades e a buscar uma vida de sabedoria, desapego das ilusões materiais e conexão com a verdadeira essência. Essa é a busca que nos levará à verdadeira liberdade e à realização – uma fortuna que transcende os bens materiais e encontra morada em nossa alma.

EPISÓDIO #388 **| TAGS** #buscapelafelicidade, #liberdade, #ilusão, #paz

TRANSFORME O CHORO EM SORRISO

"Nada do que nos acontece é puramente ruim. Tudo tem algo que podemos usar para fazer algo de bom, mesmo que seja apenas subir no palco e fazer com que os outros riam."

Aqui existe uma reflexão interessante sobre a perspectiva dos comediantes e dos estoicos diante das adversidades da vida. Os comediantes nos ensinam a habilidade de transformar os obstáculos e os desafios em material humorístico, encontrando inspiração nas experiências que os incomodam. Essa capacidade de fazer humor com situações difíceis é uma forma poderosa de enfrentar a vida com leveza e criatividade.

Já os estoicos nos lembram de que essa fórmula de transformação não se restringe apenas aos comediantes, mas está disponível para todos nós. Podemos usar as experiências negativas que encontramos em nossa vida como combustível para crescer, aprender e encontrar oportunidades de fazer a diferença.

Empreendedores, pais, treinadores e até terapeutas são exemplos de como podemos transformar as nossas experiências pessoais em algo positivo para nós mesmos e para os outros. Ao enfrentarmos os desafios da vida, podemos buscar significado e propósito, transformando as adversidades em oportunidades de crescimento e inspiração.

Aprenda com a sabedoria dos comediantes e dos estoicos e encontre maneiras de utilizar as experiências da vida para construir um futuro mais rico em aprendizado e significado. Siga em frente e transforme os obstáculos em combustível para o seu crescimento e a sua realização pessoal.

EPISÓDIO #389 | **TAGS** #adversidade, #humor, #inspiração, #obstáculos, #crescimento

DIA 194: / /

ENCARE A VIDA COMO UM BANQUETE

"Cultive a arte de viver com moderação, gratidão e contenção em todas as áreas de sua vida. Pense em sua vida como se fosse um banquete no qual você precisa se comportar com elegância. Não há necessidade de desejar algo ansiosamente, invejar o que pertence a outros ou se apoderar disso. Você receberá sua devida porção quando chegar a sua vez."

Essa reflexão valiosa de Epictetus fala sobre como encarar a vida como um banquete, com elegância, contenção e gratidão. Assim como em um banquete, devemos nos servir de quantidades moderadas, evitando desejos excessivos por mais do que já possuímos. Precisamos apreciar o que já está em nosso prato. Essa postura nos ensina a sermos equilibrados e a encontrarmos contentamento nas situações que a vida nos oferece.

Já a ideia de esperar pacientemente a nossa vez é um lembrete importante sobre a importância da paciência em nossa vida. Não há necessidade de invejar o que pertence a outros ou se apoderar disso, pois cada um receberá a sua devida porção no momento adequado. Evite a cobiça e a impaciência e cultive uma atitude mais serena e virtuosa.

Se sentir dúvidas no meio do caminho, busque inspiração em exemplos de pessoas sábias e virtuosas, como Diógenes e Heráclito. Imitar o valioso exemplo desses filósofos nos guia em direção a uma vida mais significativa e alinhada a princípios virtuosos. A busca por sabedoria e autocontrole é o caminho para enfrentar os desafios.

Assim, encontre um caminho mais virtuoso para enfrentar as adversidades e viva de maneira mais significativa e harmoniosa. Esse é o segredo para encarar a vida como um banquete!

EPISÓDIO #391 | **TAGS** #contenção, #gratidão, #paciência, #espera, #inspiração, #sábios

DIA 195: / /

EVITE PESSOAS COM ENERGIAS NEGATIVAS

"Acompanhar as pessoas que manifestam sentimentos negativos não é uma demonstração de bondade ou amizade; prestamos melhor serviço a nós mesmos e aos outros nos mantendo desapegados e evitando reações melodramáticas."

Pensando sobre isso, quero que você deixe de praticar a autossabotagem em sua vida; quero que pare de adotar conscientemente atitudes negativas ou improdutivas pelo contato com outras pessoas. O estoicismo nos ensina isso, e você deve evitar as energias negativas em sua vida.

A proteção de nossa saúde mental é essencial para mantermos a nossa paz interior e evitarmos ser contagiados por sentimentos de depressão ou negatividade alheia. É um ato de autocuidado aprender a ouvir com empatia e oferecer apoio a quem está sofrendo, sem permitir que a tristeza ou o desânimo também nos afete.

Assim, manter um desapego emocional e evitar reações melodramáticas é um serviço que você faz a si mesmo. E veja que isso não significa se isolar das pessoas que estão passando por momentos difíceis, mas sim aprender a proteger a nossa própria mente para sermos capazes de oferecer apoio verdadeiro e saudável. Desse modo, você terá cuidado genuíno com a sua saúde mental e cultivará uma postura de empatia e bondade em suas interações com os outros. Esse é o caminho de bem-estar e sabedoria.

EPISÓDIO #392 **| TAGS** #saúdemental, #empatia, #bondade, #desapegoemocional

DIA 196: / /

O SEU PAPEL NA VIDA É FAZER O BEM

"Devemos representar a nossa parte da melhor maneira possível, procurando não reclamar dela, onde quer que estejamos e quaisquer que sejam as circunstâncias."

Perceba que somos como atores em uma peça de teatro, e a vontade divina designou um papel para cada um de nós sem nos consultar. Por isso, precisamos ser impecáveis no papel que estamos desempenhando aqui na Terra. O importante, portanto, é aceitar o nosso papel com resignação, reconhecendo que não podemos controlar as circunstâncias, mas a forma como representamos o nosso papel, sim.

A responsabilidade e o compromisso são essenciais nessa jornada. Em vez de nos queixarmos das circunstâncias que nos são atribuídas, devemos assumir a responsabilidade por nossas ações e nos esforçar para apresentar um desempenho impecável, independentemente das dificuldades que possam surgir em nosso caminho.

Não importa onde estamos ou o que enfrentamos, devemos sempre nos esforçar para dar o nosso melhor, buscando aperfeiçoar o nosso papel e viver de acordo com nossos princípios e valores. Assim, a sabedoria de Epictetus nos convida a aceitar e a abraçar o nosso papel na vida, assumindo a responsabilidade por nossas ações e buscando constantemente a excelência em tudo o que fazemos. Ao fazer isso, você encontrará significado e propósito e viverá com virtude e sabedoria.

EPISÓDIO #393 | **TAGS** #aceitação, #responsabilidade, #compromisso, #excelência

SEMANA 29

SEJA UMA PESSOA GENEROSA

"A generosidade não é dar-me o que eu preciso mais do que você, mas dar-me o que você precisa mais do que eu."

- KHALIL GIBRAN

ESCANEIE O QR CODE

Generosidade enriquece a alma.

DIA 197: ___ / ___ / ___

TENHA O ESPÍRITO GENEROSO COM TUDO E TODOS

"Proceda como um ser dotado de razão, e trate os animais, e, em geral, as coisas e os objetos em sua posse, com magnanimidade e um espírito generoso."

Essa frase nos traz ensinamentos valiosos de Marcus Aurelius sobre a generosidade e a conexão com o divino. Você já parou para pensar sobre como trata as pessoas, os animais, os seus pertences e os de outras pessoas? Você tem sido digno nesses aspectos?

Devemos agir com compaixão e magnanimidade não apenas com os seres humanos, mas também com os animais e as coisas que estão em nossa posse. Devemos tratar os outros de acordo com os costumes da sociedade, reconhecendo a razão que todos possuem. E isso nos lembra da importância de agir com respeito e empatia, valorizando a humanidade presente em cada indivíduo.

Em outra instância, ele também nos encoraja a estarmos próximos dos deuses, buscando a conexão com o divino em nossas ações e atitudes. Ao fazermos isso, teremos um guia em direção a um caminho de equilíbrio e autorreflexão, conectando-nos com a nossa essência mais elevada.

EPISÓDIO #394 | **TAGS** #generosidade, #compaixão, #conexãocomodivino, #equilíbrio, #autorreflexão

DIA 198: / /

A SEMELHANÇA ENTRE UM IMPERADOR E UM ESCRAVO

"Após a morte, tanto Alexandre da Macedônia quanto o seu cavalariço se encaminharam para o mesmo estado: ambos foram reabsorvidos pelos princípios geradores do universo, ou desvaneceram em meio aos átomos. A impermanência nos traz humildade e serenidade, faz-nos perceber o que realmente importa e nos ajuda a priorizar nossos dias."

Todos somos mortais. Imperadores que viveram antigamente, pessoas comuns, gladiadores, esportistas, atores; todos pensaram, e os que estão vivos ainda morrerão. Assim, imagine que tudo é passageiro e impermanente. Ao perceber isso, você exercerá o seu papel com humildade. A ansiedade, o medo e a angústia são algumas das principais epidemias do mundo, afetando a felicidade e a realização das pessoas independentemente da situação financeira delas.

Veja, então, que todos, independentemente de suas posições e conquistas na vida, são mortais e compartilham da finitude humana. Por que então perder tempo deixando de priorizar os seus dias e de valorizar o tempo que tem? A serenidade e a humildade são qualidades essenciais para encararmos as incertezas e as impermanências. Ao reconhecermos a transitoriedade das coisas, podemos evitar a ansiedade e o medo que tantas vezes nos afligem. Isso é autodomínio.

O estoicismo, portanto, é uma filosofia milenar que continua sendo relevante para enfrentarmos os desafios e as adversidades da vida moderna, trazendo ensinamentos valiosos para a busca da felicidade e da realização pessoal.

EPISÓDIO #395 **| TAGS** #consciência, #efemeridade, #serenidade, #humildade

DIA 199: / /

VÁ NO SEU TEMPO; NÃO SE APRESSE

"Lembre-se de que, nesta vida, todo dever é composto por um certo número de obrigações. Cumprindo cada uma delas sem se deixar perturbar, e sem seguir aos apressados em sua raiva, você eventualmente concluirá cada uma das suas missões. Então relaxe, respire e perceba o seu momento. Deixe que o barulho do mundo fique com os barulhentos. Siga seu caminho, siga as suas prioridades, faça uma coisa de cada vez, dando o seu melhor."

Marcus Aurelius nos diz que devemos seguir em nosso tempo, sem nos apressarmos. Em relação aos nossos deveres, devemos fazê-los com paciência, serenidade e resiliência. Devemos agir em nosso próprio tempo, sem nos deixarmos perturbar pelas pressões externas. Ao agirmos dessa maneira, podemos completar as nossas missões com eficiência e foco, sem nos deixarmos afetar pela raiva alheia ou pelo desejo de acelerar o processo.

Portanto, as lições de Marcus Aurelius nos ensinam a enfrentar nossas responsabilidades com sabedoria e calma, buscando cumprir nossos deveres de forma consciente e resoluta. Ao fazermos isso, podemos trilhar um caminho de serenidade e eficácia em nossas ações, vivendo de acordo com os princípios estoicos e enfrentando as adversidades da vida com sabedoria e equilíbrio.

EPISÓDIO #396 **| TAGS** #paciência, #serenidade, #deveres, #resiliência

DIA 200: / /

CONSERVE SEMPRE A SIMPLICIDADE

"A busca pela simplicidade, pela disciplina e pela resiliência são características que podem levar ao sucesso e à realização pessoal."

"Lute para ser aquele homem que a filosofia quis que você se tornasse."

"Em tudo, seja um discípulo de Antonino."

"Lembre-se do seu amor pelo trabalho e da diligência com que o realizava."

Essas reflexões nos convidam a buscar uma vida virtuosa e sábia, a lutar para nos tornarmos a pessoa que a filosofia deseja que sejamos, buscando o aprendizado constante e nos aprimorando como discípulos do conhecimento. A importância do amor pelo trabalho e a diligência em nossas tarefas é destacada por Antonino, incentivando-nos a valorizar o esforço e a dedicação em tudo o que fazemos.

Você coloca dedicação em tudo o que faz? Vive uma vida virtuosa e sábia? Se não, está buscando essa mudança em sua vida?

Se possível, devemos sempre buscar inspiração na filosofia para trilhar um caminho de serenidade e autodomínio. Isso nos trará paz interior e plenitude em todas as áreas de nossa existência.

EPISÓDIO #397 | **TAGS** #vidavirtuosa, #vidasábia, #aprendizado, #contentamento, #sobriedade

DIA 201: / /

A FELICIDADE ESTÁ DENTRO DE NÓS

"Seja mestre na arte de transformar medos e ansiedades em força, serenidade, resiliência e sucesso por meio do poder da sua mente."

Epictetus nos diz que a felicidade está dentro de nós e que a sua verdadeira forma é sempre independente das circunstâncias externas. Em seu olhar, ela depende de três coisas que estão sob nosso poder: a nossa vontade, as percepções sobre os eventos em que estamos envolvidos e o uso que fazemos dessas percepções.

Por isso, quero lhe fazer um convite muito especial hoje. Descubra a felicidade a partir da lógica do estoicismo e entenda, de uma vez por todas, que ela reside dentro de você e não depende de nada que seja externo ou incontrolável. Você pode – e deve – controlar isso internamente. Cultive a serenidade, olhe para os seus problemas hoje e encare-os como oportunidades.

Como resultado, você terá independência emocional e aceitação em sua trajetória. Trilhará, com toda a certeza, uma vida de paz interior duradoura e verdadeira.

EPISÓDIO #400 | **TAGS** #felicidadeinterna, #aceitação, #percepções, #independênciaemocional

DIA 202: / /

PLATÃO E A NOSSA INSIGNIFICÂNCIA

"Toda essa angústia e ansiedade existem apenas dentro de nós."

"Sempre que desejarmos falar sobre as pessoas, é melhor adotar uma perspectiva elevada e enxergar tudo ao mesmo tempo - multidões, exércitos, fazendas, casamentos e divórcios, nascimentos e mortes, salas de tribunal barulhentas ou espaços tranquilos, todos os estrangeiros, feriados, monumentos, mercados –, tudo misturado e organizado em pares de opostos."

Fazer isso é olhar com perspectiva macro os acontecimentos da vida. Fazendo isso, todas as nossas batalhas e preocupações se tornam insignificantes. Essa é a visão de Platão, e a abordagem que precisamos desenvolver. Ao nos inspirarmos nessa visão, podemos perceber como muitos dos problemas que nos afligem diariamente perdem a importância quando vistos com amplitude.

Sendo assim, a sabedoria de reconhecer a insignificância de nossas batalhas e preocupações mundanas nos permite abordar os problemas com maior serenidade e discernimento. Assim, podemos encontrar soluções mais eficazes e lidar com as situações com grandeza e sabedoria.

Adote uma visão elevada e resolva problemas com grandeza e sabedoria, enxergando além das preocupações cotidianas e encontrando soluções que estejam em harmonia com uma perspectiva mais ampla e abrangente.

EPISÓDIO #401 | **TAGS** #visãoelevada, #reconhecimento, #preocupaçõesterrenas, #resolução

DIA 203: / /

QUEM DISSE QUE A VIDA SERIA JUSTA?

"Você veio de uma viagem longa e interrompida de ancestrais que sobreviveram a inimagináveis dificuldades e lutas. Você é herdeiro de uma tradição impressionante e é capaz daquilo que eles foram capazes. Agradeça e seja grato por todas as superações e os desafios enfrentados por suas gerações anteriores."

Ninguém disse que a vida seria fácil, tampouco que ela seria só. Pense então em quanta superação, luta e desafios todas essas pessoas passaram para você estar aqui. Por esse e outros motivos, seja grato e agradeça.

Precisamos refletir sobre a nossa conexão com o passado e a história de nossos ancestrais, reconhecendo a força e a superação que estão em nosso sangue. Somos herdeiros de uma tradição impressionante, moldada por inúmeras gerações que enfrentaram dificuldades e lutas para nos proporcionar a vida que temos hoje.

A gratidão e a apreciação pelo legado de nossos ancestrais nos incentivam a despertar nosso potencial interior e a aproveitar toda a força e luz que existem dentro de nós. Somos capazes de superar desafios e de alcançar nossos objetivos. Mas como? Honrando a trajetória de nossos antepassados.

Quero que honre a sua herança genética e use isso como inspiração para viver com gratidão em busca de conexão com a sua verdadeira essência, reconhecendo a força e a superação que correm em seu sangue. Ao despertar para o seu potencial interior, você trilhará um caminho de crescimento e realização, honrando a jornada da vida e a tradição de seus ancestrais.

EPISÓDIO #402 **| TAGS** #passado, #ancestrais, #gratidão, #herançagenética, #apreciação

SEMANA 30

A VIDA NÃO É JUSTA E ESTÁ TUDO BEM

"Não exija que as coisas aconteçam como você deseja, mas deseje que elas aconteçam como acontecem, e você fluirá bem."

- EPICTETUS

ESCANEIE O QR CODE

Aceitar a vida como ela vem é uma virtude.

DIA 204: / /

TUDO É UM TESTE

"Quando conectamos os pontos olhando para trás, fica claro como tudo se conectou para a nossa evolução e o nosso aprendizado."

"O que não me mata me fortalece." - Friedrich Nietzsche

Todos vivemos momentos difíceis e, por mais difíceis que esses períodos tenham sido, eles foram, em última análise, experiências formativas que moldaram quem somos. Este é o convite de hoje do estoicismo para que você possa encarar a vida. Devemos enfrentar os desafios e sobreviver a eles para que possamos ter oportunidade de conhecer melhor as nossas capacidades e desenvolver a nossa força interior. A ideia de que "o que não me mata me fortalece" é uma visão poderosa que ressalta a importância das experiências formativas em nossa vida.

Essa abordagem nos convida a encarar as dificuldades com gratidão, reconhecendo que esses momentos nos moldam e nos tornam mais resilientes para lidar com situações futuras. Sêneca também destacou a importância de aprender com as adversidades, afirmando que elas nos proporcionam um conhecimento mais profundo de nós mesmos.

Portanto, é essencial abraçar as adversidades como oportunidades de crescimento, e não como meros obstáculos em nosso caminho. Ao desenvolvermos a resiliência e a gratidão diante das provações, tornamo-nos mais fortes e preparados para enfrentar os desafios que a vida nos apresenta. Isso reflete a sabedoria atemporal de Sêneca, que nos encoraja a buscar o autodomínio e a compreensão de que as dificuldades são uma parte inerente da vida e de que é por meio delas que forjamos a nossa verdadeira natureza.

EPISÓDIO #403 | **TAGS** #resiliência, #transformação, #gratidão

O SEGREDO DA FELICIDADE, SEGUNDO O ESTOICISMO

"O real valor de tudo está nas virtudes: em viver com honra, justiça e honestidade. Despreze todas as coisas que brilham exteriormente e que são oferecidas a você ou a qualquer outro. Olhe para o verdadeiro bem e se alegre apenas com aquilo que vem do seu propósito."

A alegria é sólida e se revela à medida que você a penetra. Essa é a lição de Sêneca e do estoicismo hoje. Devemos buscar a felicidade não em coisas passageiras que brilham do lado de fora, mas ao acreditar que essa alegria está em nosso propósito e nossos valores.

A verdadeira alegria vem da consciência de viver uma vida honrada, justa e equilibrada, focada nas virtudes que nos definem como seres humanos. É importante, portanto, desapegarmo-nos das superficialidades e mergulharmos profundamente em nosso interior, buscando uma vida plena e significativa. Como Sêneca disse, essa alegria sólida se revelará mais plenamente à medida que a buscarmos de maneira constante e verdadeira.

EPISÓDIO #404 **| TAGS** #felicidade, #realizaçãopessoal, #equilíbrioemocional

DIA 206: / /

TUDO TEM O SEU LUGAR NA NATUREZA

"A partir do momento em que você entende que existe uma origem, que existe Deus, como o todo histórico, percebe que existe perfeição contida nesse criador."

Marcus Aurelius diz que tudo tem o seu lugar na natureza, que tudo está relacionado à perfeição do universo, do que é divino. Em outra instância, o trabalho do homem não é contrário à natureza, desde que esteja de acordo com o próprio homem e não seja negativo para ela. Por isso, devemos respeitá-la. Essas palavras nos lembram da importância de reconhecer e observar a ordem perfeita da natureza e do universo. Quando nos alinharmos com essa harmonia, encontraremos um caminho de equilíbrio e plenitude. É preciso confiar na sabedoria da criação e entender que cada desafio que enfrentamos é uma oportunidade de aprendizado e evolução.

Assim, ao praticarmos a gratidão e a confiança no processo da vida, encontramos paz interior e superamos nossos medos e ansiedades. A aplicação desses princípios milenares pode nos conduzir a uma jornada de transformação pessoal e crescimento espiritual. Ao compreendermos que estamos conectados a um propósito maior, somos capazes de seguir o caminho com mais clareza e propósito, trazendo paz para a nossa vida.

EPISÓDIO #405 **| TAGS** #respeito, #harmonia, #confiança

DIA 207: / /

ISSO É O QUE DEUS ESPERA DE VOCÊ

> *"A verdade resiste ao tempo, ecoando pelas gerações com impacto real. Cabe a nós moldar nosso próprio caminho, buscando o bem comum e nos harmonizando com o que nos é destinado, amando sinceramente aqueles que cruzam nossa jornada. Na aceitação e no amor, descartamos a culpa e abraçamos a plenitude da vida." - Marcus Aurelius*

Essa reflexão é profunda e filosófica, e nos convida a repensar a nossa relação com o universo e o papel dos deuses ou forças superiores em nossa vida. De fato, é essencial reconhecer que existem situações que estão além do nosso controle, e o caminho para a paz interior e a felicidade envolve aceitar esses aspectos da existência. Além disso, a valorização da gratidão pelo que temos e a confiança no propósito das experiências que vivenciamos são elementos-chave para alcançar uma vida equilibrada e significativa.

Devemos aprender a aceitar e abraçar as adversidades como oportunidades para crescimento e autodescoberta. Ao compreendermos que a nossa natureza racional e social nos conecta com o mundo e as pessoas ao nosso redor, podemos encontrar a paz interior que transcende as circunstâncias externas. Então, aceite a perfeição do universo. Viva de acordo com a sua própria natureza, aja com sabedoria e ame sinceramente, enfrentando as dificuldades com coragem e resignação. Assim, poderemos nos libertar das amarras do medo, da culpa e do ressentimento, alcançando uma vida mais plena e virtuosa.

EPISÓDIO #406 | **TAGS** #gratidão, #confiança, #renúncia

DIA 208: / /

NINGUÉM PODE FERIR VOCÊ A NÃO SER VOCÊ MESMO

"Perceba que está em suas mãos ter controle sobre as suas emoções. Alimente o lobo da razão, da tranquilidade e da serenidade, e evite alimentar o lobo selvagem da agressividade e da reação impulsiva." - Epictetus

Nessa reflexão, é ressaltada a importância do autocontrole e da escolha pessoal na forma como reagimos às provocações e agressões dos outros. A mensagem enfatiza que, apesar de enfrentarmos desafios externos, somos responsáveis por nossas próprias emoções e devemos buscar manter a serenidade diante das adversidades.

Ao alimentarmos o lobo da razão, da tranquilidade e da serenidade, somos capazes de enfrentar as dificuldades com mais equilíbrio e sabedoria, evitando cair na armadilha da agressividade e da violência. É uma postura que nos permite desenvolver a empatia, compreendendo que as ações das outras pessoas, muitas vezes, refletem os seus próprios problemas e não são necessariamente um reflexo do nosso valor como indivíduos.

Perceba, então, que o essencial é entender que a felicidade e o bem-estar estão em nossas mãos, e que ninguém tem o poder de nos ferir emocionalmente além de nós mesmos. Por meio do autocontrole e da autocompaixão, podemos enfrentar os desafios da vida com serenidade, desenvolvendo um relacionamento mais saudável conosco e com os outros ao nosso redor.

EPISÓDIO #407 **| TAGS** #autocontrole, #autoestima, #empatia

MANTENHA-SE FIEL AOS SEUS VALORES, PRINCIPALMENTE NAS ADVERSIDADES

"Em vez de desviar os olhos dos acontecimentos sofridos da vida, olhe para eles diretamente e atenda-os com frequência. Apegue-se ao que é espiritualmente superior, sem fazer caso do que as outras pessoas pensam ou fazem." - Epictetus

Aqui encontramos ensinamentos sobre a importância de nos mantermos fiéis aos nossos valores mesmo diante de dificuldades. No primeiro momento, percebemos que, nas adversidades, a fidelidade aos valores se torna ainda mais relevante. Isso nos leva à reflexão sobre como lidamos com os momentos difíceis e sobre como as nossas ações refletem os nossos princípios. Depois, é possível inferir que devemos enfrentar os acontecimentos dolorosos, sem desviar o olhar.

Evite ilusões, não dê falsas esperanças a si mesmo. Ao fazer isso, você caminhará em direção a uma maior maturidade emocional. Não ligue para a opinião alheia e siga as suas aspirações, independentemente das expectativas dos outros. Esse é o segredo para a atração e a satisfação pessoal.

É essencial aprendermos a ser resilientes e autênticos e a ter autocontrole em nossa vida para enfrentar os desafios com sabedoria e serenidade. Quero que você trilhe um caminho de crescimento interior, buscando evoluir como ser humano em todas as circunstâncias da vida.

EPISÓDIO #408 **| TAGS** #resiliência, #autenticidade, #autocontrole

DIA 210: / /

NO MUNDO, EXISTE ESPAÇO PARA TODOS OS TIPOS DE PESSOAS

"Não se preocupe com o momento de evolução das outras pessoas; preocupe-se com o seu."

Em qual posição você se coloca atualmente? Você se compara com as outras pessoas? Acha que está atrasado? Como você tem contribuído para a sociedade? Como tem trabalhado para manter a sua mente inabalável e equânime?

Perceba que cada pessoa está no seu momento de evolução, então você não deve se preocupar com o momento dos outros, apenas com o seu próprio desenvolvimento. Se vivemos em um mundo com pessoas diferentes, isso significa que cada um possui a sua própria jornada e evolução. Somos responsáveis por nosso próprio desenvolvimento e seremos utilizados conforme as nossas atitudes e os nossos valores, tornando-nos colaboradores do todo.

Por isso, em vez de nos preocuparmos com o comportamento alheio, devemos direcionar nosso foco para o autoconhecimento e o aprimoramento pessoal. Questione-se sobre como tem contribuído com a sociedade e o avanço dela. Aceite as diferenças, procure o autoconhecimento e busque um propósito só seu, pois ele é que guiará você por uma vida mais significativa e enriquecedora.

EPISÓDIO #409 | **TAGS** #aceitação, #autoconhecimento, #propósito

SEMANA 31

SOMOS UM PONTINHO NO INFINITO

"Lembre-se: você é apenas um átomo no universo."

- MARCUS AURELIUS

ESCANEIE O QR CODE

Entender nossa pequenez pode ser libertador.

DIA 211: / /

SOMOS PEQUENOS, MUITO PEQUENOS

"Somos todos iguais na proporção; o que difere as grandes pessoas é o rastro que deixam: o rastro de bondade, caridade e ajuda na evolução da espécie."

"Governa diretamente ou como consequência de sua vontade, até a boca do leão, os animais peçonhentos, todas as coisas nocivas e perigosas, como o espinho ou um sal; são como adornos e complementos das coisas nobres e belas."

"Assim sendo, não considere nada disso estranho ao universo. Tudo emana da mesma fonte. Reflita sobre isso. Uma reflexão sobre a brevidade da vida é utilizada para enfatizar a importância de enxergar o todo e a eternidade em nossas ações e escolhas."

A insignificância humana e a interconexão que temos com o universo são reflexões que nos convidam a pensar sobre as nossas ações e perspectivas diante da grandeza do cosmos. Ao compreender que tudo, mesmo aquilo que consideramos negativo, faz parte de uma mesma fonte, entendemos como lidamos com as adversidades e os desafios da vida.

Marcus Aurelius nos lembra da transitoriedade da existência humana e da importância de enxergar além de nossas limitações individuais, buscando compreender o universo como um todo interligado. É um chamado para cultivarmos uma visão mais ampla e compassiva, reconhecendo a nossa parte na teia da vida e agindo com sabedoria diante das adversidades que encontramos. Devemos refletir sobre as nossas ações e escolhas e sobre a maneira como enfrentamos o mundo ao nosso redor.

EPISÓDIO #410 | **TAGS** #reflexão, #insignificância, #interconexão

DIA 212: / /

O CHAMADO ESTOICO E A VIDA COM EUDAIMONIA

"Viver uma vida com eudaimonia é viver uma vida com virtudes, com excelência, com a música da coragem, da justiça, da sabedoria e da temperança."

Perceba que, à medida que aprende a buscar um bom fluxo de vida, a melhorar as suas escolhas e a não sofrer por aquilo que não controla, você se aproxima de uma vida com eudaimonia, harmonia e serenidade interior. Essa é a reflexão que quero propor hoje!

Assim como Sêneca escreveu em suas obras filosóficas, essa busca interior é o cerne da sabedoria estoica. É interessante notar como os princípios estoicos continuaram relevantes ao longo dos séculos, ressoando até os dias atuais.

Desse modo, a ideia de viver em harmonia com a natureza e aceitar o que não podemos controlar é algo sábio para a nossa existência. Nossa verdadeira riqueza não está nas posses materiais, mas sim na sabedoria e nas virtudes que cultivamos internamente. A busca pela eudaimonia é uma jornada constante, e o chamado estoico oferece ferramentas valiosas para alcançar essa busca de maneira prática e transformadora.

Encontre a serenidade e a satisfação interior mesmo diante das adversidades da vida. Viva com eudaimonia!

EPISÓDIO #412 **| TAGS** #felicidade, #plenitude, #buscaporsentido

DIA 213: / /

TENHA GRAÇA ATÉ O SEU ÚLTIMO MINUTO NA TERRA

"Faça a sua saída com graça, a mesma graça demonstrada aos deuses. Quando chegar o seu momento, ou quando você tiver que ajudar alguém quando o momento dessa pessoa chegar, tenha graça e desprendimento e entenda que a vida é passageira."

Os últimos momentos de Marcus Aurelius, retratados no famoso quadro *Last words of the emperor Marcus Aurelius*, de Eugène Delacroix, foram marcados por uma mensagem de desapego à vida e serenidade diante da morte iminente.

Mesmo enfrentando inúmeras dificuldades ao longo da vida, como pragas, perdas familiares e guerras, Marcus Aurelius encontrou contentamento e paz interior. Ele não se via como um imperador divino, mas como um humano com responsabilidades sobre o seu povo. Sua mensagem de não se preocupar com a sua partida e seguir em frente reflete a aceitação da transitoriedade da vida. Ele encorajou as pessoas a viver com graça e desprendimento e a compreender a brevidade da existência.

Ele valorizava a empatia, a justiça e a sabedoria, e acreditava que viver uma boa vida era o seu propósito. Coloque esses ensinamentos em prática, transformando conhecimento em ação e buscando uma vida significativa. Que possamos viver com desapego, propósito e conforto, sabendo que estamos contribuindo para o bem-estar dos outros.

EPISÓDIO #413 | **TAGS** #aceitação, #desapego, #propósito

DIA 214: / /

TUDO É ENERGIA, TUDO É ETERNO E TUDO ESTÁ CONECTADO

"Tudo é energia: uma visão profunda sobre a natureza essencial do universo."

"Apenas dentro de você reside a verdadeira interpretação dos eventos externos."

"Controlar a mente é a chave para superar desafios e alcançar a felicidade duradoura."

Você se identifica com isso? São conceitos intrigantes, como a natureza energética do universo e a importância do controle interno sobre a interpretação dos eventos externos. Por isso, quero destacar a ideia de que desenvolver o controle da mente é fundamental para lidar com os desafios da vida e encontrar a verdadeira felicidade.

É interessante perceber como diferentes filosofias, como o estoicismo, podem servir como ferramentas para essa jornada de crescimento pessoal. Além disso, é válido ressaltar que cada pessoa pode encontrar o seu próprio caminho e práticas que sejam mais adequadas a ela. A busca pelo autoconhecimento e pela evolução interior é um processo contínuo e individual, no qual podemos encontrar mais tranquilidade, equanimidade e significado em nossa jornada.

EPISÓDIO #414 **| TAGS** #tranquilidade, #equanimidade, #crescimentopessoal

DIA 215: / /

NUNCA DEIXE NADA PARA AMANHÃ

> *"Você está no momento em que deveria estar, e, a partir do momento que consegue trabalhar a sua mente e olhar para dentro, percebe que este instante presente é tudo o que tem. Não deixe para depois; o depois pode não chegar."*

Esse depoimento nos recorda da importância do momento presente e da busca por uma vida plena e feliz. Como bem disse Sêneca, não podemos deixar para depois aquilo que é importante, pois o futuro é incerto. Devemos agir no agora, fazendo o bem de coração, com dedicação e empenho.

Além disso, é vital compreender que a vida é uma luta constante e repleta de desafios. Nesse cenário, o estoicismo e a aceitação do presente são a chave para enfrentar os conflitos com serenidade. Ao olharmos para dentro, vemos que a eudaimonia, a felicidade interior, é construída por meio da busca constante pela transformação interior.

O estoicismo nos mostra que devemos aproveitar o presente plenamente, sabendo que tudo o que acontece faz parte de um plano maior e mais ordenado. Convido você, portanto, a refletir sobre essas lições e buscar a transformação interior. Aproveite cada instante com sabedoria, pois é a partir do presente que construímos um futuro mais tranquilo e sereno. Poderíamos ser como a águia, voando alto, mas com os pés no chão, vivendo o momento presente com sabedoria e gratidão.

EPISÓDIO #415 | **TAGS** #*carpediem*, #aceitação, #transformaçãointerior

DIA 216: / /

PRESENÇA TRAZ PODER

"Perceba que o momento presente é tudo o que você tem e faça dele o foco principal da sua vida."

Não existe passado ou futuro; apenas o agora. Sêneca também já dizia isso. Tudo o que já passou, passou, e o futuro é apenas replicações do agora. Essa é a origem do medo e da ansiedade. Você não é os seus pensamentos, e, quando entende isso, passa a ser um observador dos seus pensamentos. Escute a sua alma e aprenda que o seu cérebro e os seus pensamentos são um *hardware* e um *software* enquanto você é o operador da máquina.

Do mesmo modo que usa o seu computador com o Windows, você viverá a sua vida com muito mais detalhes. Presença traz poder.

EPISÓDIO #416 **| TAGS** #serenidade, #transformação, #libertação

DIA 217: / /

SEJA A MUDANÇA QUE VOCÊ QUER VER NO MUNDO

"O mundo é um campo de estímulos para que nos tornemos pessoas melhores. A mudança que queremos ver começa por nós mesmos. Não espere mudar as pessoas; mude a si mesmo."

Os ensinamentos estoicos nos convidam a abraçar a diversidade humana com tolerância e compreensão. É uma verdade inegável que o mundo é habitado por uma ampla gama de personalidades, e é essencial que aprendamos a conviver com elas sem sermos abalados por suas características menos agradáveis.

Marcus Aurelius já compreendia que encontraríamos pessoas de diferentes naturezas ao longo de nossa jornada. A sabedoria estoica nos ensina que não podemos controlar o comportamento dos outros, mas podemos controlar as nossas próprias atitudes e reações. Assim, a jornada rumo à excelência moral e espiritual, no entanto, não se restringe apenas a aceitar e tolerar. É sobre nos tornarmos seres melhores, almejando a transformação interna.

Aqui, encontramos a força do estoicismo em proporcionar conforto e consolo em momentos difíceis. Seja enfrentando desafios pessoais, seja acompanhando o sofrimento de um ente querido, a filosofia estoica nos concede uma perspectiva que nos ajuda a enfrentar essas situações com serenidade e sabedoria.

Quero que você encontre refúgio nessas palavras para a sua mente e o seu coração. Saiba que, ao abraçar a filosofia estoica, você trilhará um caminho de autodescoberta, tolerância e crescimento. Seja essa luz para si mesmo e para aqueles ao seu redor. Fortaleça-se com a serenidade que as palavras dos estoicos proporcionam. Caminhe com paciência e compaixão pela vida, seguindo os ensinamentos da filosofia antiga. Assim, estará no caminho certo rumo a uma vida plena e significativa, em sintonia com as verdades universais que os estoicos também buscaram em sua existência.

EPISÓDIO #417 | **TAGS** #tolerância, #autoconhecimento, #conforto, #força

SEMANA 32

NOSSA VIDA É SOBRE AS PESSOAS QUE TOCAMOS

"O que fazemos em vida ecoa na eternidade."

– MARCUS AURELIUS

ESCANEIE O QR CODE

Crie um impacto positivo.

DIA 218: / /

NADA É SOBRE VOCÊ, MAS SOBRE AS PESSOAS QUE VOCÊ TOCA

"O que você faz com o universo, ele reverte para você. A mecânica dele é a lei de ouro. Estamos todos conectados; somos parte de um algo maior."

Essas palavras refletem um profundo entendimento sobre a conexão que permeia a humanidade. Essa visão de que a vida não se limita a nós mesmos, mas sim ao impacto que temos sobre outras pessoas e o mundo ao nosso redor, é um ensinamento valioso presente na filosofia estoica e em outras tradições culturais.

O livro *Conversando com Deus*, de Neale Donald Walsch, apresenta, de forma poética e inspirada, a ideia de um diálogo com uma entidade divina. Independentemente de acreditar ou não nessa comunicação, a essência das mensagens compartilhadas é a importância de viver com compaixão e humildade, reconhecendo que somos parte de algo maior e que nossas ações reverberam em todo o universo.

A compreensão da interconexão entre todos os seres humanos é uma lição valiosa que nos convida a amar e tocar a vida dos outros com compaixão, tolerância e respeito. Somos fios entrelaçados no tecido da existência, e nossas escolhas e ações têm o poder de influenciar não apenas a nossa própria vida, mas também a vida dos outros.

A lei de ouro, também conhecida como a regra de ouro, expressa o princípio fundamental de tratarmos os outros como gostaríamos de ser tratados. Essa lei nos lembra que nossas ações têm consequências e que podemos escolher agir com inteligência, compreensão e amor, criando uma cadeia de positividade ao nosso redor.

De fato, a vida é repleta de mistérios e experiências que transcendem nossa compreensão. Então, é importante cultivarmos a humildade diante do desconhecido, buscando aprender com os ensinamentos das diversas tradições e filosofias e encontrando propósito e significado em nossas ações.

Enquanto jornada de evolução espiritual, cada encontro e interação com o universo nos proporciona oportunidades para o crescimento pessoal e a transformação interior. Ao refletirmos sobre as nossas ações e as suas reverberações, podemos seguir um caminho de autodescoberta e aprimoramento, vivendo de maneira mais consciente e compassiva.

Assim, convido-o a continuar esta jornada de autodescoberta e conexão com o mundo ao seu redor. O estoicismo e outras tradições filosóficas e espirituais podem nos guiar nesse percurso, oferecendo *insights* valiosos e práticos para aprimorar a nossa existência. Esteja em paz consigo mesmo e com o universo que o envolve, pois, na essência, somos todos um.

EPISÓDIO #418 **| TAGS** #conexão, #compaixão, #propósito, #transformação, #empatia

DIA 219: / /

SE NÃO PUDER COMPARTILHAR, NÃO TEM VALOR ALGUM

"Nada me agradará, não importa quão excelente ou benéfico, se eu mantiver tal conhecimento exclusivo para mim. E, se a sabedoria me for dada, sob a condição expressa de que ela deve ser mantida escondida e não pronunciada, eu deverei recusá-la. Nenhuma coisa boa é agradável de possuir sem amigos para compartilhá-la."

Essa reflexão é profunda e inspiradora. Fala sobre a importância do compartilhamento de conhecimento e experiências, mostrando que a verdadeira satisfação está em ter amigos com quem compartilhar conquistas e aprendizados.

A conscientização da efemeridade da vida também desperta a necessidade de deixar um legado, de transmitir conhecimento para as futuras gerações. Vemos ali a jornada pessoal que transforma adversidades em serenidade e tranquilidade e busca, agora, ajudar outros a alcançar o mesmo estado.

O estoicismo é uma ferramenta prática para incorporar essas transformações na vida diária. É um convite para ir além das conversas superficiais e buscar uma disciplina maior, aprofundando-se no conhecimento e buscando a transformação interior.

EPISÓDIO #423 | **TAGS** #compartilhamento, #transformaçãopessoal, #serenidade

DIA 220: / /

NÃO VALE A PENA SE PREOCUPAR!

"Existem mais coisas suscetíveis de nos assustar do que existem de nos derrotar; sofremos mais na imaginação do que na realidade. Temos o hábito de exagerar, imaginar e antecipar a tristeza." - Sêneca

"Quem de vocês, por mais que se preocupe, pode acrescentar uma hora que seja à sua vida?" - Jesus (Mateus 6:27)

O tema de hoje é a preocupação infundada. A ansiedade não traz benefícios e pode, na verdade, gerar medos paralisantes que nos impedem de agir. É um chamado para que nos libertemos das sombras da preocupação e aprendamos a viver o momento presente, enfrentando os desafios com serenidade e resiliência. A mente tranquila e focada nos valores essenciais nos permite encontrar a paz interior, mesmo diante das manifestações da vida.

Assim como Sêneca afirmou, a preocupação antecipada só nos traz sofrimento, e a sabedoria está em cultivar uma mente treinada para enfrentar as adversidades com clareza e eficiência. A prática das lentes do conhecimento estoico oferece ferramentas para silenciar a mente, estabelecer prioridades e reduzir o ruído mental que nos perturba.

Desse modo, convido você a participar desse chamado, em que podemos desenvolver resiliência e encontrar um caminho para a paz interior. Por meio desse treinamento, podemos aprender a nos desapegar das preocupações infundadas, superar as dificuldades e viver com mais leveza, simplicidade e clareza. Que todos possam encontrar um dia de abundância e paz. Fique com Deus!

EPISÓDIO #424 **| TAGS** #preocupação, #ansiedade, #serenidade, #pazinterior, #resiliência

DIA 221: / /

COMO PERDOAR QUEM VOCÊ AMA

> *"Toda coisa tem duas asas, sendo que por meio de uma delas se pode carregá-la, enquanto pela outra não se pode carregá-la. Se teu irmão é injusto, não tomes isso pela asa de sua ação injusta (pois essa é a asa pela qual não se pode carregar a coisa), mas, em lugar disso, pela outra, que é o teu irmão, com quem foste criado junto, e assim empregarás a asa que permite que se carregue a coisa." - Epictetus*

É interessante observar que o perdão pode ser uma tarefa árdua, mas é fundamental para liberarmos o peso emocional que carregamos. A analogia das "duas asas" é uma bela maneira de visualizar como podemos escolher entre carregar o ressentimento ou se libertar por meio do perdão.

Sêneca provavelmente ressaltaria a consagração da virtude do perdão em nossa vida. Para ele, a sabedoria consiste em compreender que guardar ressentimentos só nos mantêm atados ao passado e nos impede de viver plenamente o presente. Além disso, o estoico enfatiza a importância de cultivar relacionamentos sagrados e de exaltar o que temos de positivo em nossas conexões humanas.

No estoicismo, o conceito de desprendimento também é valorizado. Aceitar aquilo que não podemos mudar e liberar o que nos causa dor são práticas essenciais para alcançarmos a serenidade interior. A busca pelo perdão e a compreensão de nossos sentimentos de angústia fazem parte desse caminho de autodescoberta e crescimento pessoal.

Em resumo, perdoar não é apenas um ato altruísta em relação aos outros, mas um presente que damos a nós mesmos, permitindo-nos viver com mais leveza e paz interior. A jornada pode ser desafiadora, mas seus benefícios são inestimáveis para o florescer da alma. Que possamos, então, seguir o caminho da sabedoria, como propõe o estoicismo, e encontrar a verdadeira libertação por meio do perdão e do desprendimento.

EPISÓDIO #425 | **TAGS** #perdão, #reconciliação, #amorincondicional, #relacionamentossagrados

DIA 222: / /

QUANDO PEDIR A DEUS, SEJA GRATO ANTECIPADAMENTE

"A oração correta nunca é súplica, mas gratidão. Quando você agradece a Deus antecipadamente pelo que escolheu realizar em sua realidade, de fato reconhece que isso está lá, realmente."

O texto aborda a maneira correta de orar, enfatizando que a súplica não é efetiva, mas a gratidão é. Ao pedir algo em oração, muitas vezes, afirmamos uma sensação de carência, o que reforça a experiência do desejo em nossa realidade.

A verdadeira oração é baseada na gratidão, em que antecipadamente agradecemos a Deus pelo que escolhemos manifestar em nossa vida. Essa postura de gratidão reconhece que aquilo que buscamos já está presente, criando uma convicção interna de que o pedido será aceito.

É uma forma de orar de acordo com os princípios do estoicismo, em que acreditamos que já possuímos aquilo que desejamos. Ao cultivar essa energia mental e confiança, transformamos as nossas decisões e ações, alinhando-as com a manifestação daquilo que queremos. Então, confie em Deus e saiba que, independentemente da forma como se materializará, receberemos aquilo que Ele deseja que tenhamos. Cultive a resiliência, a confiança e a alegria na sua jornada de manifestação.

EPISÓDIO #426 **| TAGS** #oração, #gratidão, #superarlutas, #serenidade

DIA 223: / /

A VIDA É UMA CONSTANTE OSCILAÇÃO ENTRE A ÂNSIA DE TER E O TÉDIO DE POSSUIR

> *"A renúncia é uma parte da verdadeira vida espiritual, em que o espírito renuncia a tudo o que não é real, exceto as suas virtudes e os seus valores."*

A renúncia é uma parte da verdadeira vida espiritual? Sim! E isso acontece porque, em última análise, todos os espíritos renunciam ao que não é real, e nada na vida que você tem é real, exceto o seu relacionamento com Deus. No entanto, a renúncia, em seu sentido clássico, não é necessária. Um verdadeiro mestre não "renuncia" a algo. Simplesmente o põe de lado, como faria com qualquer objeto que não lhe fosse mais útil.

Há pessoas que dizem que você deve dominar os seus desejos. Eu digo que deve apenas mudá-los. Na primeira vez, isso parecerá ser uma disciplina rigorosa; na segunda, um exercício agradável. Há pessoas que dizem que, para conhecer Deus, você deve resistir a todas as paixões terrenas. Todavia, compreendê-las e aceitá-las é o suficiente.

Aquilo a que você resiste perdura. As coisas para as quais olha desaparecem. As pessoas que realmente tentam resistir a todas as paixões terrenas, com frequência, se esforçam tanto para atingir esse objetivo que poderia ser dito que isso se torna a sua paixão. Elas têm uma "paixão" por Deus; um desejo profundo de conhecê-lo. Mas paixão é paixão, e trocar uma por outra não a exclui.

Por isso, não julgue as situações pelas quais tem paixão. Simplesmente as observe e depois veja se são úteis para você, tendo em vista quem é e o que deseja ser.

EPISÓDIO #427 | **TAGS** #renúncia, #vidaespiritual, #virtudes, #valores

A AUTOCONFIANÇA MELHORA ATÉ O SABOR DA SUA COMIDA

"A importância da persistência e da resiliência: não é porque as coisas são difíceis que não nos atrevemos; é porque não nos atrevemos que elas são difíceis."

Autoconfiança é uma das características mais importantes para o sucesso e a realização pessoal. Se acreditamos que somos capazes de realizar algo, temos mais confiança em nossas habilidades. Você percebe isso em sua vida?

É fascinante como a autoconfiança e o foco podem afetar até mesmo a percepção do sabor da comida que comemos. Essa conexão entre mente e paladar ressalta quão poderoso é o nosso estado mental, e influencia a nossa experiência de vida.

Sêneca nos ensina a importância de controlar as nossas raízes e opiniões sobre as coisas. A autoconfiança não é uma ilusão de grandiosidade, mas sim o reconhecimento das nossas habilidades e do nosso próprio valor. Quando nos tornamos confiantes em nossas capacidades, somos mais capazes de enfrentar desafios com serenidade e coragem.

A filosofia estoica é uma bússola atemporal para enfrentar as dificuldades da vida e desenvolver a autoconfiança. Ao aprendermos a aceitar as circunstâncias externas e a focar o que está sob o nosso controle, tornamo-nos mais resilientes diante das adversidades. O estoicismo nos lembra de que a felicidade e a satisfação pessoal dependem da capacidade que temos de controlar nossas emoções e nosso comportamento.

Além disso, é fundamental reconhecer que a autoconfiança não é uma qualidade inata, mas algo que podemos cultivar com a prática e a persistência. Enfrentar os medos e os desafios nos leva ao crescimento e ao fortalecimento interior. Ao vencermos a timidez, a insegurança e a ansiedade, libertamo-nos para viver de forma autônoma e alcançar os nossos objetivos.

Portanto, convido-o a abraçar o estoicismo como um guia para o desenvolvimento da autoconfiança, da resiliência e da coragem. Desfrute das delícias da vida com plenitude, permitindo que a autoconfiança e o foco elevem a sua experiência em todas as suas dimensões. Como Sêneca afirmava: "Não é disso que o impossível é feito, é quase sempre aquilo que nunca foi tentado". Seja ousado, acredite em si mesmo e descubra o sabor único de sua jornada.

EPISÓDIO #442 | **TAGS** #autoconfiança, #foco, #resiliência

SEMANA 33

A FILOSOFIA ESTOICA E AS PRINCIPAIS RELIGIÕES

"A verdadeira filosofia é reaprender a ver o mundo."

- MARCUS AURELIUS

ESCANEIE O QR CODE

Mergulhe nas conexões entre o estoicismo e as grandes tradições espirituais.

A ARTE DE VIVER BEM: EXPLORANDO AS SEMELHANÇAS ENTRE O BUDISMO E O ESTOICISMO

"O sofrimento surge da nossa resistência à mudança e à permanência das coisas."

A mudança de tudo é chamada de impermanência no budismo, e é uma constante da vida; a cada vez que algo muda, o antigo se perde. Tanto a filosofia do estoicismo como a do budismo destacam a importância de aceitar a mudança e compreender que a natureza da vida é feita de chegadas e partidas.

Uma reflexão sobre a dor causada pelas mudanças e o sofrimento inerente à existência humana nos leva a questionar a nossa relação com o mundo externo e nossa resistência à impermanência. Ao compreendermos que o sofrimento surge da aversão ao que não queremos e da busca incessante por desejos mundanos, podemos começar a buscar uma verdadeira paz interior.

Tanto o budismo quanto o estoicismo enfatizam a importância da razão, do autocontrole e do desapego para alcançar a serenidade e a felicidade. Desenvolver disciplina pessoal e harmonia interior é fundamental para lidar com as adversidades da vida e superar as emoções negativas.

A prática dessas filosofias é o que realmente importa. Ter conhecimento é apenas o primeiro passo; aplicá-lo no dia a dia é o que traz a verdadeira transformação. Assim como os ensinamentos de Sêneca, devemos lembrar que o verdadeiro valor está na prática, na vivência das filosofias, não apenas no conhecimento teórico. Ao aplicarmos essas ideias em nossa jornada, tornamo-nos mais sábios, mais serenos e mais preparados para enfrentar as mudanças e os desafios da vida com coragem e sabedoria.

EPISÓDIO #444 **| TAGS** #dor, #sofrimento, #mudança, #impermanência, #autocontrole

DIA 226: / /

OCRISTIANISMO E A FILOSOFIA ESTOICA

"Tanto o cristianismo quanto a filosofia estoica ensinam que as escolhas morais que fazemos são importantes e têm consequências para nossa vida."

"O estoicismo busca a sabedoria e aceita a natureza como forma de alcançar a tranquilidade interior, enquanto o cristianismo se concentra na fé em Deus e na salvação por intermédio de Jesus Cristo."

Uma das lições valiosas que podemos extrair tanto do estoicismo quanto do cristianismo é aceitar a vontade divina e compreender que nem sempre podemos controlar todas as circunstâncias da vida. Essa postura de resignação e confiança em um poder superior pode nos ajudar a enfrentar os desafios com mais serenidade e resiliência.

São princípios que ressaltam a importância da ética e da moralidade, enfatizando as virtudes, a justiça e a honestidade como pilares fundamentais para uma vida plena e feliz.

Além disso, não podemos deixar de refletir sobre a prática da autonegação ou renúncia aos prazeres extremos como um meio de desenvolver a nossa força de vontade e a nossa capacidade de resistir às tentações. Essa abordagem nos convida a refletir sobre nossos desejos e a buscar uma maior harmonia interior.

Por último, vale ressaltar que ambas as filosofias valorizam o respeito universal por todas as pessoas, rejeitando preconceitos e discriminações. Essa visão igualitária nos inspira a cultivar a compaixão e a empatia em nossas relações com os outros.

Recordemos que o estoicismo e o cristianismo, cada qual com suas particularidades, podem nos oferecer preciosos ensinamentos para uma jornada mais significativa e aprendida com nossos valores mais profundos.

EPISÓDIO #445 **| TAGS** #ética, #moralidade, #cristianismo, #estoicismo, #universalismo

DIA 227: / /

SEM PROPÓSITO, NÃO HÁ GLÓRIA NEM PAZ

"Não é que tenhamos pouco tempo; é que perdemos muito. A vida é longa e generosa o suficiente para que possamos alcançar as maiores coisas, desde que usemos nosso tempo sabiamente." - Sêneca

Você sabe qual é o seu propósito? Tem certeza de qual é a sua missão? Convido você a parar por um momento e refletir sobre isso. O que é importante para você? O que aquece o seu coração? O que você faria de graça? Sem propósito em nossa vida, não temos paz nem glória. Vagamos sem rumo, sem direção.

Ter um propósito claro ajudará você a entender qual caminho está percorrendo, por quais direções deve seguir. Alguns exemplos de personalidades que tinham um propósito muito claro: Nelson Mandela, Mahatma Gandhi, Albert Einstein, Martin Luther King Jr., Madre Teresa de Calcutá, Henry Ford, Leonardo da Vinci, Michelangelo e Charles Darwin. Busque conhecimento sobre essas personalidades e tente entender como elas construíram o propósito em sua própria vida. Elas compartilhavam uma característica em comum: tinham um propósito claro que transcendia a busca por dinheiro ou fama.

EPISÓDIO #447 **| TAGS** #determinação, #altruísmo, #felicidade, #propósito

DIA 228: / /

O SOFRIMENTO É PASSAGEIRO; A RENÚNCIA É ETERNA

"A renúncia é eterna; o sofrimento é passageiro."

A autoconfiança, assim como a autoestima, é uma força interior que pode ser trabalhada, igual a um músculo que você deve estimular para que cresça e se desenvolva. A mudança é possível, mas você precisa acreditar e tomar a decisão de mudar agora. Não deixe para depois; comece a mudança hoje.

Esses aspectos não são fixos e podem ser trabalhados e fortalecidos. É fundamental acreditar na possibilidade de mudança e agir no presente, em vez de adiar para o futuro. A persistência e a resiliência são características essenciais para enfrentar os desafios da vida, ou seja, o sofrimento é uma parte transitória, enquanto a renúncia é uma escolha duradoura.

Assim como Sêneca, podemos refletir sobre a importância de cultivar a virtude da coragem para superar os nossos medos e limitações. Além disso, devemos lembrar que a mudança requer uma vontade genuína e determinação, pois somos responsáveis por nossa própria transformação. A prática da gratidão, da meditação e de exercícios físicos pode nos auxiliar nesse processo de autodesenvolvimento. Então, reconheça que a vida é repleta de desafios, mas, ao persistirmos e resistirmos, podemos encontrar o equilíbrio necessário para enfrentá-los e evoluir como seres humanos.

EPISÓDIO #448 **| TAGS** #autoconfiança, #autoestima, #coragem

DIA 229: / /

QUAL É O SENTIDO DA SUA VIDA? O QUE O MOTIVA A VIVER?

"Não há nada mais vergonhoso do que alguém que não sabe por que acorda todas as manhãs." – Marcus Aurelius

Você sabe por que acorda todos os dias? Quero reforçar hoje a ideia de que ter um propósito claro na vida é fundamental para viver com significado e realização.

Mas, afinal, o que é ter um propósito? O propósito pode ser definido como uma missão pessoal, uma causa maior que guia as escolhas e as ações de uma pessoa. Ter um propósito pode ajudar a dar sentido e direção à vida, além de promover a motivação e a perseverança diante dos desafios.

Para a nossa reflexão estoica, portanto, quero propor o exercício de encontrar o propósito na vida a partir da contemplação da morte, assunto sobre o qual já falamos anteriormente. Ao refletir sobre a finitude da vida, é possível questionar o que realmente importa e o que se deseja deixar como legado. Reflita sobre isso e procure encontrar o seu propósito.

EPISÓDIO #449 | **TAGS** #propósito, #reflexão, #serviçoaopróximo

O JUDAÍSMO E O ESTOICISMO

"Deus é amor, compaixão e caridade; fora desses pontos, não existe Deus nem nenhum dos dogmas a respeito dos quais consegui aprender um pouco, ler um pouco e que passei a respeitar."

Pensando sobre as similaridades entre o estoicismo e o judaísmo, ambas as filosofias valorizam a autodisciplina, o controle das ações mentais e a importância de agir de forma virtuosa diante das circunstâncias que não podemos controlar.

É preciso reconhecer que algumas coisas estão sob nosso controle, enquanto outras não. Assim, a citação faz uma conexão entre o estoicismo, o judaísmo e outras religiões, destacando a busca pelo bem, a prática da autodisciplina e a importância de reagir conscientemente ao que acontece em nossa vida. Essa busca pelo propósito de servir ao próximo e ajudar aqueles que precisam é considerada um ponto em comum entre as diferentes religiões.

Por isso, valorize esses ensinamentos independentemente de qual seja a crença em que você acredita. Todos temos um objetivo em comum: viver melhor e ser feliz.

EPISÓDIO #450 | **TAGS** #controle, #sabedoria, #bondade

DIA 231: / /

UMA CONVERSA DE CONFÚCIO COM OS ESTOICOS

"O sucesso depende da preparação prévia, e, sem tal preparação, o fracasso é certo." - Confúcio

"A verdadeira sabedoria está em reconhecer a própria oração." - Sócrates

Devemos buscar a sabedoria, a virtude moral e o autoaperfeiçoamento para alcançar uma vida mais plena e feliz. Isso é o que Confúcio, Sócrates e o estoicismo dizem.

A visão de que as verdades fundamentais são universais, independentemente das fronteiras culturais, mostra como as filosofias milenares têm pontos de convergência que ressoam a natureza humana.

Quero que você perceba a importância de reconhecer a própria vulnerabilidade como primeiro passo para o aprimoramento. A humildade é necessária para aprender e evoluir. A busca pela sabedoria transcende o tempo e o espaço, e, ao compreendermos esses princípios, podemos encontrar caminhos para superar a procrastinação.

EPISÓDIO #458 | **TAGS** #sabedoria, #autocontrole, #propósito

SEMANA 34

RESISTIR E PERSISTIR É O GRANDE SEGREDO DA VIDA

"A dificuldade é o que desperta o espírito e a energia do homem, enquanto a prosperidade é, muitas vezes, o prelúdio de um sono pesado."

– SÊNECA

ESCANEIE O QR CODE

Descubra o poder da persistência.

DIA 232: / /

RESILIÊNCIA E PERSISTÊNCIA: A CHAVE PARA ENFRENTAR OS DESAFIOS DA VIDA

"Não é porque as coisas são difíceis que não as usamos; é porque não as usamos que elas são difíceis." - Sêneca

"A persistência é a chave mestra da vitória." - Marcus Aurelius

Concordo plenamente com a citação de Sêneca que ressalta que o motivo de algo ser difícil não é o fato de não tentarmos, mas sim a falta de tentativa. Essa frase nos lembra que, muitas vezes, a dificuldade está em nós mesmos e em nossa resistência a agir.

Além disso, existe também a conexão entre a falta de persistência e o medo, que nos impede de avançar em nossos projetos e nos faz procrastinar.

Sêneca nos ensina que a coragem não é a ausência de medo, mas sim a capacidade de enfrentá-lo e agir apesar dele. Assim, podemos controlar nossa resiliência e nossa resistência, tratando-as como músculos que se fortalecem com o tempo e a prática.

Outra lição importante é aceitar os desafios como oportunidades para evoluir. A filosofia estoica do *amor fati* nos convida a amar tudo o que acontece em nossa vida, abraçando cada experiência como uma chance de crescimento. Essa postura nos permite enfrentar as adversidades com mais serenidade, compreendendo que elas fazem parte do curso natural da vida.

Portanto, ao praticarmos a resiliência, a persistência e o *amor fati*, estaremos mais preparados para enfrentar as dificuldades da vida, aprender com elas e crescer como indivíduos. Como ensinaram os grandes filósofos estoicos, a chave para uma vida plena e feliz está em nossas atitudes e na maneira como encaramos a vida.

EPISÓDIO #459 **| TAGS** #medo, #resiliência, *#amorfati*

DIA 233: / /

EQUILÍBRIO DA MENTE E DA VIDA: LIÇÕES DO HINDUÍSMO E DO ESTOICISMO

"Não há nada de errado em falhar; o que importa é como você se levanta depois de cair. A mente é tudo; o que você pensa, se torna."

O hinduísmo e o estoicismo são duas filosofias antigas que aprenderam ensinamentos valiosos sobre o equilíbrio da mente e da vida. É interessante observar como essas tradições ressaltam a importância da resiliência, do autocontrole e do desapego para alcançar uma vida mais plena.

A frase que fala sobre a mente ser tudo e que nos tornamos o que pensamos é uma reflexão poderosa. Afinal, nossos pensamentos moldam as nossas ações e as nossas experiências de vida. Portanto, é fundamental cultivar pensamentos positivos e construtivos para alcançar uma mentalidade mais equilibrada.

Muitas vezes, buscamos a felicidade de maneira externa, nas posses materiais ou na fama e no sucesso, quando, na verdade, ela está dentro de nós e pode ser encontrada na gratidão e na capacidade de nos contentarmos com o que temos.

Além disso, é fundamental destacar que a busca pela felicidade não é uma jornada solitária e egoísta, mas sim uma jornada à procura de virtudes e propósitos que vão além de nós mesmos. É interessante observar que tanto o hinduísmo quanto o estoicismo enfatizam a importância do desapego às preocupações com o resultado das ações e da aceitação das circunstâncias que não estão sob nosso controle.

Assim, a busca pelo equilíbrio da mente e da vida é uma jornada contínua de autoconhecimento, reflexão e aprimoramento pessoal. Ao combinar os ensinamentos do hinduísmo e do estoicismo, tenho certeza de que você encontrará uma sabedoria profunda que nos guia em direção a uma vida mais significativa e em paz com nós mesmos e com o mundo ao nosso redor.

EPISÓDIO #460 | **TAGS** #resiliência, #autocontrole, #desapego, #propósito, #iluminação

DIA 234: / /

O PENSAMENTO INFLUENCIA A MATÉRIA

"Nosso pensamento não apenas transforma a matéria, mas tem o poder de cocriar nosso futuro."

Nós somos energia em vibração e, ao controlarmos essa energia e os nossos pensamentos, influenciamos os acontecimentos ao nosso redor. Mas, principalmente, a nossa satisfação, a nossa felicidade interna.

Além disso, é fato que os nossos pensamentos influenciam a maneira como vivemos, o que temos e como a vida nos recebe. Então, vigiar os nossos pensamentos está relacionado ao exercício de encontrarmos felicidade e vida plena.

Assim, encontrar equilíbrio e paz interior fica mais fácil por meio de práticas como a meditação e a atenção plena, mas é importante evitar generalizações excessivas ou praticar ações precipitadas sobre o poder dos pensamentos sobre a matéria.

EPISÓDIO #461 **| TAGS** #amor, #negatividade, #felicidade

A RESSURREIÇÃO DE CRISTO E OS SIGNIFICADOS INCRÍVEIS MAIS DE 2 MIL ANOS DEPOIS

"Ame o seu próximo como a si mesmo." - Jesus (Mateus 22:39)

Utilizando as palavras de Cristo para ressaltar a importância do amor ao próximo e da busca por uma vida virtuosa, quero provocar hoje a reflexão sobre a impermanência da riqueza material e a necessidade de cultivar uma postura mais desapegada.

As mensagens de amor e compaixão são fundamentais para uma sociedade mais humana e solidária. A capacidade de amar e de se preocupar com o bem-estar dos outros é uma das características mais nobres do ser humano, que deveria ser exercida em todos os momentos da vida.

Por outro lado, tudo isso nos lembra de que o verdadeiro valor de uma pessoa está em suas virtudes e em seu caráter, e não em suas posses materiais. Assim, é preciso buscar uma vida mais simples, na qual o foco esteja nas relações e no crescimento pessoal. Ter tal foco e procurá-lo trará maiores realizações e contentamento. Desse modo, precisamos refletir sobre as nossas atitudes e os nossos valores para que possamos ser melhores e contribuir para um mundo mais harmonioso e compassivo. A busca por uma vida virtuosa é uma jornada constante, que nos desafia a superar as nossas fraquezas e a desenvolver o nosso potencial para o bem.

Sêneca defende a importância da sabedoria e da autossuficiência para alcançar a tranquilidade interior, enquanto Jesus Cristo nos convida a buscar a paz interior por meio do amor ao próximo e da prática das virtudes. A busca por uma vida com significado e propósito é uma das grandes jornadas humanas.

Por fim, mesmo tantos anos depois, o estoicismo e o cristianismo nos ensinam muito! Então, desejo que possamos viver sempre em aprimoramento pessoal segundo esses ensinamentos.

EPISÓDIO #463 | **TAGS** #amor, #virtude, #reflexão

DIA 236: / /

A FELICIDADE NÃO É TER O QUE SE QUER, MAS QUERER O QUE SE TEM

"Preferir a derrota à dúvida da vitória é desperdiçar a oportunidade de merecê-la." - Luis Fernando Verissimo

"Não deixe que sua mente vague sem rumo. É preciso ter um objetivo, saber o que se quer, buscar seu propósito."

Precisamos prezar pelas nossas escolhas e pela busca do nosso propósito. Entretanto, é comum deixarmos de tomar atitudes e desperdiçarmos oportunidades por medo ou por falta de coragem.

Luis Fernando Verissimo fala sobre a importância de elevar o presente e não se deixar aprisionar pelas pegadas do passado ou do futuro. São palavras sobre a busca do propósito e da valorização da vida que refletem a filosofia estoica e enfatizam o viver plenamente o momento presente.

Quero, então, destacar a importância de sermos agentes ativos de nossa vida e de buscarmos a sabedoria para viver plenamente. Como diria Sêneca, a vida é breve, e é nosso dever aproveitá-la da melhor forma possível, buscando sempre a excelência e a virtude.

EPISÓDIO #464 **| TAGS** #aceitação, #virtudes, #coragem

DIA 237: / /

ENFRENTANDO A DEMISSÃO COM SERENIDADE E PROPÓSITO

"Todas as coisas que acontecem na sua vida são para o seu próprio bem, para melhorar a sua evolução e ajudar você a dar um próximo passo."

"Quando você consegue alinhar o seu propósito de vida, ganhar dinheiro passa a ser uma consequência."

Concordo plenamente com o fato de que a vida é mais do que apenas trabalhar para pagar contas. Ela se torna significativa quando estamos alinhados com o nosso propósito e buscamos viver cada momento de forma plena. Ao abraçar o estoicismo, então, quero ressaltar a importância de aceitar as circunstâncias da vida e enxergá-las como oportunidades de crescimento.

Talvez você não entenda no momento, mas a vida pode enviar alguns sinais que funcionarão como empurrões para que você busque o seu verdadeiro propósito e se reposicione no mundo, vivendo uma vida mais espontânea com as suas aspirações. Então, tenha fé e acredite que tudo existe por um propósito, e esse é um ensinamento poderoso para a vida.

A mudança pode ser assustadora, mas é nela que reside o verdadeiro potencial de crescimento. A busca pela missão e pela aceitação das situações nos ajuda a enfrentar o medo e a respirar com mais serenidade. Assim, quero encorajar você a se abrir para o aprendizado e superar os desafios da vida com coragem e determinação.

Desejo-lhe sucesso em sua jornada e que possamos todos viver uma vida com propósito e significado. Viva com abundância, paz e serenidade. Está tudo na sua mente e você escolhe como dá significado a cada situação que aparece.

EPISÓDIO #465 **| TAGS** #medo, #propósito, #resiliência

DIA 238: / /

O DEUS DE ESPINOSA: ENCONTRANDO A DIVINDADE NA NATUREZA E EM SI MESMO

> *"Deus não é um ser separado da natureza, mas sim a própria natureza; Deus está em tudo, Deus é tudo."*

> *"Viva como se não existisse nada depois desta vida, aproveite, ame, exista, pois esta é a sua única oportunidade."*

O pensamento de Baruch Espinosa sobre Deus é profundamente inspirador, pois nos convida a ver o planejado não como algo separado e distante, mas como uma força presente em tudo ao nosso redor, incluindo a natureza e nós mesmos. Essa visão coloca a responsabilidade em nossas mãos para encontrarmos o significado da vida e a conexão com o divino por meio de nossas próprias experiências.

A ideia de viver como se esta fosse a única oportunidade que temos é um chamado para aproveitarmos cada momento, amarmos intensamente, aprendermos com as experiências e descobrirmos a beleza e as maravilhas que existem no mundo à nossa volta. Não devemos nos prender a dogmas ou crenças limitantes, mas sim viver com alegria e gratidão por tudo o que a vida nos oferece.

Espinosa nos convida a buscar Deus não apenas em rituais ou doutrinas, mas sim dentro de nós mesmos. Ao olharmos para dentro, podemos encontrar uma centelha divina que nos conecta ao todo. O autoconhecimento é uma jornada de descobertas que nos permite sentir a presença do divino em cada aspecto de nossa vida.

Assim como Espinosa, é importante questionarmos as concepções que temos sobre Deus e refletirmos a respeito delas, buscando uma compreensão mais profunda e autônoma. Que possamos viver com serenidade, abraçando a simplicidade da existência e encontrando a espiritualidade na conexão com a natureza e em nosso próprio ser.

EPISÓDIO #466 | **TAGS** #espiritualidade, #reflexão, #autoconhecimento

SEMANA 35

VOCÊ É A SOMA DAS PESSOAS COM QUEM CONVIVE

"Diga-me com quem andas que te direi quem és."

- EPICTETUS

ESCANEIE O QR CODE

Entenda como as companhias influenciam a sua jornada.

A MORTE NO ESTOICISMO – UMA REFLEXÃO SOBRE A VIDA E A ETERNIDADE

"Na hora da morte, o que importa são nossos valores e nossas virtudes – o rastro de bondade que deixamos atrás de nós."

"A morte é uma identificação da nossa consciência com um estágio passageiro, não definitivo."

Refletir sobre a morte é uma prática importante para compreender o valor da vida. Na hora da morte, percebemos que o que realmente importa são os nossos princípios, os nossos valores e as nossas ações benevolentes, em vez de bens materiais ou conquistas mundanas.

A morte é vista como uma desidentificação da consciência com o estágio passageiro da matéria, levando-nos a desejar vencer a inconsciência e retornar ao mundo das ideias. Essa perspectiva estoica nos convida a refletir sobre a mortalidade e a buscar uma vida consciente e virtuosa, priorizando o que realmente importa. Leve isso com você!

EPISÓDIO #467 | **TAGS** #mortalidade, #momentopresente, #serenidade

DIA 240: / /

VOCÊ É A SOMA DAS PESSOAS COM QUEM CONVIVE

"Nada nos alegra tanto como os exemplos de virtude manifestados nos trajes dos conviventes. Unidos em um número tão grande quanto é possível, eles devem estar satisfeitos por se manterem sempre próximos a nós."

"Habitue-se a dar plena atenção ao que o outro diz e, tanto quanto for possível, a penetrar na alma de quem fala. O que não convém à colmeia tampouco convém à abelha."

"Busque no outro o positivo que possa inspirar você a crescer, descartando aquilo que não agrega sem ter raiva. Preste mais atenção ao que as pessoas dizem, pois elas têm algo a dizer."

Precisamos valorizar o outro em nossa vida, buscando nele exemplos de virtude e valores que possam contribuir para o nosso crescimento pessoal. Devemos apreciar as qualidades das pessoas com as quais convivemos, encontrando nelas inspiração para aprimorar nossos próprios valores.

Além disso, existe a necessidade de dar atenção plena ao que o outro diz, evitando distrações e buscando compreender verdadeiramente suas palavras. Essa prática de escuta ativa nos permite penetrar na alma de quem fala, criando conexões mais profundas e significativas.

É importante também ressaltar a ideia de selecionar o que nos agrega e descartar o que não faz sentido ou não contribui para o nosso desenvolvimento. Essa seleção não deve ser feita com raiva ou rejeição, mas sim de maneira consciente, absorvendo o que faz sentido e é importante para nós.

EPISÓDIO #468 | **TAGS** #evolução, #empatia, #sabedoria

DIA 241: / /

A EVOLUÇÃO SÓ VEM COM O ESFORÇO E COM A DIFICULDADE

"O que me não me mata me fortalece." - Friedrich Nietzsche

"O obstáculo é o caminho; o que está em nosso caminho se torna parte do nosso caminho." - Marcus Aurelius

Acredito que a resiliência e a capacidade de superação sejam fundamentais para enfrentarmos os desafios da vida. Muitas vezes, é a partir das dificuldades que acompanhamos e crescemos como seres humanos.

Essas citações me fizeram refletir sobre a importância de perseverar diante das adversidades e buscar o autoconhecimento para lidar com os obstáculos que surgem em nosso caminho.

Assim quero também que você faça hoje. Desenvolva resiliência mental e enfrente os desafios com mais coragem e experiência. Que seja um dia repleto de aprendizado e paz interior.

EPISÓDIO #470 **| TAGS** #resiliência, #superação, #autoconhecimento

DIA 242: / /

A FORÇA DO ESTOICISMO RESIDE NA SIMPLICIDADE

"Sofremos mais na imaginação do que na realidade."

"Não são as coisas que incomodam; é o nosso julgamento sobre elas."

Sêneca afirmaria que a força do estoicismo reside na sua simplicidade, como uma filosofia que se concentra no que podemos controlar: as nossas ações e as nossas atitudes. O ensinamento de que "não são as coisas que incomodam; é o nosso julgamento sobre elas" é um motivador poderoso para não nos deixar abalar pelas circunstâncias externas. Ou seja, isso nos leva a refletir sobre o valor da clareza, da comunicação direta e da simplicidade.

A simplicidade não é uma fraqueza, mas sim uma demonstração de confiança em nossas ideias e em nosso conhecimento. Seguindo essa premissa, a vida se torna mais bela e perfeita, como enfatizado pela frase de Steve Jobs: "Quanto mais simples, mais belo e mais perfeito".

Assim, quero que você abrace a filosofia estoica e cultive a sabedoria para lidar com as adversidades de maneira serena e confiante. Fique com Deus, e que a paz prevaleça em nossa jornada.

EPISÓDIO #471 | **TAGS** #sabedoria, #confiança, #aceitação

DIA 243: / /

LIDANDO COM IDIOTAS: UMA LIÇÃO ESTOICA

"Ninguém pode afetar você, a menos que permita. E, caso permita, a culpada não é a pessoa; é você."

Não podemos evitar o encontro com pessoas que consideramos idiotas. Como bem disse o imperador romano Marcus Aurelius, seria insanidade esperar por um dia livre desses encontros, pois tais indivíduos estão em diferentes graus de evolução. Devemos compreender que a diversidade de personalidades é parte intrínseca da vida humana, e não devemos lutar contra isso.

Quando nos deparamos com essas situações, é essencial lembrar que o incômodo não provém da própria pessoa, mas sim de nosso julgamento sobre ela. A sabedoria estoica nos ensina a cultivar a paciência, a resiliência mental e a tranquilidade diante de tais desafios. Aprendemos que, se não permitirmos que essas pessoas nos afetem, a nossa paz interior permanecerá inabalável.

É verdade que podemos nos esforçar para mudar nossa perspectiva, porém, por vezes, mesmo diante dos nossos melhores esforços, algumas pessoas continuarão agindo de maneira que nos desagrade. Então, devemos aceitar que não podemos controlar o comportamento alheio, mas podemos dominar as nossas próprias reações.

Portanto, prezado amigo, em vez de nos irritarmos ou de lutarmos contra o mundo e suas complexidades, enxerguemos esses momentos como oportunidades de crescimento pessoal. Ao controlar a calma, a paciência e a resiliência mental, fortalecemos o nosso espírito e alcançamos um estado de serenidade inabalável. Assim, busquemos cultivar a paz interior e a força para lidar com os desafios cotidianos.

EPISÓDIO #472 | **TAGS** #paciência, #resiliênciamental, #tranquilidade

DIA 244: / /

IGNORE O QUE OS OUTROS ESTÃO FAZENDO E FOQUE EMVOCÊ

"Não desperdice o que resta da sua vida especulando sobre seus vizinhos."

"A sabedoria não está apenas nos grandes acontecimentos, mas também nas pequenas experiências do dia a dia."

"Cada momento é uma oportunidade para aprender algo novo e crescer como ser humano. O segredo está em encontrar significado e propósito mesmo nas situações mais simples e corriqueiras."

A vida nos reserva infinitas oportunidades de crescimento e descobertas. A sabedoria não está reservada somente aos grandes acontecimentos, mas está intrínseca nas pequenas experiências do cotidiano. Cada momento é uma oportunidade para aprender algo novo e enriquecer a nossa compreensão do mundo e de nós mesmos.

É fundamental encontrarmos significado e propósito mesmo nas situações mais simples e corriqueiras. Enxergar o valor em cada momento nos ajuda a viver de maneira mais plena e consciente, além de nos aproximar da sabedoria que tanto buscamos.

Assim, convido-o a embarcar nesta jornada em que, a cada dia, você precisará focar sua trajetória e buscar a sabedoria interior. Lembre-se: a sabedoria é um tesouro inestimável que pode ser cultivado por meio da observação atenta do mundo à nossa volta e da busca constante pelo conhecimento interior. Sigamos juntos nesta jornada rumo à autodescoberta e ao crescimento, encontrando a sabedoria em cada amanhecer.

EPISÓDIO #474 | **TAGS** #sabedoria, #aprendizado, #propósito

DIA 245: / /

A REALIDADE É MOLDADA POR SUA OPINIÃO

"A sua realidade é moldada pelos seus pensamentos, não pela realidade externa."

"Não existe uma realidade objetiva; apenas a realidade que acontece dentro da nossa mente."

"Você tem o poder de moldar sua percepção da realidade e escolher como reagir diante das situações."

Perceba a importância da percepção subjetiva na forma como vivemos e experimentamos a vida. Nossos julgamentos e nossas interpretações moldam a realidade em que vivemos, e temos o poder de alterar essa percepção.

Ao nos compararmos com os outros, é essencial lembrar que cada pessoa tem sua própria jornada e que a felicidade não está necessariamente ligada a ter mais do que os outros. Devemos cultivar gratidão e uma visão positiva das coisas simples da vida.

Por isso, é fundamental lembrar que insultos e palavras negativas só têm poder sobre nós se permitirmos, e podemos escolher não deixar que nos afetem. Em última análise, cabe a cada um de nós moldar a nossa própria percepção da realidade e encontrar alegria e paz interior.

EPISÓDIO #475 **| TAGS** #percepção, #poderdeescolha, #autodomínio

SEMANA 36

SUA FORÇA INTERIOR

"Você tem poder sobre a sua mente, não sobre os eventos externos. Perceba isso e você encontrará força."

- MARCUS AURELIUS

ESCANEIE O QR CODE

Fortaleça seu intimo para explorar sua força interior.

DIA 246: ___ / ___ / ___

ENCONTRE A SUA FORÇA INTERIOR PARA SUPERAR OS DESAFIOS DA VIDA

"Você tem, dentro de si, a mesma força que Marcus Aurelius tinha; a mesma força que qualquer outra pessoa que já existiu tinha."

"A arte de viver se assemelha mais com a luta do que com a dança, porque a vida exige que desviemos dos golpes, e você tem força para fazer tudo isso."

"Encare os desafios como aprendizados e enfrente-os. De uma forma ou outra, tudo dará certo."

Em cada um de nós existe uma força interior poderosa que pode ser inabalável diante das circunstâncias presentes e futuras. Todos somos feitos da mesma centelha divina de luz e energia, porém, muitas vezes, escolhemos nos acovardar e acreditar que o mundo está contra nós. Assim, não deixe que as crenças limitantes sejam obstáculos que você impõe a si mesmo. Remova-as e mude a sua mentalidade.

A vida é reconhecida como desafiadora, e a coragem é apontada como a chave para enfrentar esses desafios. Muitos dizem que viver é um ato de coragem, e eu não poderia concordar mais. Precisamos encarar a vida como uma luta que exige que desviemos dos golpes, mas também como uma dança em que aprendemos a lidar com as adversidades.

Compreenda que a vida pode ser difícil, mas podemos fortalecer a nossa resiliência e superar as limitações impostas por nós mesmos. Reveja a maneira como enfrenta os desafios e busque uma mentalidade mais positiva e resiliente.

EPISÓDIO #476 **| TAGS** #forçainterior, #resiliência, #coragem, #determinação

DIA 247: / /

FELICIDADE É UMA ESCOLHA

"Sua felicidade não está em algum lugar e está em todos os lugares. Ela está dentro de você." - Marcus Aurelius

"O que traz muita tristeza para as pessoas é viver em um lugar e desejar estar em outro lugar."

"Lar é onde encontramos paz. Só encontramos paz dentro de nós."

Precisamos com urgência aprender a buscar a felicidade dentro de nós mesmos e a não depender das circunstâncias externas.

A frase de Marcus Aurelius ressalta que a felicidade não está limitada a um lugar específico, mas é algo que podemos encontrar em todos os lugares, desde que estejamos dispostos a enxergá-la dentro de nós. A reflexão sobre a tristeza causada pelo desejo de estar em outro lugar é um motivador para que aprendamos a amar onde estamos e encontrar paz interior independentemente da localização física.

O que é lar para você? Esse conceito pode ser visto como um lugar interno em que encontramos paz. Isso é poderoso e nos convida a cultivar a nossa própria harmonia emocional em vez de procurá-la fora de nós – assim como Sêneca defende a busca pela serenidade interna.

EPISÓDIO #478 | **TAGS** #felicidade, #tristeza, #paz

DIA 248: / /

QUE EM TODA AÇÃO VOCÊ VISE UNICAMENTE AO BEM COMUM

> *"Toda ação visa exclusivamente ao bem comum. Ser um ser humano honrado e decidido é ajudar aos outros, mesmo que eles nos odeiem."*
> *– Marcus Aurelius*

O texto nos lembra da importância de buscar o bem comum em todas as nossas ações. Marcus Aurelius ressalta que devemos evitar ações casuais ou sem propósito. Em vez disso, devemos viver com o objetivo de ajudar aos outros. Ser um ser humano honrado e decidido significa oferecer ajuda aos menos afortunados, mesmo que sejamos odiados por eles. Percebe como isso é poderoso?

A ideia de acumular boas ações até que não haja divisão entre elas reflete a busca pela virtude e pelo bem comum. A vida não se resume apenas a nós mesmos, mas também às pessoas que impactamos ao longo do caminho. Devemos considerar como podemos ajudar e contribuir para o bem-estar dos outros. Isso é ter calma da mente!

Ela é enfatizada como uma qualidade importante, trazendo abundância, poder e disciplina. Em suma, é essencial encontrar um propósito que esteja alinhado com o bem comum e ajudar aos outros em nossas ações. Devemos lembrar que a nossa vida vai além de nós mesmos, e a calma da mente é uma qualidade valiosa para alcançarmos o sucesso e a harmonia em todas as áreas da vida.

Se você busca aprimorar as suas habilidades, desenvolver a sua equipe e cultivar uma mente tranquila, o chamado estoico pode ser uma fonte de aprendizado valiosa. Leve esses ensinamentos para a sua vida pessoal e para o seu negócio. Tudo mudará!

EPISÓDIO #479 | **TAGS** #altruísmo, #resiliência, #propósito

DIA 249: / /

CONTROLE A RAIVA E CONQUISTE A PAZ

> *"A calma da mente é poder, a calma da mente é força, a calma da mente é abundância, a calma da mente é transformação."*

Reclamar e se preocupar com os pequenos detalhes geralmente é uma atitude que traz mais prejuízos do que benefícios, traz mais dor e insatisfação do que prazer. Por isso é tão importante desenvolvermos a calma da mente, deixando de nos importar tanto com as situações e os eventos que não estão sob nosso controle.

A calma da mente é uma fonte de poder, força, abundância e transformação, e convido você a buscar essa serenidade interior. Seguindo os princípios estoicos de Sêneca, podemos encontrar maior paz e equilíbrio ao aceitarmos o que não podemos mudar e focarmos o que está ao nosso alcance.

EPISÓDIO #481 | **TAGS** #prejuízo, #dor, #insatisfação

DIA 250: / /

A BUSCA PELA SABEDORIA ATRAI CRÍTICAS

"Aqueles que buscam uma vida de sabedoria mais elevada e vivem de acordo com os princípios espirituais devem estar preparados para ser ridicularizados e condenados."

"Não deixe que essas pequenas almas sejam uma referência em sua vida; tenha compaixão delas e se mantenha firme no que você sabe ser o seu bem."

"Mantenha-se fiel aos seus ideais morais, pois isso é poder."

Essas frases destacam a importância de não se deixar abalar pelas críticas e pelos julgamentos daqueles que não compreendem os ideais espirituais e a busca por sabedoria ou não compartilham deles.

Aqueles que buscam um caminho de crescimento espiritual, muitas vezes, enfrentam oposição e incompreensão, especialmente daqueles que se conformaram com padrões mais baixos. Isso acontece em sua vida hoje? Caso não, esteja preparado para essa possibilidade.

A mensagem que quero deixar aqui é encorajar você a não se deixar influenciar por essas "pequenas almas" e a se manter firme nos princípios e ideais que guiam a busca pela sabedoria. A prática de exercitar e treinar a mente é vista como um meio de alcançar a calma, a força e a resiliência necessárias nesse percurso. Seguindo os ensinamentos do chamado estoico, podemos encontrar abundância e paz no nosso caminho espiritual.

EPISÓDIO #482 | **TAGS** #sabedoriaespiritual, #resiliência, #condenação

DIA 251: / /

NUNCA NEGOCIE OS SEUS VALORES

"Ao tentar agradar às outras pessoas, corremos o risco de nos desviar do que é essencial e valioso para nós."

É fundamental priorizar os nossos valores e os nossos princípios, mesmo diante de pressões e expectativas externas. Agradar às outras pessoas pode nos desviar do que realmente importa para nós, fazendo-nos perder o domínio sobre o propósito de nossa vida.

Os nossos valores são o que nos define, sendo mais significativos do que as questões materiais ou os títulos. Então, minha mensagem é para encorajar você a não negociar ou comprometer os seus valores.

A prática da calma da mente é uma forma de obter poder, e convido você a estar sempre comigo no chamado estoico para aprender mais sobre essa filosofia e sobre como ela pode transformar a vida e as empresas. Abundância e paz fazem parte da sua jornada.

EPISÓDIO #483 | **TAGS** #autoconhecimento, #confiança, #verdade, #identidade, #caráter

DIA 252: / /

ENTRE O CARÁTER E A REPUTAÇÃO, ESCOLHA O CARÁTER

"Deixe de se incomodar com ideias como 'as pessoas pensam mal de mim, não sou ninguém'."

"Nunca negocie, nunca abra mão de nenhum valor da sua vida."

É importante focar o desenvolvimento do caráter e viver de acordo com os próprios valores, independentemente das opiniões dos outros. Preocupações e medos são considerados uma perda de tempo e não devem ser exemplos positivos para os outros. Deixe-os de lado!

Além disso, ao pensarmos sobre a relevância de buscar reconhecimento público ou fama, devemos ficar sempre com os nossos valores. Ser autêntico e viver de acordo com as virtudes internas é o que traz felicidade e plenitude. Então, construa o seu caráter, propague os seus valores e cuide de todas as áreas da vida nas quais se tem controle real. Promova mudança interna e encontre a paz. Fique bem!

EPISÓDIO #484 **| TAGS** #preocupação, #medo, #autoaceitação, #integridade

SEMANA 37

ESTEJA DISPOSTO A PAGAR O PREÇO

"Se você deseja algo bom, pergunte a si mesmo se está disposto a pagar o preço por isso."

- EPICTETUS

ESCANEIE O QR CODE

Tudo tem seu preço. Descubra o que é necessário para alcançar a paz interior.

DIA 253: / /

ESTEJA DISPOSTO A PAGAR O PREÇO

"Não se perturbe por não ter recebido os mesmos benefícios que os outros. Você nunca receberá as mesmas recompensas, se não estiver disposto a pagar o verdadeiro preço por elas."

Todo benefício tem seu preço e nem sempre estamos dispostos a pagar por ele. Então não devemos nos perturbar ou invejar os benefícios que outras pessoas conquistaram, pois eles geralmente exigem um investimento significativo de tempo, esforço e sacrifício.

Você está disposto a pagar determinados preços? Essa é a questão que precisa fazer a si mesmo. Está disposto a fazer o mesmo investimento para alcançar esses benefícios desejados? Fama, sucesso empresarial e riqueza material são alguns dos exemplos que podemos imaginar; entretanto, o ponto principal é que cada um desses caminhos envolve custos e desafios específicos.

Assim, antes de aspirar a esses benefícios, considere se está realmente disposto a pagar o preço necessário.

EPISÓDIO #485 **| TAGS** #desejo, #sacrifício, #realismo

DIA 254: / /

NÃO RESISTA À VONTADE DA NATUREZA (DEUS)

"A calma da mente é o bem mais precioso que você pode ter, permitindo-lhe ser uma pessoa mais tranquila e admirada e ter relacionamentos melhores."

Hoje quero destacar a importância de aprender com a natureza e aceitar os acontecimentos da vida, inclusive os mais difíceis, como a morte e a doença. Quero ressaltar que tudo isso é natural e faz parte do ciclo da vida, e tentar ir contra essa vontade da natureza é como tentar parar as ondas do oceano.

Por isso, ter calma da mente é como ter um tesouro valioso que nos permite sermos pessoas mais tranquilas e seguras de nós mesmas. A tranquilidade é essencial para empreendedores, executivos e investidores, pois ajuda a lidar com dificuldades, desafios e armadilhas. Assim, o estoicismo é como um mapa para encontrar essa calma interior.

Espero que seja um dia de mudança em sua vida e desejo que você fique com Deus. Gratidão!

EPISÓDIO #486 | **TAGS** #tranquilidade, #serenidade, #aceitação, #poder

DIA 255: / /

O MAL É APENAS A AUSÊNCIA DO BEM

"O mal não é um elemento natural no mundo; ele é um subproduto da negligência, da preguiça e da distração. Surge quando perdemos de vista nossa verdadeira meta na vida." - Epictetus

A busca pelo alto domínio e pela calma da mente é uma jornada fundamental para alcançar a verdadeira meta de vida. Epictetus destaca que o mal não é um elemento natural no mundo, mas sim um resultado da negligência, da preguiça e da distração, quando nos afastamos de nossa verdadeira meta. Por isso, o progresso espiritual é muito importante, pois, quando nos empenhamos em nosso aprimoramento pessoal, afastamos o mal e conquistamos a felicidade.

No contexto das sete lentes estoicas sobre as quais falo em meus materiais, a coragem e o autocontrole se destacam como fundamentais. A coragem é a capacidade de enfrentar desafios e tomar decisões, mesmo sentindo medo. São os segundos de coragem que podem mudar o curso de nossa vida. Já o autocontrole nos permite dominar a nossa mente, uma ferramenta poderosa e barulhenta, para alcançar a calma interior.

Assim, a calma da mente é o poder que nos traz tranquilidade em todas as esferas de nossa vida. A meditação e o relaxamento são meios para alcançar esse controle interno e encontrar a pérola preciosa que é a calma da mente. Busque, então, o autodomínio e o progresso espiritual como uma meta fundamental em sua vida. Lembre-se de que o mal não é inerente à natureza humana e encontre paz e felicidade.

EPISÓDIO #487 | **TAGS** #resiliência, #tranquilidade, #coragem, #autodomínio

DIA 256: / /

PREZE A SUA MENTE, CUIDE BEM DA SUA RAZÃO, AFERRE-SE AO SEU PROPÓSITO

"Nunca renuncie à integridade da sua mente."

"Pense sempre duas vezes antes de abrir mão da integridade da sua mente para alguém que talvez, mais tarde, venha a ofendê-lo, deixando-o confuso e perturbado."

Quero que hoje você preserve a integridade da sua mente, não permitindo que influências negativas a afetem. Faça escolhas conscientes, evite desperdiçar tempo com informações e situações que não agregam valor à sua vida. Esse é o propósito de ter calma em nossa mente. Esse é um poderoso recurso para alcançar uma vida mais serena e satisfatória. Ou seja, quero despertar a sua consciência e relembrar que nós temos o poder de moldar a nossa realidade por meio das escolhas que fazemos.

Escolha cuidar da sua mente e da sua razão, assim você caminhará em direção ao seu verdadeiro propósito.

EPISÓDIO #488 **| TAGS** #autocontrole, #consciência, #paz

DIA 257: / /

A SABEDORIA INTEGRAL DO ESTOICISMO

"Olhe para a sabedoria como um todo, estude-a como um todo."

Essa frase traz uma reflexão sobre a futilidade de apenas memorizar máximas e nos convida a mergulhar na busca pela sabedoria de modo mais profundo. Assim como Sêneca defende, é fundamental estudar a sabedoria como um todo, compreendendo o seu contexto e a sua aplicação na vida cotidiana. A busca incessante por detalhes pode nos afastar do objetivo principal, que é encontrar a felicidade e a paz interior. Portanto, devemos buscar a compreensão além das frases prontas e das superficialidades, empenhando-nos em descobrir a verdade que transcende as aparências.

Assim como Sêneca, devemos lembrar que a verdade é uma só, independentemente da maneira como é expressa em diferentes tradições e filosofias. É importante transcender as diferenças superficiais e encontrar as verdades universais que permeiam todas as abordagens. Nesse sentido, o conhecimento estoico pode ser uma ferramenta valiosa para compreender o acúmulo de sabedoria ao longo do tempo.

Convido você, portanto, a mergulhar na busca pelo conhecimento, mas não se limite a decorar máximas isoladas. Estude-as em seu contexto, reflita sobre o seu significado e crie as suas próprias máximas com base nesse conhecimento. Busque a verdade além das aparências e siga em direção à felicidade e à paz interior. Que seu caminho seja iluminado pela sabedoria e pelo entendimento profundo.

EPISÓDIO #489 | **TAGS** #buscapelasabedoria, #liberdadeindividual, #pazinterior

DIA 258: / /

DIÁLOGO ENTRE A FILOSOFIA ESTOICA E O ISLAMISMO: BUSCANDO SIGNIFICADO E PROPÓSITO NA VIDA

"A beleza e a verdade estão presentes em todos os lugares, e devemos utilizá-las de maneira correta."

"O homem que passa a vida inteira em qualquer ocupação em uma busca presa a detalhes morre tendo negligenciado o principal objetivo da vida, que é encontrar a felicidade, a paz, a calma da mente."

Nesses textos, é abordada a importância de buscar conhecimento em diversas fontes, incluindo diferentes religiões e dogmas. Destaca-se a importância da busca pelo belo em todas essas tradições e a ressonância pessoal como critério para escolher o que mais faz sentido. Além disso, também são exploradas as semelhanças entre o islamismo e o estoicismo, mencionando a submissão à vontade divina e a valorização da justiça em ambas as tradições.

A reflexão sobre liberdade e livre-arbítrio também é fundamental, destacando a submissão a Deus no islamismo como caminho para a verdadeira liberdade, enquanto o estoicismo valoriza o autocontrole e a liberdade interior. Além disso, é ressaltado que ambas as tradições oferecem abordagens que podem ajudar para que significado e propósito sejam encontrados em tempos difíceis.

Assim, quero que você pense sobre como todos estão conectados por um único Deus. Somos um só e buscamos os mesmos propósitos, então deseje a mudança e busque a paz. Valorize essas sabedorias milenares e encontrará a beleza da vida.

EPISÓDIO #490 **| TAGS** #sabedoria, #aceitação, #autocontrole

DIA 259: / /

SUPER-HERÓIS INSPIRADOS POR PRINCÍPIOS ESTOICOS

"Se você quer encontrar o super-herói dentro de você, saiba que o que todos os heróis apresentam em comum é a calma da mente."

Batman, Capitão América, Mulher-Maravilha e Homem de Ferro são ótimos exemplos de super-heróis da cultura pop que são inspirados em princípios e conceitos estoicos. E o que todos eles têm em comum? A calma da mente. Esse é um traço que pode ser visto em todos os heróis, incorporando valores como a coragem, a resiliência e a justiça.

Quero que você faça uma análise em sua vida e busque também encontrar o seu herói interior. Esse é um processo que requer calma e sabedoria. Assim é a filosofia estoica: uma fonte de inspiração valiosa para lidar com desafios e adversidades do cotidiano. Encontre a sua força interior e desperte o herói que existe em você a partir da calma da mente.

EPISÓDIO #492 **| TAGS** #calma, #coragem, #resiliência

SEMANA 38

TENHA GRANDES MENTORES

"Quando se busca um bom professor,
na verdade, busca-se um modo de vida."

– MARCUS AURELIUS

ESCANEIE O QR CODE

Mentores transformam vidas.

DIA 260: ___ / ___ / ___

PENSE GRANDE AO ESCOLHER OS SEUS MENTORES

"Estime um homem de grande caráter e se mantenha sempre diante de seus olhos, vivendo como se ele estivesse observando você e organizando todas as ações como se elas estivessem sendo vistas."

"A alma deve ter alguém que possa vigiá-la, alguém cuja autoridade possa tornar ainda mais sagrado o seu santuário interior."

"Feliz é o homem que pode tornar os outros melhores, não apenas quando ele está em sua companhia, mas mesmo quando estão em seus pensamentos."

É notável como a filosofia estoica ressalta a harmonia de escolher mentores de caráter sólido, exemplos que podemos seguir. Inspirar-se em figuras históricas e aprender com os seus ensinamentos também é uma maneira poderosa de se desenvolver. E acredito que essa abordagem possa ser aplicada não apenas para a orientação individual, mas também para inspirar e guiar a sociedade como um todo.

Ao buscarmos mentores virtuosos e sabedoria antiga, podemos nos tornar seres humanos melhores e contribuir para um mundo mais harmonioso e consciente. Portanto, devemos pensar grande ao selecionar os nossos mentores, buscando alcançar um crescimento significativo e transformador em nossa vida.

EPISÓDIO #497 | **TAGS** #inspiração, #mentor, #respeito, #desenvolvimento, #aperfeiçoamento

DIA 261: / /

A CORRENTE DO BEM: NÃO TENHA VERGONHA DE PEDIR AJUDA!

"Somos parte do corpo formado pelos seres racionais, assim como os pés fazem parte do seu corpo, as mãos também. Se machucados, se você perder qualquer um deles, todos farão falta, porque todos fazem parte do mesmo corpo."

Quero sugerir que façamos uma corrente do bem. Como? A partir da união de nossas forças para que possamos fazer o bem não importa a quem. Caso queira saber mais sobre a corrente do bem, convido você a ouvir o *podcast* e a fazer parte da nossa comunidade estoica. Tenho certeza de que os ensinamentos farão diferença em sua vida.

Estimular uma corrente do bem é algo poderoso, então quero enfatizar a importância de pedir ajuda quando necessário e de colaborar para ajudar os outros. Esse conceito ressalta a ideia de que, ao compartilharmos recursos e conhecimentos, podemos causar um impacto positivo na vida daqueles que mais precisam. É uma chamada à ação para cultivar os sentimentos de solidariedade, empatia e responsabilidade social, reconhecendo que somos parte de uma sociedade e que juntos podemos fazer a diferença.

EPISÓDIO #499 **| TAGS** #solidariedade, #empatia, #responsabilidadesocial

DIA 262: ___ / ___ / ___

A VIDA COMO PRÁTICA DE VIRTUDES E VALORES

"Onde existe o homem existe uma oportunidade para a bondade."

A vida é repleta de desafios e adversidades, mas, mesmo nas situações mais difíceis, sempre temos a oportunidade de ser pessoas virtuosas e de agir de acordo com nossos valores. Essa postura requer resiliência e uma consciência constante de nossas virtudes, buscando sempre fazer o bem e contribuir para um mundo melhor.

A prática de virtudes e valores não está limitada a questões de recursos, posição social ou *status*. É uma escolha pessoal que qualquer um pode fazer, independentemente de suas circunstâncias. Assim, mesmo aqueles que têm menos podem agir com generosidade e compaixão.

EPISÓDIO #502 **| TAGS** #bondade, #justiça, #gratidão

DIA 263: / /

AMOR E PERDÃO: ENCONTRANDO A SERENIDADE INTERIOR

"Manter a raiva dentro de nós é como tomar veneno e esperar que o outro morra." - William Shakespeare

Quero que você guarde algo muito importante: o perdão é uma escolha pessoal e nos liberta do peso da raiva e do ressentimento. Ele desempenha um papel fundamental em nosso bem-estar emocional.

Assim, a metáfora de Shakespeare sobre manter a raiva dentro de nós é profundamente impactante e nos incentiva a refletir sobre a necessidade de perdoar em benefício próprio. Além disso, a ideia de que ninguém tem o poder de transformar a nossa alma a não ser nós mesmos enfatiza a importância de assumirmos a responsabilidade por nossas emoções e por nossas escolhas.

A sabedoria do perdão, a relevância do autocontrole emocional e o papel do perdão na busca pela serenidade e pela tranquilidade mental realçam a noção de que a raiva é uma punição que infligimos a nós mesmos. Isso enfatiza ainda mais a importância de nos libertarmos desse fardo para alcançarmos um estado de paz interior.

EPISÓDIO #505 | **TAGS** #perdão, #raiva, #autoconhecimento

DIA 264: / /

DOMANDO A IRA: ENCONTRANDO A CALMA DA MENTE

"Aquele que não pode governar a própria ira é um escravo dela." - Sêneca

Nada nos perturba mais do que os nossos próprios pensamentos. O segredo da vida reside em dominar a mente, conquistando a serenidade. Aquele que não controla as suas emoções, especialmente a raiva, demonstra fragilidade e sofre internamente.

A ira pode nos dominar, tornando-nos irracionais e prejudicando os nossos relacionamentos e a nossa saúde. Já a verdadeira fortaleza está em manter a paciência e domar as emoções, especialmente em momentos de raiva. E a meditação é uma ferramenta poderosa para alcançar a tranquilidade mental e o controle emocional. Buscar essa serenidade interior é fundamental para enfrentar as adversidades da vida com equilíbrio e sabedoria.

Reconhecer nossa fraqueza diante da ira é o primeiro passo para encontrar a força interior necessária para controlá-la. Assim como uma tempestade não abala um espírito tranquilo, a ira não perturba aquele que conquistou a calma interior. Sejamos, portanto, senhores de nossa mente, controlando os nossos pensamentos e os nossos sentimentos, e assim alcançaremos a verdadeira tranquilidade.

EPISÓDIO #506 **| TAGS** #ira, #calma, #controleemocional

DIA 265: / /

VALORIZE O QUE VOCÊ JÁ TEM

"Não imagine aquilo que lhe falta como algo superior ao que você já possui. Daquilo que já possui, pense sobre quanto lhe custaria obtê-lo caso lhe faltasse." - Marcus Aurelius

Seja grato ao que você já tem. Existem bilhões de pessoas no mundo que dariam tudo para ter um dia como você teve. Isso é valorizar o que temos! E essa é uma lição valiosa e atemporal ensinada pelo imperador Marcus Aurelius.

Devemos aprender a apreciar e agradecer sinceramente por todas as bênçãos que já fazem parte de nossa vida, pois, muitas vezes, concentramo-nos demasiadamente no que nos falta e negligenciamos a gratidão pelo que já possuímos. É uma mensagem que ressalta a importância da serenidade da mente como a verdadeira fonte da gratidão e da valorização do que temos, em oposição ao foco exclusivo no que desejamos adquirir.

Expressar gratidão por três ou mais aspectos positivos diariamente nos auxilia a perceber a abundância que já existe em nossa vida e a cultivar a serenidade interior. Assim, persista buscando a serenidade mental e o equilíbrio emocional como um caminho valioso.

EPISÓDIO #507 | **TAGS** #gratidão, #valorização, #calmadamente

DIA 266: / /

HONRE SEMPRE O SEU PAI E A SUA MÃE

"Seu respeito pelo divino, sua generosidade, sua incapacidade não apenas de fazer o mal, mas até mesmo de concebê-lo. E a forma simples como ela vivia - em nada parecida com os ricos." - Marcus Aurelius falando sobre sua mãe

"Aprendi a trabalhar com resiliência, usando as minhas próprias mãos, a desejar pouco, e a ter bom caráter e a resistir à influência das más companhias." - Marcus Aurelius falando de seu pai

A influência dos pais na formação de um indivíduo é inegável, e o exemplo que damos aos nossos filhos é fundamental para o desenvolvimento deles como seres humanos conscientes e responsáveis. A história de Marcus Aurelius é um poderoso guia de como nossos valores e nossas virtudes podem ser transmitidos de geração em geração.

Jesus fala que precisamos honrar pai e mãe, e esse é um reforço sobre a dimensão divina dessa responsabilidade. Honrar os pais é um mandamento que transcende culturas e crenças, e nos ensina sobre o amor, o respeito e a gratidão por aqueles que nos trouxeram ao mundo. Nossos pais são os nossos primeiros mentores e modelos de generosidade e humildade.

A ideia de criar um legado não se restringe apenas aos nossos filhos biológicos, mas também aos exemplos que deixamos para as pessoas ao nosso redor – amigos, colegas ou mesmo desconhecidos. Ser honrado pelos nossos filhos e pelos outros é um sinal de que estamos vivendo com princípios sólidos e valores genuínos, positivos para a sociedade.

Portanto, podemos refletir sobre a importância de honrar nossos pais e inspirar uma geração futura, agindo com generosidade, humildade e responsabilidade, para criar um legado de amor e gratidão que perdure ao longo dos tempos.

EPISÓDIO #510 **| TAGS** #amor, #gratidão, #generosidade, #humildade, #honrar

SEMANA 39

O QUE É O BEM? O QUE É O MAL?

"Não existe coisa alguma inteiramente errada no mundo, nem mesmo um relógio parado; ele ainda está certo duas vezes ao dia."

– PAULO COELHO

ESCANEIE O QR CODE

Perspectiva é tudo.

DIA 267: / /

BHAGAVAD GITA, RAUL SEIXAS, ESTOICISMO E A BUSCA PELA VERDADE

"Busque a divindade dentro de si mesmo, pois é lá que você encontrará a verdadeira conexão com Deus. A verdade é Deus. Deus está dentro de você; você é uma parte de todo divino." - Marcus Aurelius

Existe uma conexão entre Raul Seixas e o estoicismo: ambos transmitem ensinamentos – ele por meio de suas músicas e a filosofia por meio de textos como o Bhagavad Gita. A busca pela verdade e a compreensão de que Deus está dentro de cada um de nós são mensagens que transcendem culturas e crenças. Uma reflexão sobre a importância da calma da mente em meio às adversidades e a busca espiritual como um caminho para encontrar um propósito maior na vida são lições valiosas.

Nas palavras do filósofo Sêneca: "O sábio é calmo, sereno e tranquilo diante dos desafios da vida, pois reconhece que o universo é regido por uma ordem divina, e que somos apenas uma pequena parte desse grande todo. Nossa essência é divina, pois é nessa busca que encontramos a verdadeira paz interior e a sabedoria para enfrentar os obstáculos que a vida nos apresenta".

Convido você, portanto, a refletir sobre esses ensinamentos, a buscar a verdade dentro de si mesmo e a cultivar a calma da mente em meio às tempestades da vida. Lembre-se de que, assim como Raul Seixas e o Bhagavad Gita nos ensinam, a verdade é universal e está ao alcance de todos aqueles que a buscam com sinceridade.

Que a sua jornada seja guiada pela busca da conexão com algo maior e pela compreensão de que você é parte de um universo magnífico. Abrace a calma da mente e siga em busca da verdade, pois é nessa busca que encontramos a essência da vida. Que você encontre paz e sabedoria em sua jornada.

EPISÓDIO #512 **| TAGS** #buscaespiritual, #calmadamente, #conexão

DIA 268: ___ / ___ / ___

O QUE É O BEM? O QUE É O MAL?

> *"O bem é o conhecimento das coisas, e o mal é a falta de conhecimento das coisas."*

Faça-se feliz por meio de seus próprios esforços. Compreenda que tudo o que é misturado com a virtude é bom e que tudo que é ligado ao vício é ruim. Quando compreender que a vida é sobre as pessoas que tocamos, você saberá qual é o seu propósito.

A busca pelo propósito se torna um ponto crucial em nossa vida. Por meio do entendimento de quem somos, do que fazemos, para quem fazemos e como nossas ações impactam a vida das pessoas, encontramos o caminho para descobrir o nosso propósito e trazer significado para a nossa jornada.

A prática da gratidão é um pilar importante para lidar com os desafios da vida. Ao agradecermos por cada experiência, até mesmo as que parecem difíceis, desenvolvemos uma postura de aprendizado e crescimento diante das adversidades. Além disso, acredito que Sêneca, ao comentar sobre a simplicidade da vida e a importância de separar o que podemos controlar do que não podemos, lembra-nos de que o segredo para a serenidade está na recepção e no foco em nossas ações e em nossas escolhas.

Assim, quero alertar você para que busque conhecimento, compreenda o seu propósito e cultive a gratidão em sua jornada. Que cada desafio seja uma oportunidade para aprender e crescer, e que você encontre calma e serenidade ao enfrentar as adversidades. A sabedoria está ao alcance de todos que buscam com sinceridade. Fique com Deus e que sua vida seja transformada pelos ensinamentos libertadores que estão aqui neste livro.

EPISÓDIO #514 **| TAGS** #conhecimento, #propósito, #gratidão

DIA 269: / /

A CALMA DA MENTE É A MAIOR PROVA DA SUA EVOLUÇÃO

"Eu oro para que você possa ter tal controle sobre si mesmo, que sua mente, agora abalada por pensamentos errantes, possa finalmente descansar e ser firme, para que ela possa estar contente consigo mesma e alcançar uma compreensão do que seja verdadeiramente bom." - Sêneca

Valorize a calma da mente e a oportunidade de viver esta vida com sabedoria. Muitas vezes, ignoramos a importância de estarmos em paz conosco, mas compreendemos que a tranquilidade é a maior prova de evolução, que nos permite viver de forma mais plena.

É interessante perceber como Sêneca enfatiza a necessidade de não nos deixarmos influenciar por más companhias e focar o nosso próprio crescimento. Devemos entender que cada indivíduo possui seu caminho único e ele deve seguir em busca de seu bem-estar interior. Isso é fundamental para o progresso pessoal.

Assim, a busca pela calma da mente nos permite tomar decisões mais sábias e enfrentar os desafios da vida com serenidade. Ao superarmos cada segundo de nossa existência e não permitirmos que pensamentos negativos nos afetem, podemos alcançar uma vida mais significativa e satisfatória.

Busque a serenidade interior, reflita sobre os seus objetivos e as suas ações e se permita viver uma vida plena e evolutiva. A calma da mente é um dos maiores presentes que podemos oferecer a nós mesmos, e a busca por ela é um caminho repleto de crescimento e autodescoberta. Que essa jornada o leve a alcançar a verdadeira tranquilidade.

EPISÓDIO #515 **| TAGS** #serenidade, #progresso, #reflexão

DIA 270: / /

A MAIOR PARTE DA BONDADE É A VONTADE DE QUERER SER BOM

"Seus atos devem ser uma reflexão sobre o que você diz; apenas assim sua alma estará em harmonia. Exercite a resiliência e o autocontrole para alcançar a calma da mente." - Epictetus

A bondade verdadeira não é apenas um ato isolado, mas sim a vontade genuína de querer ser uma pessoa boa, completa e inabalável. É essencial que a harmonia entre palavras e ações seja mantida para que a nossa alma esteja em equilíbrio.

Exercitar a resiliência é um desafio necessário para alcançar a tranquilidade interior. A resiliência não é uma habilidade inata, mas sim uma capacidade que pode ser desenvolvida por meio de práticas. Permita-se enfrentar desafios e superá-los, pois é assim que você fortalece o seu autocontrole.

A realidade, entretanto, é que é comum nos perdermos em palavras e não as aplicarmos na prática. Por isso, é importante relembrar que nossas ações falam mais sobre nós do que as palavras que pronunciamos. Procure alinhar os seus discursos com as suas atitudes, pois é dessa forma que a sua alma permanecerá íntegra e em equilíbrio.

A jornada em busca da calma da mente é uma tarefa contínua e recompensadora. Exercitar a resiliência e o autocontrole são fundamentais para conquistar a serenidade interior. Desafie-se a realizar pequenas ações que fortaleçam essas habilidades e se permita colher os frutos dessa evolução espiritual. Use a autodisciplina a seu favor! Experimente definir objetivos para si mesmo e se comprometer a cumpri-los.

Por fim, valorize a importância de se tornar uma pessoa boa, em essência, pois é a partir dessa vontade de ser melhor que se inicia uma jornada de crescimento e evolução. Tenha paciência consigo mesmo, pois a busca pela calma da mente é uma jornada constante de aprendizado e transformação.

EPISÓDIO #516 **| TAGS** #bondade, #resiliência, #autocontrole

DIA 271: / /

VIDA E MORTE: REFLEXÕES PARA A SERENIDADE

"As pessoas pensam que a morte é coisa do futuro, mas a morte é coisa do passado: todos os seus dias que já passaram ficaram para a morte." - Sêneca

Muitas vezes, vivemos mal por falta de controle mental, e assim temos que nos arrastar pela vida. Porém, o que realmente importa é estarmos dispostos a viver bem e a aprendermos com o que chega até nós. Precisamos desejar mudança e paz. Assim, se você puder aprender esse caminho para superar tais medos, saberá como viver com mais virtude e calma da mente.

O medo de cair, muitas vezes, impede-nos de aproveitar plenamente as nossas experiências. É um valioso ensinamento de que a coragem para enfrentarmos os nossos medos pode levar a um crescimento real. Entender que viveremos e morreremos, portanto, é uma perspectiva que não apenas nos ajuda a apreciar a vida, mas também a encontrar clareza sobre nossos valores e nossos objetivos, pois a morte também chegará.

A nossa finitude é uma poderosa instrutora de que, ao enfrentarmos os nossos medos e abraçarmos a virtude, podemos realmente encontrar a calma da mente. Compartilhe essa ideia. Estou certo de que as suas palavras tocarão muitas vidas.

EPISÓDIO #523 | **TAGS** #coragem, #medo, #reflexão

DIA 272: / /

ISSO É RIQUEZA

"Pobreza colocada em conformidade com a lei da natureza é grande riqueza." - Epicuro

Você sabe quais são os limites que a lei da natureza ordena para nós? Apenas evitar a fome, a sede e o frio. A fim de banir a fome e a sede, não é necessário, para você, cortejar às portas dos ricos, ou se submeter ao olhar severo, ou à bondade que humilha; nem é necessário, para você, percorrer os mares, ou ir à guerra; as necessidades da natureza são facilmente fornecidas e estão sempre à mão.

São as coisas supérfluas pelas quais os homens labutam que desgastam a nossa toga a farrapos, as nossas roupas, que nos obrigam a envelhecer no acampamento, que nos levam às costas estrangeiras. O que é suficiente está pronto e ao alcance das nossas mãos. Aquele que fez um justo pacto com a pobreza é rico.

Pense sobre isso!

EPISÓDIO #524 **| TAGS** #reflexão, #medo, #pobreza, #gratidão, #riqueza

DIA 273: / /

ENCONTRANDO CALMA E SIGNIFICADO NA VIDA

"O que é insuportável mata; o que persiste é suportável."

O conceito de que o insuportável é fatal enquanto a perseverança é suportável ressoa a filosofia estoica, lembrando-nos de nossa capacidade inata de superar desafios. Você já havia pensado sobre isso? Essa reflexão é muito poderosa, e quero que você leve isso para o seu coração hoje.

Não se trata de desistir, mas de desistir de sofrer. Somos incentivados a abraçar a resiliência e a enfrentar a vida com coragem. E, ainda, em tempos de meditação, as lições de Marcus Aurelius permanecem conosco para orientação, guiando-nos na busca por significado e paz interior. Como ele diria, "A sabedoria é a chave para encontrar uma tranquilidade no turbilhão da existência."

EPISÓDIO #525 **| TAGS** #resiliência, #aceitação, #empoderamento

SEMANA 40

CONTROLE SUA IRA

"A melhor vingança é ser diferente daquele que realizou o dano".

- MARCUS AURELIUS

ESCANEIE O QR CODE

Domine suas emoções. Descubra técnicas para controlar a ira.

DIA 274: / /

DOMANDO A RAIVA E ENCONTRANDO A SABEDORIA

"Não adianta nos irritar com as coisas: elas ignoram a nossa ira." - Eurípedes

"Não tenha ódio das coisas inanimadas. É uma infantilidade, uma insanidade."

Aqui quero explorar ensinamentos valiosos para manter a calma mental e evitar o sentimento de raiva injustificada. Quando falamos sobre a nossa reação negativa em relação a objetos inanimados, estamos mencionando a nossa reação perante situações que não saem como planejadas, como chutar uma cadeira após um tropeço ou dar um soco em uma porta perante uma dificuldade. Veja a irracionalidade desse comportamento e a importância de não permitir que objetos fora do controle ou situações inanimadas perturbem a nossa paz interior.

Devemos manter a calma e a justiça em face de desafios e adversidades. São pontos que ressaltam a necessidade de agirmos com coragem, justiça e sabedoria, evitando ser influenciados por emoções violentas ou por circunstâncias externas. Leve isso com você a partir de agora!

EPISÓDIO #526 | **TAGS** #autocontrole, #ira, #aprendizado

DIA 275: / /

A IMPERMANÊNCIA NOS NEGÓCIOS E NA VIDA

"Assim como as estações mudam, também mudamos ao longo da vida. A impermanência é a dança da existência." - Platão

Nada é permanente. Se as coisas fossem permanentes, você não teria o seu negócio. Seu negócio existe para resolver algum problema, alguma dor, alguma situação. A verdade, porém, é que queremos o bônus da impermanência, mas não o ônus de ter que nos adaptar, inovar, mudar, transformar a nossa área de negócios. Contudo, isso faz parte do processo de impermanência que rege a nossa vida.

Então não tenha medo de nada, porque você não tem como segurar a mudança. É como chegar à praia, entrar no mar e tentar parar uma onda com os braços. Você não conseguirá! Até pode mergulhar por baixo dela, nadar, ir para a próxima onda e surfar; mas, parar a onda, jamais. Para que perder o seu tempo e a sua energia tentando?

Assim como as estações mudam e as marés fluem, as empresas e a vida também seguem esse ritmo inescapável. Então, seja como um navegante habilidoso, enfrentando as ondas da mudança, ou como um filósofo contemplativo, abraçando a sabedoria da aceitação. A sua busca pela compreensão da impermanência traz à tona uma luz brilhante que ilumina o caminho para uma existência mais plena e satisfeita. Por isso, desejo que a sua jornada, tanto nos negócios quanto na vida, seja repleta de resiliência e discernimento.

Assim como Sêneca declarou, "Não procuremos as coisas como eram no passado, mas enfrentemos com sabedoria e coragem as maravilhas que o presente e o futuro nos trazem".

EPISÓDIO #527 | **TAGS** #resiliência, #adaptação, #aceitação

DIA 276: / /

DESAPEGO E SABEDORIA: NAVEGANDO NA IMPERMANÊNCIA DA VIDA

"O universo é a mudança. A vida é opinião." - Marcus Aurelius

"Não acumule tesouros na terra, onde traça e ferrugem corroem."

Assim como Sêneca disse, a verdadeira riqueza reside na simplicidade da alma. As alegrias duradouras vêm da conexão com a nossa essência interior, então não se perca nas superficialidades passageiras.

Além disso, vale comentar sobre a retenção de tesouros terrenos, que eventualmente cedem ao ataque do tempo e do esquecimento. Você deve investir em resultados duradouros e na busca por sabedoria que transcende os materiais limitados. Abrace o desapego como um caminho para a liberdade interior, a alegria genuína e a realização espiritual. Na tradição dos estoicos, devemos ser capazes de observar as mudanças inevitáveis da vida e moldar as nossas atitudes a partir delas.

Que seus pensamentos continuem a guiar a sua jornada, e que você inspire muitos a adotar a mentalidade estoica de desapego e sabedoria.

EPISÓDIO #528 **| TAGS** #desapego, #sabedoria, #reflexão

DIA 277: / /

APRENDA A ERGUER OBRAS ETERNAS

"A maior riqueza é a simplicidade da alma."

Não devemos nos distrair com as almas alheias, mas sim focar o nosso propósito.

Se olharmos para a realidade das pessoas que nos cercam, muitas têm tudo e, ainda assim, sofrem de depressão e ansiedade, então perceba como a verdadeira felicidade está em conquistar a calma da mente e em praticar atos de valor, ética e ajuda ao próximo.

Convido você a se aprofundar no chamado estoico para que possa promover uma cultura de abundância, ética e crescimento pessoal. Lembre-se de que as conquistas materiais são passageiras, enquanto a verdadeira riqueza está em buscar a calma da mente e em fazer o bem aos outros.

EPISÓDIO #529 **| TAGS** #reflexão, #sabedoria, #desapego

DIA 278: / /

ENCARE CADA DIA COMO UM BÔNUS

"Veja cada dia como um bônus, como uma experiência maravilhosa."

Abrace cada momento como um inesperado presente, vivendo em harmonia com a natureza e aceitando os infortúnios que surgem em nosso caminho.

As palavras acima ecoam como um convite a adotar uma perspectiva que transcende o tempo e nos direciona para o agora. A verdade é que nenhum de nós sabe o que o amanhã reserva, e, portanto, cada dia deve ser recebido com gratidão e com um senso de maravilha.

Com uma sabedoria que ecoa pelos séculos, entenda a importância de nos sintonizarmos com o presente, de vivermos cada momento com proteção e de mantermos o nosso corpo e a nossa mente em harmonia. A sua abordagem natural de buscar a paz interior por meio da autodisciplina e da consciência é um chamado para uma vida com propósito e significado.

Faça dessas palavras um guia para uma existência plena e intencional. Ao compartilhar essas reflexões, lembramo-nos da importância de abraçar o momento presente, de buscar a calma interior e de transformar a jornada em uma busca pelo autoconhecimento e pela paz.

EPISÓDIO #530 | **TAGS** #aceitação, #*carpediem*, #gratidão

SEJA GENEROSO!

"Nunca reprima a sua generosidade. Siga todos os impulsos generosos sem se questionar."

Ajudar um amigo em tempos difíceis transcende o material, fortalecendo laços e nutrindo a alma. A generosidade é um antídoto para o medo da escassez, uma ferramenta para construir emocionalmente algo duradouro dentro de si e uma maneira de contribuir positivamente para o mundo ao nosso redor.

Epictetus nos instiga a seguir os nossos impulsos generosos sem hesitação, a agir em benefício dos que precisam de nossa ajuda. Essa exortação à ação compassiva ressoa ao longo das eras, recordando-nos da importância de praticar a bondade em nossa vida.

A verdadeira generosidade vai além de doações materiais, abrangendo o tempo dedicado aos outros, a atenção dada a quem precisa e o valioso dom do aconselhamento. Devemos, então, romper padrões arraigados de escassez que possam estar nos impedindo de sermos generosos. É preciso fazer o bem para que possamos cultivar relacionamentos autênticos, honrando o valor intrínseco de cada indivíduo.

Além disso, a necessidade de sermos generosos não é exclusiva do estoicismo: ela também está presente nas palavras de Jesus Cristo, quando ele dizia que devemos agir em benefício dos outros e ter amor ao próximo.

A generosidade, portanto, é uma ferramenta para atrair abundância e contribuir positivamente com o mundo ao nosso redor. Que consigamos ser motivados a seguir essas palavras e a buscar a calma da mente, cultivando uma jornada de consideração, generosidade e paz.

EPISÓDIO #531 **| TAGS** #generosidade, #pazinterior, #autenticidade

DIA 280: / /

APRECIANDO A VELHICE: SABEDORIA E PRAZERES NA JORNADA DO TEMPO

"A velhice não é um crepúsculo da vida, mas uma aurora de prazeres e aprendizados, desde que saibamos acolhê-la."

Ao refletirmos sobre a mortalidade, reconhecemos a efemeridade da vida como um valioso ensinamento para vivermos plenamente e com propósito. A busca pela sabedoria é uma constante, uma estrada que se estende além dos limites do tempo. Assim, devemos mergulhar na profundidade da velhice e na preciosidade que ela reserva para cada um de nós.

A passagem do tempo é um privilégio, uma oportunidade de apreciar os prazeres e as lições que a vida nos oferece. Porém, a sociedade, muitas vezes, instiga-nos a buscar a juventude eterna e a temer a velhice como um inevitável carrasco. No entanto, a filosofia estoica nos convida a transcender essa perspectiva limitada e enxergar a velhice como uma fase de renovação, rica em sabedoria e crescimento interior.

Ao nos libertarmos das amarras da vaidade e da ansiedade pelo futuro, encontramos um espaço de aceitação e tranquilidade. A busca pelo conhecimento e pela reflexão sobre a mortalidade nos guia para um entendimento mais profundo de nossa existência e nos ajuda a atribuir um significado genuíno às nossas ações.

É fundamental que abracemos a oportunidade de envelhecer com gratidão e curiosidade, permitindo que nossa jornada seja enriquecida por experiências acumuladas ao longo do tempo. A sabedoria é uma bússola constante, guiando-nos na busca por uma vida plena e significativa, independentemente da idade. Assim como o sol nasce a cada manhã, a velhice surge como uma aurora repleta de prazeres e aprendizados. Que possamos, então, apreciar cada fase da vida, cultivando a sabedoria, a reflexão e a aceitação da mudança ao trilharmos essa jornada com serenidade e enriquecendo a nossa alma por meio do conhecimento.

EPISÓDIO #537 | **TAGS** #velhice, #mudança, #mortalidade, #sabedoria

SEMANA 41

UM HOMEM NUNCA ENTRA DUAS VEZES NO MESMO RIO

"Nenhum homem pisa no mesmo rio duas vezes, pois já não é o mesmo rio e ele já não é o mesmo homem."

- HERÁCLITO

ESCANEIE O QR CODE

A mudança é a única constante.

DIA 281: / /

UM HOMEM, O RIO E A IMPERMANÊNCIA

"Um homem nunca entra duas vezes no mesmo rio. Na segunda vez, não é o mesmo homem nem o mesmo rio." - Heráclito

Assim como as ondas moldam a pedra, as adversidades esculpem a nossa alma. A resiliência é nossa aliada mais confiável, a transformação é nossa recompensa e a persistência é nosso tesouro. Devemos abraçar cada desafio com coragem, permitindo que a resiliência nos guie por meio das marés incertas da vida.

Como Sêneca afirmou, "Não é a situação que faz o homem, mas a maneira como reage a ela". Essa máxima ecoa em cada linha, convidando-nos a explorar o poder da resiliência e da calma interior. A jornada da existência é repleta de momentos desafiadores, como tempestades inesperadas no oceano da vida. Contudo, a resiliência se revela como o leme confiável que nos orienta por essas águas tumultuadas. Tal como um marinheiro confia no leme para navegar em meio à tempestade, devemos confiar em nossa capacidade de perseverar passando pelas adversidades.

A transformação gradual que ocorre em nosso ser, resultado direto de nossa persistência, é o tesouro que colhemos. Assim como a água persistente esculpe a pedra não pela força, mas pela constância, nossa persistência continua nos capacitando a forjar uma fortaleza interior capaz de enfrentar as marés da vida.

EPISÓDIO #541 **| TAGS** #resiliência, #transformação, #persistência

DIA 282: / /

PARE DE SE PREOCUPAR COM A VIDA ALHEIA

"A inveja é a dor de ver o sucesso do outro como uma ameaça, em vez de como uma inspiração." - Marcus Aurelius

A inveja surge como um sentimento estranho e negativo, um desejo por algo que acreditamos não ser capazes de alcançar por nós mesmos. Comparar-nos com outras pessoas, muitas vezes nos leva a falsas expectativas, ignorando que esses indivíduos vivem jornadas separadas, com ônus e bônus.

Assim, a verdadeira evolução reside em buscar a excelência interna, medindo o nosso progresso apenas em relação a nós mesmos. Então é imperativo abandonarmos o hábito de nos preocupar com a vida dos outros, principalmente quando alimentamos a inveja. Essa emoção surge da admissão interna de nossa própria falta de confiança na possibilidade de alcançar o que admiramos em outrem. A inveja, como bem afirmado, não é uma aceitação de nosso potencial, mas uma crença limitada em nossa capacidade.

Envolvidos pelo desejo, frequentemente somos levados a comparar a nossa vida com a de terceiros. Um olhar mais profundo, porém, revela que a maioria de nós construiu uma fachada mais robusta do que a realidade. Isso ocorre pela nossa tendência a dar importância exagerada às opiniões e de minimizar as nossas próprias lutas. Devemos reconhecer que todos estão envolvidos nesse jogo de aparências, e poucos vivem sem máscaras. A jornada interior, afinal, não deve ser contaminada pelas aparências externas. Em vez disso, como ensinado pelas tradições filosóficas, é a busca por certificação e a medição de nossa evolução interna que realmente importam.

Sêneca nos lembraria de que a inveja é uma armadilha que nos impede de alcançar a nossa melhor versão. Ele destacaria a importância de olharmos para dentro e nos esforçarmos para desenvolver as nossas próprias virtudes, em vez de nos perdermos em comparações vazias e prejudiciais.

EPISÓDIO #554 | **TAGS** #inveja, #autenticidade, #comparação

DIA 283: / /

O SEU MOMENTO É AGORA

"A maior prova de coragem é suportar as derrotas sem perder o ânimo."
- Sêneca

Pablo Picasso foi brilhante, Winston Churchill foi um herói, Albert Einstein foi um gênio. Todos eles foram importantes, e assim foi a história deles. Porém a sua também pode ser. Mas como? Sem procrastinação, já que ela evita o presente e atraso o futuro. Procrastinar é pegar o próprio tempo e rasgar como uma nota que não vale nada.

Assim, essa analogia entre rasgar uma nota e perder tempo é um poderoso recurso para mostrar como o tempo é valioso e deve ser investido com sabedoria. Como Sêneca afirmou: "Não há empreendimento mais difícil do que lidar com o tempo". A procrastinação, essa tendência humana de evitar o que é essencial, resulta na perda irreparável de oportunidades e de crescimento pessoal. E refletir sobre a passagem do tempo nos mostra que a verdadeira grandeza reside na capacidade de enfrentarmos o momento presente com calma e serenidade.

Sêneca sabiamente observou: "Não é porque as coisas são difíceis que nós não ousamos; é porque não ousamos que são difíceis". A ansiedade, essa angústia em relação ao futuro, só pode ser superada ao abraçarmos o presente e trabalharmos com disciplina para alcançar nossos objetivos. Ele também disse, e vale reforçar aqui: "Lembre-se de que, se você deve ser um líder, alguém o seguirá. Seja digno de ser seguido".

EPISÓDIO #555 **| TAGS** #procrastinação, #nostalgia, #ansiedade

DIA 284: / /

FOQUE EM SEUS OBJETIVOS E VALORES

"Foque a atenção em seu objetivo. Cumpra sem desvios e atue no mundo com modéstia e sinceridade." - Marcus Aurelius

Pequenas mudanças de hábito podem levar a caminhos opostos entre o sucesso e o fracasso. Essa citação nos lembra da importância de observar e lembrar da obrigação de ser um bom homem. E essa atenção ao dever e à bondade não só traz tranquilidade à mente como também nos coloca em sincronia com a natureza humana.

Pequenos hábitos, como a arrumação da cama, podem ser o ângulo de mudança que direciona a nossa vida para o sucesso. Esses gestos, aparentemente insignificantes, são como bússolas, levando-nos a continentes diferentes – um caminho para a realização pessoal.

Perceba, então, que a organização desempenha um papel crucial nesse processo e tem um efeito profundo em nossa mente. A mente calma e serena que emerge dessas ações nos permite enfrentar desafios com tranquilidade. É um ato de harmonia interior e um eco poderoso em nossa busca por autodescoberta e crescimento pessoal.

Portanto, assim como o estoicismo nos aconselha, cada ação, mesmo a mais simples, pode moldar o nosso destino. À medida que adotamos pequenos hábitos com intenção, cultivamos a autoridade e a calma necessárias para trilhar um caminho de sucesso e realização.

EPISÓDIO #556 | **TAGS** #determinação, #foco, #organização, #autoaperfeiçoamento

DIA 285: / /

OS MAUS FAZEM MALDADE. E VOCÊ, O QUE DEVE FAZER?

"Não é o que os outros fazem, mas como você reage que define sua paz interior." - Marcus Aurelius

"Aquele que se preocupa em ser um homem de bem não se preocupa com o que os outros fazem." - Sêneca

De fato, muitas vezes nos encontramos desapontados porque depositamos a nossa confiança em indivíduos que, de maneira previsível, agem conforme a sua natureza. A chave é discernir cuidadosamente em quem confiamos e não projetar expectativas irrealistas. O próprio Marcus Aurelius nos lembra da importância de focar atentamente o que está em nosso controle, como nossas escolhas e nossas atitudes, em vez de nos deixarmos levar pelas ações imprevisíveis dos outros.

Quando se deparar com alguém, seja quem for, pergunte logo para si mesmo: Quais princípios sobre o bem e o mal segue esse homem? Com efeito, se segue tais e tais princípios sobre o prazer, a dor e suas causas, bem como sobre a glória, a obscuridade, a morte e a vida, não será esquisito ou estranho que pratique determinados atos e, de fato, é até mesmo esperado que ele se comporte dessa maneira.

Não se esqueça de que, assim como seria tolo quem se assombrasse com o fato de a figueira dar figos, também é tolo quem fica estarrecido quando o mundo produz o que deve produzir. Igualmente, não seria menos tolo o médico que ficasse surpreendido ante um paciente febril, ou o timoneiro que ficasse atônito com um vento contrário no mar.

EPISÓDIO #559 | **TAGS** #confiança, #decepção, #reflexão

DIA 286: / /

AVALIANDO O PROGRESSO INTERNO

"Que progresso, você pergunta, eu fiz? Comecei a ser um amigo para mim mesmo." - Sêneca

A métrica não é se você ficou mais rico ou mais famoso, se ganhou mais dinheiro. É sobre você ter passado a se sentir melhor. Todas as jornadas são construídas dia a dia. A cada dia você será um pouco melhor do que foi no dia anterior.

Note que a evolução está enraizada na autocompaixão e na conexão consigo mesmo, o que é um passo fundamental para o crescimento pessoal. A sabedoria de Sêneca ecoa aqui: "A verdadeira riqueza é ter aquilo de que você precisa, e a verdadeira abundância é ter o suficiente". Ou seja, devemos medir o sucesso não por padrões externos, mas pelo grau de bem-estar interior. Afinal, a busca pela calma da mente não é sobre ganhar mais dinheiro, mas sim sobre encontrar contentamento e equilíbrio.

A ideia de que cada dia é uma oportunidade de crescimento é um nutriente valioso, assim como Sêneca disse: "Enquanto temos a capacidade de melhorar a nós mesmos, existe esperança". Suas palavras sobre construir jornadas um dia de cada vez propagam o ensinamento estoico de que a virtude é um processo contínuo. A busca pela calma interior é, portanto, uma jornada constante em direção à excelência moral.

Em resumo, quero reforçar que você busque a calma da mente, lembrando-se do que Sêneca disse: "A felicidade não está em adquirir, mas em renunciar". Ao medirmos o nosso progresso pela qualidade de nosso relacionamento conosco, pela busca do bem-estar e pelo crescimento contínuo, encontramos a verdadeira essência da calma mental e da realização.

EPISÓDIO #561 **| TAGS** #autoaceitação, #bem-estar, #crescimentopessoal

DIA 287: / /

SOBRE OS FILHOS

"Nós somos apenas arcos pelos quais nossos filhos são lançados para o caminho do infinito." - Sêneca

Não tente tornar seus filhos como você, pois cada um tem seu próprio caminho a seguir. Essa é uma visão profunda sobre a parentalidade e o relacionamento com os filhos, lembrando-nos de que eles não nos pertencem, mas são seres individuais que vieram por meio de nós, e não de nós. Eles têm os seus próprios caminhos a percorrer, os seus próprios sonhos e destinos.

Desse modo, é essencial que entendamos que não devemos tentar moldar os nossos filhos à nossa própria imagem, mas sim apoiá-los em sua jornada de autodescoberta e crescimento. Cada um tem a sua própria identidade e o seu propósito na vida, e cabe a nós, como pais, apoiá-los nesse processo.

Às vezes, podemos querer controlar o destino de nossos filhos, mas cada alma tem a sua própria jornada, e não conseguiríamos nem compreendê-la completamente. Devemos amá-los, cuidar deles e orientá-los, mas também respeitar a sua individualidade e permitir que sigam o seu próprio caminho.

Lembre-se de que, assim como os nossos filhos têm o poder de nos ensinar e de nos inspirar, também temos a oportunidade de aprender com eles. A parentalidade é uma jornada de crescimento mútuo, em que ambas as partes podem florescer.

EPISÓDIO #569 | **TAGS** #parentalidade, #autonomia, #crescimentopessoal

SEMANA 42

VIVA OU MORRA POR ESSA RAZÃO

"Não é porque as coisas são difíceis que não ousamos; é porque não ousamos que elas são difíceis."

- SÊNECA

ESCANEIE O QR CODE

Viva com propósito.

DIA 288: / /

VIVA OU MORRA POR ESSA RAZÃO

"A vida é sobre cultivar os princípios da justiça, ser uma pessoa corajosa e sábia e buscar o equilíbrio. Não levamos nada material desta vida; apenas nossos valores e nossas virtudes."

A calma precede o sucesso; quando estamos calmos, conectados e focados, conquistamos nossos melhores momentos pessoais e profissionais. A busca pelo equilíbrio, pela virtude, pela sabedoria e pela justiça é a razão pela qual vale a pena viver e, se necessário, morrer.

A vida é um breve instante, um piscar de olhos no grande espetáculo do cosmos. Diante disso, o que realmente importa são os valores que cultivamos e as virtudes que praticamos.

Viver uma vida virtuosa, buscando a justiça, a coragem, a sabedoria e o equilíbrio, é o verdadeiro propósito da existência humana. Não levamos as riquezas materiais conosco, mas os nossos valores e a maneira como impactamos o mundo ao nosso redor. Portanto, é vital viver de acordo com esses princípios.

Então, não se esqueça de que a calma interior desempenha um papel crucial nessa jornada. Quando estamos calmos, somos capazes de enfrentar desafios com serenidade, tomar decisões sábias e aproveitar ao máximo cada momento. A calma é o alicerce para a busca da virtude e da excelência, e viver ou morrer por uma razão valiosa é o que dá significado à nossa jornada.

EPISÓDIO #571 | **TAGS** #virtude, #calmainterior, #propósito

DIA 289: / /

PREMEDITATIO MALORUM CONTRA A ANSIEDADE

"Não deixe que os seus pensamentos dominem você. Em vez disso, domine os seus pensamentos." - Marcus Aurelius

Você pode controlar a sua ação e a sua reação, influenciando como se sente e age. A verdadeira calma da mente vem quando você deixa de reagir e começa a agir de forma racional. O conhecimento verdadeiro liberta, e a premeditação de males é uma forma de conhecimento que transforma.

Assim, *premeditatio malorum* é um exercício estoico que tem a incrível capacidade de nos libertar da ansiedade e do medo, proporcionando a tão desejada calma da mente. A ciência moderna valida esse exercício, que nos ajuda a entender como nosso cérebro reage ao medo e à ansiedade. A amígdala cerebral, parte responsável por nossas reações de luta ou fuga, muitas vezes, dispara sinais de perigo, mesmo quando não enfrentamos ameaças físicas reais. Isso nos leva a sentimentos de angústia e procrastinação.

A premeditação de males nos ensina a enfrentar os nossos medos e as nossas preocupações. Mas como? Começamos identificando o que podemos controlar em uma situação e o que está além de nosso controle. Fazemos listas de ações que podemos realizar para evitar ou mitigar problemas e nos preparamos para lidar com os desafios que não podemos controlar. Esse exercício é uma ferramenta valiosa para afastar a ansiedade e trazer a calma da mente. Ao praticá-lo, conseguimos desativar a amígdala cerebral, evitando reações impulsivas e permitindo que o nosso córtex pré-frontal, responsável pela racionalidade e pelo controle, assuma o comando. Assim, influenciamos as nossas ações, as nossas reações e, por fim, os nossos sentimentos e os nossos comportamentos.

Aprenda a aplicar a premeditação de males em sua vida. Transforme o medo em ação; a procrastinação, em produtividade; e a ansiedade, em calma. Essa é uma jornada de conhecimento que liberta e transforma, e você tem o poder de fazer parte dela.

EPISÓDIO #573 | **TAGS** #calmadamente, #controleemocional, #ansiedade, #autodesenvolvimento

DIA 290: ___ / ___ / ___

QUE TIPO DE VIDA VALE A PENA SER VIVIDA?

"A verdadeira felicidade não está nas coisas materiais, mas sim nas virtudes. Ame tudo o que acontece; aceite com alegria o que você não pode mudar e aja com coragem onde pode fazer a diferença." – Marcus Aurelius

Você já parou para se perguntar que tipo de vida vale a pena ser vivida? A maioria de nós parece estar sempre correndo, seguindo etapas para determinadas coisas: estudo, trabalho, casa, trabalho, filhos, trabalho, aposentar-se e só então viver, se a oportunidade um dia chegar. E se houvesse uma filosofia que nos ensinasse que estamos completamente errados, que estamos correndo para lugar nenhum?

Muitas vezes, estamos imersos em uma corrida frenética, buscando metas e sucessos que podem nos parecer importantes. No entanto, o estoicismo nos convida a uma reflexão profunda sobre o que realmente importa. A sabedoria estoica nos ensina que a verdadeira felicidade não reside em acumular bens materiais, mas sim em cultivar virtudes como a sabedoria, a justiça, a coragem e o equilíbrio emocional.

Além disso, os estoicos nos lembram de que, embora não possamos controlar o mundo ao nosso redor, podemos controlar as nossas reações a ele. Sofremos mais por aquilo que imaginamos do que pelo que realmente acontece. Portanto, é fundamental manter o equilíbrio emocional e agir com sabedoria diante dos desafios da vida. A filosofia estoica também nos convida a encarar a morte não como o fim, mas como parte natural da jornada da existência. Devemos viver cada dia com sabedoria e serenidade, buscando constantemente nosso aprimoramento interior.

Deixo aqui, então, um convite para que você busque sempre uma vida mais significativa e tranquila.

EPISÓDIO #575 **| TAGS** #sabedoria, #felicidade, #controleemocional

TORNE-SE INVENCÍVEL

"A adversidade é o teste da virtude; somente na adversidade podemos mostrar do que somos feitos." - Sêneca

Encare o medo não como uma barreira, mas como um convite ao crescimento. A verdadeira essência da vida se revela não pelos eventos que nos sobrevêm, mas pela maneira como escolhemos responder a eles. Cultive uma mentalidade resiliente, tratando cada contratempo como um passo adiante rumo ao triunfo pessoal.

Adote uma postura racional perante a vida, permitindo que a lógica oriente suas reações diante dos desafios. Como o rigoroso inverno que antecede a primavera, adversidades podem fortalecer nosso espírito. Preparar-se para enfrentá-las é essencial, pois é no exercício da paciência e da resiliência que crescemos, evitando nos precipitar em situações para as quais ainda não estamos prontos.

Exerça sua autonomia, focando o que está sob seu controle e aceitando o incontrolável. Ao fazer isso, transforme adversidades em lições valiosas, abraçando cada momento com positividade. O *amor fati* nos ensina a amar o destino, a tirar proveito de cada circunstância e a perceber que, no estoicismo, encontramos a força para ser invencíveis em nosso caminho.

Lembre-se de que sua vida é guiada por suas escolhas e por suas reações, e cada obstáculo é uma oportunidade para crescer. Transforme-se em alguém invencível por meio do estoicismo.

EPISÓDIO #576 **| TAGS** #coragem, #resiliência, #autoconhecimento

DIA 292: / /

É POR ESTA RAZÃO QUE VOCÊ VIVE: *SUMMUM BONUM*

"A mente virtuosa é semelhante ao farol que permanece firme, orientando os navegantes, não importa quão violentas sejam as ondas que o assediem." - Sêneca

O bem mais elevado, *summum bonum*, é a virtude. Tudo o que enfrentamos na vida é uma oportunidade de responder com virtude.

Nada na vida é mais importante do que agir com virtude, mesmo em meio a desafios, à dor ou à adversidade. Os estoicos acreditavam que a virtude nos guia para a felicidade, o sucesso, a honra e o amor verdadeiro.

Assim, é a virtude que nos permite enfrentar as nuvens passageiras da vida, pois ela nunca é vencida pelo mal. Seguir o preceito de fazer a coisa certa, de agir com honestidade, coragem, justiça e outras virtudes, leva-nos à alegria duradoura. Então, carregue isso em sua vida e viva as suas virtudes e os seus valores.

EPISÓDIO #581 **| TAGS** #*summumbonum*, #virtudes, #sabedoria, #coragem, #justiça

DIA 293: / /

A SABEDORIA DA VIDA

"Entre o estímulo e a resposta, há um espaço. Nesse espaço está o nosso poder de escolher a nossa resposta." - Viktor Frankl

"Sabedoria é o conhecimento das coisas boas e más, do que devemos escolher, daquilo com que devemos tomar cuidado e do que é indiferente."

"Uma coisa é saber o caminho; outra é caminhar pelo caminho."

No estoicismo, o *summum bonum*, o bem mais elevado, é alcançado por meio da virtude. A sabedoria, o primeiro dos quatro pilares da virtude, é essencial. Significa conhecer as coisas boas e más, o que devemos escolher, do que devemos cuidar e o que é indiferente.

É a habilidade de identificar o que está sob o nosso controle e o que não está. A sabedoria não é apenas conhecimento, mas ação no mundo real. É aquele espaço entre estímulo e resposta, no qual temos o poder de escolher como agir. Lembre-se: uma coisa é saber o caminho; outra é caminhar pelo caminho. A verdadeira sabedoria está em aplicar o que aprendemos.

EPISÓDIO #582 **| TAGS** #sabedoria, #virtude, #escolha, #ação

DIA 294: / /

O EQUILÍBRIO É A BASE DA VIDA

"Você pergunta: Qual é o limite adequado para a riqueza de uma pessoa? Primeiro, ter o que é essencial; segundo, ter o que é suficiente." - Sêneca

"Se você busca tranquilidade, faça menos, ou, mais precisamente, faça o que é essencial."

"O que traz uma dupla satisfação? Fazer menos e melhor."

"A abundância vem de ter o que é essencial."

A temperança, um dos quatro pilares da virtude estoica, é uma busca pela tranquilidade por meio do autocontrole e da moderação. Como nos ensina Marcus Aurelius, muitas vezes fazemos coisas malfeitas por não saber priorizar o que é essencial.

A verdadeira abundância, como os estoicos afirmam, vem de ter o que é essencial, não se deixando levar pelos desejos excessivos. Portanto, para viver uma vida mais abundante e feliz, é fundamental aprender a fazer menos, mas com mais qualidade, e a reconhecer o que é verdadeiramente importante.

EPISÓDIO #584 **| TAGS** #temperança, #autocontrole, #abundância

SEMANA 43

ESSA É A SOMA DE TODAS AS VIRTUDES

"A virtude é o bem supremo,
e tudo o mais é secundário."

- CÍCERO

ESCANEIE O QR CODE

Virtude acima de tudo.

A JUSTIÇA É A GLÓRIA CULMINANTE DAS VIRTUDES

"A justiça é a fonte de todas as outras virtudes." - Cícero

"Não nascemos apenas para nós mesmos; os homens foram criados por causa dos homens, para que pudessem fazer o bem uns aos outros."

"Se em algum momento da sua vida você se deparar com algo melhor do que justiça, prudência, autocontrole, coragem, do que uma mente satisfeita por ter conseguido permitir que você aja racionalmente e em aceitar o que está além do seu controle, abrace-o sem reservas."

A justiça é a base de todas as outras virtudes. Ela nos ensina a não prejudicar os outros e a contribuir para o bem comum. No estoicismo, a justiça não se limita apenas ao sistema legal, mas se estende às nossas interações diárias com os outros. Devemos agir com boa fé, firmeza e verdade, sempre considerando como as nossas ações afetam os demais.

A justiça nos lembra de que não vivemos apenas para nós mesmos; somos parte de uma comunidade e devemos fazer o bem uns aos outros. E, como Marcus Aurelius nos aconselha, se algo melhor do que justiça se apresentar, devemos abraçá-lo sem reservas. Mas, se não encontrarmos nada mais valioso, devemos dar prioridade à justiça, à prudência, ao autocontrole e à coragem, pois essas virtudes são o alicerce de uma vida virtuosa e significativa.

EPISÓDIO #586 **| TAGS** #justiça, #virtude, #bemcomum, #*summumbonum*

DIA 296: / /

PERSISTIR E RESISTIR: PALAVRAS QUE DEVEM NORTEAR A SUA VIDA

"Guie a sua vida por estas duas palavras: persistir e resistir." - Epictetus

"Persistência e resistência andam de mãos dadas com o sucesso em qualquer área da vida."

Confúcio e Epictetus, apesar de terem vivido em culturas e circunstâncias diferentes, expressaram uma verdade universal: a importância da persistência e da resistência em nossa vida. Confúcio destacou a palavra "tolerância", que nos lembra de resistir a ceder, resistir à tentação e resistir ao desespero.

Por outro lado, a persistência nos motiva a persistir em nossos esforços, a ser exemplos para os outros, a continuar o nosso treinamento e a superar obstáculos. Essas palavras simples, "persistir" e "resistir", como disse Epictetus, são pilares da nossa resiliência e essenciais para o sucesso em todos os aspectos da vida.

Elas nos ensinam que, independentemente dos desafios que enfrentamos, a nossa capacidade de persistir e resistir determina o nosso crescimento e a nossa felicidade. Portanto, leve essas palavras a sério e guie a sua vida por elas.

EPISÓDIO #588 **| TAGS** #persistência, #resistência, #tolerância, #resiliência

DIA 297: / /

A MENTE TEM O PODER DE DETERMINAR O QUE É BOM OU RUIM NA SUA VIDA

"Não são as coisas que perturbam as pessoas, mas os pareceres a respeito das coisas." - Epictetus

"A atribuição da culpa a si mesmo é atitude de alguém que dá início à sua educação."

"Perceba que, muitas vezes, nossa relação com o que é bom e com o que é ruim é exatamente o contrário do que deveria ser."

Epictetus nos ensina que as perturbações em nossa vida não são causadas pelas coisas em si, mas pelos pareceres que temos sobre elas. Por exemplo, a morte não é intrinsecamente temível, como Sócrates também entendia, mas é o parecer sobre a morte que a torna assustadora.

Atribuir aos outros a culpa por nossos males é ignorância, pois somos nós mesmos, com os nossos pareceres, que moldamos a nossa experiência. E a verdadeira educação começa quando reconhecemos essa responsabilidade.

Às vezes, evitamos sair da zona de conforto e encaramos desafios como algo ruim. No entanto, são esses momentos que nos fazem crescer e evoluir. Portanto, reflita sobre a sua percepção do que é bom e do que é ruim, pois, muitas vezes, ela está invertida. Sair da zona de conforto e enfrentar desafios é o caminho para o crescimento e a melhoria.

EPISÓDIO #589 **| TAGS** #resiliência, #percepção, #educação

DIA 298: / /

ALGUMAS COISAS ESTÃO EM NOSSO PODER; OUTRAS, NÃO

"Aprenda a distinguir o que está em seu controle do que não está, e você encontrará a verdadeira liberdade interior." - Epictetus

Epictetus nos ensina sobre a dicotomia do controle, uma das bases do estoicismo. Ele nos lembra de que algumas coisas estão em nosso controle, como as nossas ações, os nossos desejos e as nossas aversões, enquanto outras estão fora do nosso poder, como o corpo, a propriedade e a reputação.

A lição aqui é simples, mas profunda: ao focar as coisas que estão verdadeiramente sob o nosso controle, evitamos sofrimentos desnecessários. Não podemos controlar o mundo exterior, mas podemos controlar as nossas reações a ele. Quando compreendemos essa diferença, encontramos a verdadeira liberdade e a paz interior.

Pergunte a si mesmo: O que está verdadeiramente sob o meu controle? Como posso direcionar o meu poder para viver uma vida mais satisfatória e serena?

EPISÓDIO #591 **| TAGS** #controle, #liberdade, #pazinterior, #autoconhecimento

DIA 299: / /

A GRATIDÃO É A BASE DA FELICIDADE

"Não se envolva em sonhos de ter o que você não tem, mas considere como bênção o que possui e, então, felizmente, lembre-se de como você gostaria de tê-lo, caso não tivesse." - Marcus Aurelius

"Não importa quão bem-sucedidos somos, quão ricos somos, nunca teremos tudo o que queremos - até porque isso é natural do ser humano. Quando você conquista algo, desejará alguma outra coisa, e isso vai se tornando aquela ganância eterna, em que nunca se está satisfeito."

"A felicidade não é ter tudo no mundo; pelo contrário, a felicidade é ser grato por tudo o que você já tem. Temos que olhar para tudo o que temos e agradecer por aquelas coisas que não temos também."

Nessa lição, extraída dos diários do imperador romano Marcus Aurelius, somos lembrados da importância da gratidão em nossa jornada. Mesmo alguém que, à primeira vista, pareça ter tudo, como um imperador, enfrenta desafios e insatisfações.

A chave para a felicidade não está em termos tudo o que desejamos, mas em reconhecermos e sermos gratos pelo que já temos. É fácil cair na armadilha da ganância e da busca constante por mais, mas essa busca pode nos deixar perpetuamente insatisfeitos.

Pratique a gratidão diariamente. Olhe ao seu redor e veja as bênçãos em sua vida, mesmo nas pequenas coisas. Ao fazer isso, você encontrará alegria e contentamento no presente, em vez de se perder em desejos intermináveis.

EPISÓDIO #593 **| TAGS** #gratidão, #felicidade, #contentamento, #valorizaçãodopresente

O CONHECIMENTO SÓ TEM UTILIDADE QUANDO PODE SER COMPARTILHADO

"Nada me agradará, não importa quão excelente ou benéfico, se meu dever for mantê-lo exclusivo para mim."

"Uma coisa boa é agradável de possuir, mas, sem amigos para compartilhar, ela acaba não tendo muito sentido."

Nessa carta de Sêneca ao seu amigo Lucílio, o filósofo nos lembra da importância de compartilhar conhecimentos e experiências com os outros. Ele reconhece que o verdadeiro valor da sabedoria reside em sua capacidade de compartilhá-la e aplicá-la para benefício mútuo.

Sêneca destaca que a verdadeira amizade é aquela em que os amigos podem compartilhar não apenas as alegrias, mas também as dificuldades da vida. E é por meio desse compartilhamento que construímos relacionamentos sólidos e significativos.

Além disso, outro ponto que podemos observar é que Sêneca enfatiza que aprender não deve ser um ato egoísta. Ele está disposto a compartilhar o seu conhecimento com Lucílio, pois acredita que o verdadeiro benefício da sabedoria está em ajudar os outros a crescer e se desenvolver.

Portanto, não retenha o seu conhecimento, mas compartilhe-o generosamente com aqueles ao seu redor. Ao fazer isso, você não apenas enriquecerá as suas próprias experiências, como também ajudará a fortalecer os seus relacionamentos e a contribuir para o bem-estar coletivo.

EPISÓDIO #594 **| TAGS** #amizade, #sabedoria, #crescimentopessoal, #benefíciomútuo

DIA 301: / /

SE VOCÊ ESTÁ PREOCUPADO, LEIA ISTO

"O que eu aconselho você a fazer é não ser infeliz antes que a crise chegue, já que pode ser que os perigos que o atormentam agora nunca cheguem a ocorrer." - Sêneca

Preocupação constante, ansiedade e medo são emoções que podem nos atormentar mais do que deveriam, levando-nos a sofrer antes mesmo que as crises cheguem. Pensando sobre isso, Sêneca nos aconselha a não sermos infelizes antecipadamente, pois a maioria das preocupações que nos consome nunca se concretiza. É uma reflexão sobre o poder da imaginação humana, que tende a exagerar os problemas e antecipar tristezas que talvez nunca ocorram.

O cerne da mensagem é focar o presente, o que está sob o nosso controle, e aproveitar a vida que temos agora. Tanto Jesus quanto Sêneca destacam que o verdadeiro poder reside em lidar com as adversidades quando elas chegam, em vez de nos torturarmos com preocupações constantes.

Portanto, a lição é clara: viva o momento presente, aproveite as oportunidades e não desperdice energia em preocupações improdutivas. Ao fazer isso, podemos encontrar paz interior e lidar melhor com os desafios da vida.

EPISÓDIO #595 | **TAGS** #preocupação, #ansiedade, #controleemocional, #presente

SEMANA 44

SE ESTÁ DOENDO, ESTÁ FAZENDO EFEITO

"A dor que você sente hoje
é a força que sentirá amanhã."

- SÊNECA

ESCANEIE O QR CODE

Crescimento por meio da dor.

DIA 302: / /

SE ESTÁ DOENDO, ESTÁ FAZENDO EFEITO

"A sala de conferência do filósofo é um hospital. Você não deveria sair dela sentindo prazer, mas dor, pois não está bem quando entra nela."
- Epictetus

Você já parou para pensar que as jornadas filosófica e estoica podem ser comparadas a um hospital? Quando buscamos a sabedoria e o crescimento pessoal, não devemos esperar prazer imediato, mas sim enfrentar a dor do autodescobrimento e da autorreflexão.

Assim como a reabilitação física pode ser dolorosa, o processo de cura emocional e espiritual também pode envolver desconforto. No entanto, é por meio desse desconforto que crescemos e evoluímos. A vida em si é uma luta constante pela melhoria, e os ensinamentos estoicos nos capacitam a enfrentar essa luta com coragem, sabedoria, temperança e conhecimento.

Portanto, não devemos evitar a dor, mas abraçá-la como um sinal de que estamos no caminho certo para o autodesenvolvimento. Olhar para os pontos negativos da vida sem aplicar as virtudes estoicas só tornará a nossa jornada mais difícil. Em vez disso, devemos abraçar as lições dolorosas com a esperança de nos tornarmos pessoas melhores no processo.

EPISÓDIO #597 **| TAGS** #crescimentopessoal, #resiliência, #autodesenvolvimento, #sabedoria

APENAS FOQUE FAZER O QUE É CORRETO E IGNORE OS LOUCOS DO MUNDO

"Nunca lute como um porco. Você só fica sujo, e o porco gosta disso."

"Nos momentos inevitáveis de conflito, é preciso paciência para suportar ataques. Aprenda a se afastar e a deixar as outras pessoas sendo elas mesmas."

Em nossa vida, inevitavelmente encontraremos pessoas frustrantes, opiniões divergentes e conflitos. Marcus Aurelius nos ensina a lidar com esses desafios com a sabedoria estoica.

Em primeiro lugar, devemos nos lembrar de que tentar mudar alguém que não está disposto é inútil. Respire fundo e mantenha a compostura como um sinal de força interior. Depois, não lutar como um porco é um conselho para evitar conflitos desnecessários que só nos sujarão. Escolher as nossas batalhas com sabedoria preserva a nossa energia e a nossa paz interior.

Por fim, aprender a lidar com ataques requer paciência e autocontrole. Não é nosso dever mudar os outros, e, muitas vezes, a melhor resposta é nos afastarmos e permitirmos que cada um seja quem é.

Em resumo, o estoicismo nos ensina a não desperdiçar energia em confrontos infrutíferos e a focar o nosso próprio crescimento e a nossa serenidade.

EPISÓDIO #600 | **TAGS** #autocontrole, #pazinterior, #crescimentopessoal

DIA 304: / /

SEJA INABALÁVEL

"Seja inabalável na firmeza dos seus atos e dos seus juízos, mas também na gentileza com aqueles que buscam de toda forma tolher e irritar você. De fato, você demonstrará a sua fraqueza tanto ao explodir de raiva quanto ao se acovardar ante as censuras." - Marcus Aurelius

Nesse trecho, Marcus Aurelius compartilha profundas reflexões sobre a filosofia estoica, destacando a importância de praticá-la ao longo da vida. Ele nos lembra de que, especialmente nos momentos mais desafiadores, como quando estamos próximos do fim da vida, a filosofia estoica se torna essencial.

A ideia de permanecermos inabaláveis em nossos princípios e juízos enquanto mantemos a gentileza com aqueles que buscam nos tolher e irritar é uma lição atemporal. Ao não permitirmos que a raiva e a irritação nos dominem, demonstramos verdadeira força.

Lembre-se da importância de cultivar a filosofia estoica ao longo da vida, de permanecer firme em nossos princípios e de mostrar compaixão pelos outros, independentemente das circunstâncias.

EPISÓDIO #601 **| TAGS** #firmeza, #gentileza, #justiça, #reflexão

DIA 305: / /

DEIXE A HONRA SER O SEU GUIA

"Nunca desista. Nunca, nunca, nunca, nunca - em nada, grande ou pequeno, generoso ou mesquinho. Nunca ceda, exceto por convicções de honra e bom senso." - Winston Churchill

A vida nos desafia a encontrar o equilíbrio entre a perseverança e a capacidade de nos adaptarmos às mudanças. Não devemos nos apegar teimosamente a algo que não serve mais aos nossos objetivos ou que se torna prejudicial. Essa é a verdadeira força à qual devemos nos apegar! Ela reside em reconhecer quando é hora de desistir, honrando nossas convicções e o bom senso.

Então, deixe que ela seja o seu guia e priorize os seus valores independentemente das circunstâncias.

EPISÓDIO #602 **| TAGS** #persistência, #resiliência, #honra

OS PASSOS DO PERDÃO

"Na voragem de sentimentos como a ira ou a tristeza, pondere que nossa jornada é apenas um tênue fio na vastidão do tempo, e que o fim aguarda a todos igualmente." - Marcus Aurelius

Para chegarmos ao perdão, quero apresentar alguns passos de Marcus Aurelius.

O primeiro é nos lembrarmos da nossa interconexão com os outros seres humanos, já que nascemos para nos apoiar mutuamente. Isso nos incentiva a considerar a nossa própria opinião sobre as ações dos outros antes de reagirmos impulsivamente.

Depois, Marcus Aurelius nos desafia a entender que nosso sofrimento, muitas vezes, é resultado de nossas próprias interpretações e de nossos julgamentos, não apenas das ações alheias.

O terceiro passo diz que devemos ser encorajados a reconhecer que as pessoas geralmente agem com boas intenções, mesmo que os seus atos pareçam errados à primeira vista. Isso nos leva a praticar a compaixão.

Em seguida, ele nos lembra de que nossa vida é efêmera, e de que todas as nossas preocupações serão insignificantes diante da eternidade.

No quinto passo, Marcus Aurelius sugere que os nossos sentimentos de raiva são frequentemente baseados em nossas próprias opiniões e em nossos julgamentos, não nas ações dos outros. Assim, podemos aprender a controlar nossa raiva ao questionar e modificar nossas percepções.

Por fim, ele nos aconselha a evitar repreender os outros com ironia ou rancor, mas a abordar as situações com simpatia e compreensão. Devemos lembrar que a verdadeira virilidade se manifesta na serenidade e na brandura.

EPISÓDIO #603 **| TAGS** #perdão, #tolerância, #autocontrole, #empatia

SOBRE PRATICAR O QUE SE PREGA

"O que é a sabedoria? Sempre desejar as mesmas coisas, e sempre recusar as mesmas coisas." - Sêneca

"Prove as suas palavras por suas ações. Diferente é o propósito daqueles que discursam e tentam ganhar a aprovação de uma multidão de ouvintes. A filosofia nos ensina a agir, não a falar. Exige de cada homem que viva de acordo com o seu próprio padrão."

Nessas citações, somos lembrados de que a verdadeira sabedoria não reside apenas em palavras eloquentes, mas sim em ações consistentes. O estoicismo nos desafia a viver de acordo com os nossos princípios, a ser coerentes em nossa vida e a aplicar a filosofia no dia a dia.

Sêneca destaca a importância de provar as nossas palavras por meio de nossas ações, não apenas buscando a aprovação dos outros, mas cultivando a vida interna e a externa em harmonia. Ele nos exorta a seguir um padrão de vida consistente e a rejeitar aquilo que não está alinhado com os nossos princípios.

A busca pela sabedoria não é fácil, mas é um empreendimento que vale a pena. Devemos persistir, mesmo que o caminho seja desafiador, porque a verdadeira mudança acontece quando agimos de acordo com o que acreditamos.

EPISÓDIO #604 **| TAGS** #sabedoria, #princípios, #persistência

DIA 308: / /

CONTROLE A SUA MENTE, CONTROLE A SUA VIDA

"No silêncio está a sabedoria; não caia na armadilha de falar apenas para agradar outras pessoas."

Vamos aprender sobre 5 lições do estoicismo?

Controle a sua repulsa: aprenda a repudiar o que está fora do seu controle. Isso requer autoconhecimento e observação constante do mundo ao seu redor. Treine a sua mente para focar o que você pode controlar, deixando de lado preocupações com o que está além de seu domínio.

Controle as suas expectativas: aceite que nem sempre as coisas acontecerão como você deseja. Reduza as suas expectativas e esteja preparado para enfrentar situações que não são do seu agrado. Aprecie as boas experiências, mas saiba que tudo é passageiro.

Controle os seus desejos: concentre-se no que está sob seu controle. Não deseje nem evite o que depende dos outros. Foque aquilo que você pode influenciar: suas ações, seus pensamentos e suas reações.

Controle as suas ações: assuma a responsabilidade por suas ações e busque melhorar a si mesmo constantemente. Esteja ciente de que você é o senhor de suas ações, e a razão deve guiar seu comportamento.

Controle as suas palavras: o silêncio, muitas vezes, é a melhor resposta. Fale apenas quando necessário e evite falar mal dos outros. Não encha o ambiente com palavras vazias; o silêncio pode conter sabedoria.

Assim, dominar a mente é um processo contínuo que exige autodisciplina. Ao aplicar essas lições, você poderá controlar sua vida e encontrar paz e sabedoria no processo.

EPISÓDIO #615 | **TAGS** #autodomínio, #autocontrole, #sabedoria

SEMANA 45

ELIMINE TUDO O QUE É OSTENTAÇÃO

"A felicidade daqueles que querem ser populares depende dos outros; a felicidade daqueles que buscam a sabedoria depende de si próprios."

- MARCUS AURELIUS

ESCANEIE O QR CODE

Simplicidade é a chave.

DIA 309: / /

ELIMINE TUDO O QUE CONSTITUI OSTENTAÇÃO

"O excesso não traz paz, mas ansiedade. Sua felicidade não está nos bens materiais, mas em seu interior."

Você deve compreender a importância de abandonar a ostentação e o luxo em busca de uma vida mais pacífica e serena. Epictetus nos lembra de que a busca incessante por excessos materiais, como comida, bebida, roupas e moradias luxuosas, é uma armadilha que não nos traz felicidade genuína.

Muitas vezes, acreditamos que ter mais nos trará alegria, mas a realidade é que o excesso gera ansiedade e a necessidade constante de manutenção. Mesmo que você acumule riquezas e bens materiais, a ambição por mais nunca terminará, a menos que você trabalhe internamente para encontrar serenidade.

Assim, a verdadeira paz e tranquilidade não são encontradas em objetos materiais, mas sim dentro de nós mesmos. Embora seja válido ter dinheiro e bens, é crucial entender que a verdadeira felicidade reside em nossa paz interior, em nossa serenidade. A ambição material deve ser substituída pela busca de uma mente calma e uma conexão consigo mesmo.

Lembre-se de que Epictetus, mesmo sendo uma das pessoas mais ricas e influentes de Roma, percebeu que a verdadeira paz não estava nos bens materiais. Portanto, concentre-se em encontrar paz interior e serenidade enquanto desfruta das coisas materiais da vida.

Pare com a ostentação e a busca incessante por bens materiais. A ambição material nunca trará satisfação duradoura. Em vez disso, concentre-se em encontrar uma mente calma e uma conexão consigo mesmo.

EPISÓDIO #616 **| TAGS** #ansiedade, #ambição, #serenidade

DIA 310: / /

NÃO É SOBRE VENCER; É SOBRE VIVER

> *"O estoicismo não é um jogo de salão; é uma filosofia para a vida. Não existem vencedores em filosofia –, apenas aqueles que perdem a oportunidade de estar melhor."*

Compreenda que a filosofia, especialmente o estoicismo, não é uma competição em que alguém vence ou perde. O propósito da filosofia é buscar a sabedoria e aplicá-la à complexidade da vida humana.

As diferentes escolas filosóficas, como a de Sêneca, a de Marcus Aurelius e a de Epictetus, oferecem *insights* valiosos e sobrepostos, mas não há uma única resposta ou uma única vencedora entre elas. Em vez disso, cada filosofia se adapta a diferentes situações e indivíduos.

A mensagem essencial é a de que a vida não é uma competição a ser vencida, mas sim uma jornada de evolução pessoal. Não importa se você comete erros ou se enfrenta desafios; o importante é que você esteja subindo na espiral da vida em direção ao crescimento como ser humano.

Portanto, não se preocupe em vencer, mas sim em viver uma vida significativa, buscando constantemente melhorar a si mesmo e aprender com as filosofias que tocam você. Busque a sabedoria para enfrentar a complexidade da vida. Não existe um vencedor definitivo; apenas oportunidades de evolução pessoal. Concentre-se em viver uma vida significativa, aprendendo e crescendo constantemente.

EPISÓDIO #617 **| TAGS** #sabedoria, #complexidadedavida, #evoluçãopessoal

DIA 311: / /

SE NÃO É VERDADE, NÃO DIGA

"Se não for certo, não faça. Se não for verdade, não diga."

Reflita sobre a importância da honestidade, da responsabilidade e da justiça em suas ações. Marcus Aurelius nos lembra de um princípio fundamental: "Se não for certo, não faça. Se não for verdade, não diga". Isso nos desafia a agir de maneira ética, tomando decisões que sejam justas e sinceras.

No entanto, a filosofia estoica vai além. Não se trata apenas de evitar erros ou mentiras pessoais, mas também de agir quando você testemunha injustiça ou desonestidade. Não basta ser passivo e simplesmente não cometer erros; somos chamados a ser ativos na promoção da justiça.

Portanto, seja a pessoa que se levanta contra a fraude, que dá uma mão amiga e faz o que é correto. Aja com coragem e generosidade, e não feche os olhos para a injustiça. O compromisso com a verdade e com a retidão deve ser acompanhado pela vontade de corrigir o que está errado, mesmo que você não seja o responsável direto.

Lembre-se de que a injustiça em qualquer lugar é uma ameaça, mas a justiça em todos os lugares é a linha que devemos seguir. Portanto, não apenas evite o erro, mas seja um agente ativo da verdade e da justiça em sua vida e na sociedade.

EPISÓDIO #618 **| TAGS** #honestidade, #responsabilidade, #justiça

DIA 312: / /

NÃO TEMA A MORTE

"A maioria dos homens vive em miséria entre o medo da morte e as dificuldades da vida." - Sêneca

Neste dia, Sêneca nos presenteia com uma reflexão profunda sobre a morte e como enfrentá-la com serenidade. Ele nos lembra de que a vida é passageira e de que não devemos temer a morte, mas sim aceitá-la como parte natural da existência.

Sêneca destaca a importância de viver uma vida de qualidade, em vez de buscar prolongá-la indefinidamente. Ele nos alerta sobre como o medo excessivo da morte pode tornar nossa vida miserável, pois nos impede de desfrutar plenamente do presente. Ele também nos lembra de que a morte pode vir de diversas maneiras, muitas vezes, imprevisíveis, e de que não devemos nos apegar à vida de maneira desesperada. Em vez disso, ele nos encoraja a encarar a morte com coragem e serenidade, aceitando-a como parte inevitável da jornada humana.

Além disso, ele nos convida a repensar as nossas necessidades e os nossos desejos materiais, lembrando-nos de que a verdadeira riqueza está na simplicidade e na harmonia com a natureza. Em vez de buscar constantemente mais, devemos aprender a viver com menos e encontrar alegria nas coisas simples da vida.

Devemos viver com serenidade e apreciar cada momento que temos. Repense a sua relação com a morte e, assim, você encontrará a riqueza na simplicidade.

EPISÓDIO #621 | **TAGS** #medo, #reflexão, #serenidade

DIA 313: / /

"AQUI SE FAZ, AQUI SE PAGA": ENTENDA O CARMA PARA OS ESTOICOS

"Boas intenções e boas ações serão pagas na próxima vida com grande bondade."

"Intenções e ações ruins ou pecados serão pagos na próxima vida com grande severidade."

A perspectiva sobre o carma é um conceito frequentemente associado a religiões orientais, mas os estoicos a abordaram de maneira única. Ao contrário de algumas religiões, que ensinam que boas ações são recompensadas após a morte e más ações são punidas no além, os estoicos enfocam as consequências imediatas e terrenas de nossas ações. Eles argumentam que a vida de uma pessoa não é uma sequência de recompensas e punições após a morte, mas sim uma experiência moldada pelo que fazemos no presente.

A ideia é que, se age com boas intenções e pratica boas ações, você experimentará a "bondade" imediatamente em sua vida presente. Por outro lado, se você age com maldade e comete pecados, experimentará a "severidade" em sua vida atual, não em uma vida futura.

A ênfase está na responsabilidade pessoal e na noção de que as nossas ações têm consequências diretas em nossa vida. Isso nos lembra da importância de agir com moralidade, refletindo sobre as implicações de nossas escolhas e de nossos comportamentos.

Essa reflexão nos convida a não adiar a prática do bem, mas sim a incorporá-la em nossa vida cotidiana. Devemos nos esforçar para ser pessoas boas no presente, pois é isso que moldará a nossa experiência de vida aqui e agora.

EPISÓDIO #622 | **TAGS** #reflexão, #medo, #moralidade

DIA 314: / /

NATUREZA RACIONAL

"Pense firmemente a todo instante como homem romano e realize o que tem nas mãos com dignidade."

"A vida de cada ser humano é curta, e, embora a sua esteja quase no fim, você não respeita a si mesmo e faz a sua felicidade depender de outras almas."

Nesses trechos, apresentados no segundo livro de *Meditações*, de Marcus Aurelius, vemos a importância de manter a serenidade e a dignidade diante das adversidades da vida.

Ele começa lembrando que, em nossa jornada, deparamo-nos com pessoas de diversas naturezas, incluindo as negativas. No entanto, ele enfatiza que não devemos permitir que as ações prejudiciais dos outros nos afetem, pois somos parte da mesma natureza universal e divina.

Devemos agir de acordo com a nossa própria natureza racional, agindo com dignidade, justiça e compaixão, independentemente das ações alheias. Então viva cada dia como se fosse o último e valorize o presente ao não depender da felicidade futura. A serenidade e a autorreflexão são fundamentais para uma vida bem vivida.

Use a sua natureza racional para ser mais feliz agora. Isso fará com que você valorize o presente!

EPISÓDIO #623 | **TAGS** #reflexão, #autoconsciência, #serenidade

DIA 315: / /

REFLEXÕES ETERNAS: A SABEDORIA DE MARCUS AURELIUS

"Quão rápido todas as coisas desvanecem no todo do universo, o próprio corpo e, no tempo, as lembranças dele." - Marcus Aurelius

Marcus Aurelius deixou um legado, com suas meditações, que transcende milênios. Seus pensamentos, ricos e profundos, geram reflexões que ainda impactam nossa sociedade contemporânea.

Ele nos desafia a encarar a efemeridade da existência com coragem e consciência, lembrando-nos de que tudo é passageiro e de que a fama e a opinião dos outros são coisas efêmeras e perecíveis que podem nos desviar do nosso verdadeiro propósito.

Esse pensamento nos leva a uma reflexão: Como estamos valorizando o nosso tempo e a nossa existência? Estamos buscando um propósito que vale a pena ou estamos nos deixando levar pela busca de aprovação externa?

A sabedoria de Aurelius parece mais relevante do que nunca na era das redes sociais, em que a busca por *likes* e a opinião alheia podem nos desviar do nosso caminho. Os problemas humanos, embora possam se apresentar de formas diferentes, permanecem os mesmos desde os tempos de Aurelius.

Assim, a filosofia é o único guia verdadeiro capaz de manter nossa alma livre de toda violência, dor e prazer. Convido você a não agir sem um propósito claro, a não viver na falsidade ou na hipocrisia, e a aceitar com serenidade tudo o que acontece.

EPISÓDIO #624 | **TAGS** #meditações, #filosofia, #vidacompropósito, #autoconsciência

SEMANA 46

CUIDADO COM AS MULTIDÕES

"Quem vive para agradar aos outros certamente terá muita angústia."

- EPICTETUS

ESCANEIE O QR CODE

Encontre sua própria voz.

DIA 316: / /

SOBRE AS MULTIDÕES

"Você me pergunta o que deve considerar evitar em especial? Eu digo: multidões." - Sêneca

Nessa carta, Sêneca aborda um tema universal e atemporal: a influência das multidões em nossa vida. Ainda que as multidões da época de Sêneca fossem físicas, hoje elas assumem uma forma digital – concentrando-se em plataformas como Instagram, Facebook e WhatsApp.

Sêneca argumenta que o contato com as multidões pode ser prejudicial ao nosso caráter, ao nosso senso de propósito. As multidões podem nos tornar mais gananciosos, mais ambiciosos, mais volúveis. Até mesmo a manhã, que deveria ser um momento de descanso e reflexão, pode ser corrompida pela influência das multidões.

Ele destaca a importância de se manter firme, de resistir à tentação de se juntar à maioria. Mesmo grandes pensadores, como Sócrates, Catão e Lélio, poderiam ter sido arrastados pela força da multidão. Então nos Sêneca aconselha a nos concentrarmos em nós mesmos, a nos associarmos com aqueles que possam nos tornar pessoas melhores. Ele argumenta que não devemos buscar a notoriedade, não devemos ansiar por aplausos da maioria.

Em resumo, ele nos lembra da importância de mantermos a calma interior, de vivermos com propósito e intencionalidade, independentemente da opinião das multidões.

EPISÓDIO #625 | **TAGS** #multidões, #vidacompropósito, #autoconsciência, #estoicismo

DIA 317: / /

APROVEITE SEU MOMENTO PRESENTE, TODOS OS DIAS

> *"Devemos aproveitar todo o nosso tempo presente não somente porque a cada dia nos aproximamos da morte, ou pelo fato de que nossa capacidade de conceber e bem compreender as coisas tenderá a cessar antes de sua chegada." - Marcus Aurelius*

Marcus Aurelius, um dos maiores imperadores romanos e filósofo estoico, reflete sobre a efemeridade da vida e a beleza que pode ser encontrada nas coisas mais simples e naturais. Ele nos lembra de que nossa vida é um desfilar diário e que nosso tempo no mundo vai lentamente se esvaindo. Enfatiza a importância de aproveitar o tempo presente e de buscar o conhecimento do divino e do humano.

Além disso, argumenta que mesmo as coisas que parecem imperfeitas ou danificadas possuem sua beleza peculiar. Seja um pão assado com rachaduras, uma azeitona madura demais ou um leão selvagem. Todos têm o seu charme próprio quando observados com a devida atenção e apreciação.

No fim das contas, esse é um convite para contemplarmos a beleza em tudo e encontrarmos a harmonia nas coisas formadas pelo universo. Devemos observar o mundo com olhos puros e perceber a beleza até mesmo naquilo que parece imperfeito.

EPISÓDIO #626 **| TAGS** #apreciação, #belezaimperfeita, #vidaefêmera, #contemplação

LEMBRE-SE DE QUE VOCÊ TAMBÉM É MORTAL

"Você embarcou, fez a viagem, alcançou a praia da outra margem. Agora desembarque." - Marcus Aurelius

Na segunda parte do terceiro livro de *Meditações*, Marcus Aurelius continua as suas reflexões sobre a vida e a morte. Ele lembra que até mesmo as maiores figuras da história, como Alexandre, Pompeu e Caio César, foram vítimas da morte.

Aurelius nos incita a viver no presente, a não desperdiçar o nosso tempo pensando na vida alheia, a não nos prendermos a preocupações inúteis e a cultivar pensamentos bons, dignos e sociáveis. Ele enfatiza a importância de nos concentrarmos no que pertence a nós mesmos e de nos mantermos constantemente naquele que é o sumo de todas as coisas.

Ele nos lembra de que devemos ser serenos, alegres e buscar tranquilidade em nós mesmos, não nos outros. Um homem deve se manter ereto, apoiado em si mesmo, e não se valer dos demais como muletas. Então viva com propósito, intencionalidade e foco, pois, assim, encontrará a calma interior e viverá uma vida que vale a pena ser vivida.

EPISÓDIO #627 **| TAGS** #vidanopresente, #morte, #pensamentospositivos, #autoconfiança

DIA 319: / /

VIVER DAS VIRTUDES NÃO É APENAS IMPORTANTE; É TUDO O QUE EXISTE

"Se acaso achar nesta vida humana qualquer coisa melhor do que a justiça, a verdade, a temperança, a força moral... Abrace com toda a sua alma e se deleite nesse bem supremo." - Marcus Aurelius

No terceiro segmento do Livro III de *Meditações*, Marcus Aurelius reforça a importância da virtude, da justiça, da verdade, da temperança e da força moral. Ele argumenta que, se alguém encontrar algo melhor que essas qualidades, deve abraçá-lo totalmente.

Desse modo, sugere que a divindade plantada em nós, que nos permite seguir a razão e aceitar a parte que nos cabe, é a coisa mais bela e boa que podemos possuir. Ele argumenta que nada, nem mesmo a fama, o poder ou os prazeres da luxúria, pode competir com isso, aconselhando-nos a manter a concentração no que é pertinente a um ser racional e membro da civilização. Ele nos exorta a considerar cada objeto que nos é apresentado na vida, sempre contemplando as coisas de modo a refletir, ao mesmo tempo, a qual mundo elas pertencem e qual é a sua real utilidade nele.

Para finalizar, quero convidar você a viver apenas o presente, que é como um ponto indivisível. Todo o resto da vida de um homem é passado ou algo incerto. Assim, o tempo em que cada homem vive é curto e o canto do mundo em que ele habita é pequeno.

EPISÓDIO #628 | **TAGS** #virtude, #justiça, #temperança, #forçamoral, #vidapresente

DIA 320: / /

VIVA COM PROPÓSITO, INTENCIONALIDADE E FOCO

> *"Você deve sempre ter em mente os princípios necessários ao conhecimento das coisas divinas e humanas." - Marcus Aurelius*

Nessa reflexão, Marcus Aurelius nos encoraja a permanecer focados e dedicados ao nosso trabalho, guiados pela razão e sem distrações. Ele nos lembra de manter a essência divina pura, sempre prontos para entregar a vida que nos foi emprestada. A verdadeira felicidade, segundo ele, está em trabalhar em harmonia com a natureza, sem medos ou expectativas, mas com satisfação.

Como os médicos, que sempre têm seus instrumentos à mão para ajudar a quem precisa, devemos também ter sempre em mente os princípios necessários ao conhecimento das coisas divinas e humanas. Isso nos permitirá realizar cada ação, por mais insignificante que seja, com a lembrança das conexões entre o divino e o humano.

Devemos cuidar de nossa própria alma e nos esforçar para viver uma vida de tranquilidade, integridade e justiça. E nós, estoicos, acreditamos que a cura para os desafios significativos que a sociedade enfrenta atualmente, como níveis alarmantes de ansiedade, medo e depressão, está dentro de cada um de nós. Nossa missão é fornecer ferramentas e recursos para que as pessoas encontrem a calma interior e vivam com propósito, intencionalidade e foco.

EPISÓDIO #629 **| TAGS** #propósito, #intencionalidade, #foco

DIA 321: ___/___/___

VOCÊ MOLDA A PRÓPRIA REALIDADE COM A SUA OPINIÃO

"A vida é apenas o que você julga. A vida é opinião." - Marcus Aurelius

Nossa percepção da realidade é moldada pelas nossas opiniões e por nossos julgamentos. Não existe uma realidade objetiva, pois cada um de nós tem uma visão única e uma interpretação das situações que vivemos. Você pode ter todas as posses materiais que deseja e ainda se sentir insatisfeito se comparar a sua vida com a de outros. Por outro lado, pode ter pouco e se sentir extremamente grato e feliz. Isso tudo depende da sua perspectiva.

Os estoicos nos ensinam a amar tudo o que nos acontece e a ver cada situação como uma oportunidade de crescimento. Quando mudamos a nossa percepção e não nos apegamos a insultos ou ações negativas de outras pessoas, podemos ver as coisas por meio de um prisma mais positivo.

Marcus Aurelius diz que, se rejeitarmos a sensação de lesão, a própria lesão desaparece. Cada dano que recebemos na vida é apenas uma questão de opinião. Você tem o poder, portanto, de moldar a sua realidade, escolhendo sempre olhar para o melhor lado das coisas, mantendo uma atitude positiva em relação à vida.

EPISÓDIO #631 | **TAGS** #percepção, #opinião, #realidade

DIA 322: / /

A MORTE COMO LEMBRANÇA DO QUE REALMENTE IMPORTA

> *"A morte, de fato, é uma coisa que pertence ao passado: todo o tempo que já passou já foi entregue à morte." - Sêneca*

Em nossa jornada pela vida, a única certeza que temos é a da morte. Contudo, a morte não precisa ser um motivo de medo ou de angústia, mas um lembrete poderoso de nossa efemeridade e da importância de viver o presente intensamente.

Ao contemplarmos a nossa mortalidade, ganhamos perspectiva e clareza sobre o que realmente importa. Deixamos de perder tempo com trivialidades e passamos a investir o nosso tempo em ações que tragam significado e propósito para a nossa vida, seja no trabalho, na caridade, no cuidado com a família ou com os amigos.

Lembrar-nos da nossa morte nos ajuda a focar aquilo que é importante, a deixar de lado a procrastinação e a aproveitar cada minuto de vida que temos. A cada amanhecer, recebemos um presente adicional pelo qual devemos agradecer e devemos usar para melhorar a vida de outras pessoas.

EPISÓDIO #632 **| TAGS** #mortalidade, #propósito, #foco

SEMANA 47

FAÇA O SEU MELHOR

"Não é o que fazemos de vez em quando que molda a nossa vida, mas o que fazemos consistentemente."

– ARISTÓTELES

ESCANEIE O QR CODE

Consistência é fudamental. Veja como sempre fazer o seu melhor.

DIA 323: / /

FAÇA O SEU MELHOR E NÃO RECLAME

"Faça o seu melhor e não reclame. Se o seu pepino está amargo, jogue-o fora. Se há espinhos em seu caminho, ache um desvio. Isso é suficiente." - Marcus Aurelius

Muitas vezes, deparamo-nos com situações desafiadoras e desagradáveis em nossa vida. Pode ser uma pessoa que nos incomode, um trabalho que odiemos ou qualquer outro obstáculo que esteja em nosso caminho. Entretanto, reclamar sobre essas situações não vai mudar nada. O que podemos fazer é mudar a nossa atitude em relação a elas.

Se algo ou alguém incomoda você, ignore-o ou se afaste. Se odeia o seu trabalho, procure outro ou tente torná-lo menos doloroso. Podemos não ter controle sobre as situações externas, mas sempre temos controle sobre a nossa atitude em relação a elas.

A vida é sobre fazer o melhor com o que temos. Mesmo com recursos limitados, sempre podemos encontrar uma maneira de aproveitar ao máximo. Em vez de ver o copo meio vazio, tente enxergá-lo meio cheio. Mude a sua perspectiva, tome uma atitude proativa e faça o melhor que puder com os recursos que tem à disposição.

EPISÓDIO #633 **| TAGS** #atitude, #perspectiva, #fazeromelhor

DIA 324: / /

DESCUBRA O SEU PROPÓSITO E VEJA COMO É GRATIFICANTE

> *"Evite todas as ações que são casuais ou sem propósito e, em segundo lugar, certifique-se de que toda ação vise unicamente o bem comum."*
> *- Marcus Aurelius*

Viver de forma honrada e decidida não significa apenas buscar o próprio bem-estar, mas também se esforçar para ajudar os outros. Compartilhar o nosso conhecimento, nossos dons e nossos recursos com aqueles que precisam é uma maneira de cumprir o nosso propósito de vida.

Não devemos esperar recompensas por fazer boas ações. O próprio ato de fazer o bem deve ser recompensa suficiente. Assim como os olhos existem para ver e os pés existem para andar, nós existimos para realizar atos de bondade.

Quando fazemos uma boa ação ou servimos ao bem comum, estamos cumprindo o nosso propósito. E o verdadeiro ato de bondade é aquele que é feito sem a expectativa de reconhecimento ou elogio.

Desse modo, a vida ganha um novo sentido quando descobrimos o nosso propósito e nos dedicamos a ele. Então busque o seu, não apenas para o seu próprio benefício, mas para o benefício dos outros.

EPISÓDIO #634 **| TAGS** #propósito, #bondade, #ajudaaooutro

PREMEDITATIO MALORUM: ANTECIPE O MAL QUE PODE ACONTECER

> *"Se você não quer que o homem recue quando a crise chegar, treine-o antes que ela chegue." – Sêneca*

Essa reflexão nos convida a meditar sobre o futuro, analisar os possíveis caminhos e considerar os piores resultados. Ajuda também a nos prepararmos para qualquer eventualidade e a reduzirmos a ansiedade de sermos pegos de surpresa.

O estoicismo nos ensina a prática da *premeditatio malorum*, um exercício de visualização dos possíveis desafios e contratempos que podem surgir em nossa vida. Esse exercício não é um sinal de pessimismo, mas uma demonstração de otimismo e de autoconfiança. Estamos nos preparando para enfrentar qualquer coisa que possa acontecer e fazendo o trabalho necessário para evitar futuros problemas.

Sendo assim, antecipar os problemas não só nos prepara para enfrentá-los com equilíbrio e força, mas também nos permite agir antecipadamente para prevenir ou mitigar futuros contratempos.

Portanto, se você deseja ter um dia de sucesso, pense em todas as maneiras pelas quais isso pode ser interrompido. Esteja preparado para isso e pratique a calma diante do que pode parecer esmagador.

EPISÓDIO #635 **| TAGS** #*premeditatiomalorum*, #preparação, #estoicismo

DIA 326: / /

SAIA DA CAMA E FAÇA O QUE CABE A VOCÊ

> *"Estou me levantando para o trabalho do homem. Devo resmungar quando saio para fazer o que eu nasci para fazer e para o bem de ter sido trazido para o mundo?" - Marcus Aurelius*

Neste episódio, a reflexão é sobre a necessidade de cumprirmos o nosso propósito, mesmo nos dias em que a vida parece difícil e a motivação está baixa. Marcus Aurelius, o imperador romano, também passou por esses momentos, mas ensinou que devemos nos levantar e cumprir o nosso papel na evolução da humanidade.

Ficar na cama é prazeroso, mas é um prazer momentâneo. O verdadeiro prazer de um homem é fazer as coisas para as quais ele foi feito. A maior parte da vida consiste em esforço e luta, e é no enfrentamento desses desafios que encontramos a nossa verdadeira realização e a nossa contribuição para o mundo.

Podemos contribuir com a nossa capacidade de socializar, de fazer os outros se sentirem amados, com a nossa habilidade de ler e escrever ou de pesquisar. O importante é que cada um de nós tem a capacidade de tornar o mundo um pouco melhor.

Então, levante-se e faça o que lhe cabe. Cumpra o seu papel na evolução da humanidade e encontre a verdadeira felicidade na contribuição para o mundo.

EPISÓDIO #637 | **TAGS** #propósito, #esforço, #contribuição

DIA 327: / /

CONTROLE ESSA RAIVA E CONQUISTE A SUA PAZ

"Você quer ficar menos zangado? Seja menos consciente." - Sêneca

No dia de hoje, quero levantar a discussão sobre a necessidade de controlar a raiva para encontrar a paz. Sêneca falava sobre como a raiva, muitas vezes, piora as coisas e nos faz perder momentos de felicidade por causa de pequenas irritações.

Ela é uma emoção difícil de combater, pois é natural e, muitas vezes, intuitiva. Mas Sêneca nos ensina que devemos ser menos conscientes das pequenas coisas que nos irritam. Não devemos nos deixar afetar por microagressões ou pequenas falhas, pois elas só servem para nos incomodar e tirar a nossa paz.

Quando sentir a raiva começando a ferver, dê um passo atrás e se pergunte: "E se eu não tivesse notado isso?". Afinal, como Marcus Aurelius disse, "Você não precisa transformar isso em algo; isso não precisa incomodar você". Então controle a sua raiva, seja menos consciente das pequenas irritações e conquiste a paz.

EPISÓDIO #638 **| TAGS** #raiva, #paz, #Sêneca

O QUE É O ESTOICISMO EM UMA FRASE

"Os estoicos acreditam que não controlam o mundo ao redor, mas apenas como respondem, e que devem sempre responder com coragem, temperança, sabedoria e justiça." – Ryan Holiday

Precisamos compreender o estoicismo em sua essência mais pura.

Não se trata de controlar o mundo ao nosso redor, pois isso está além do nosso poder. Em vez disso, o estoicismo enfatiza o nosso controle sobre como respondemos ao mundo. Essa resposta deve sempre ser guiada pelos princípios estoicos de coragem, temperança, sabedoria e justiça.

Sendo assim, quero encorajar você a refletir sobre o que o estoicismo significa para nós individualmente, e como podemos aplicar os seus princípios em nossa vida diária. Ao fim, seremos levados a considerar não apenas o que o estoicismo é, mas o que cada um de nós é e representa.

EPISÓDIO #641 | **TAGS** #estoicismo, #autodomínio, #coragem

DIA 329: / /

REFLEXÕES SOBRE A MORTALIDADE AO ENFRENTAR PERDAS

"Valorizar o momento presente é valorizar as pessoas que você tem enquanto as tem e saber que, em algum momento, pode ser que não as tenha ou que elas não tenham você, e isso faz parte da vida. Está tudo bem, porque é natural, é da natureza e é de Deus." - Léo Simão

Neste dia, a questão do enfrentamento das perdas, tanto materiais quanto da vida, é abordada sob a perspectiva de que é comum que, ao enfrentar perdas pessoais, as pessoas vejam a situação como uma grande tragédia. No entanto, os estoicos nos ensinam a prática do desapego.

Desapegar não significa evitar relacionamentos ou não valorizar as coisas, mas sim aprender a ver as perdas com perspectiva. A contemplação da mortalidade, o *memento mori*, é um dos preceitos estoicos que nos lembram de que a morte é natural e inevitável.

A chave é valorizar o momento presente e as pessoas que temos em nossa vida, sabendo que haverá um momento em que isso pode mudar. Enfrentar a morte e as perdas com aceitação e coragem é uma parte essencial da filosofia estoica.

EPISÓDIO #642 | **TAGS** #perdas, #mementomori, #estoicismo

SEMANA 48

SE BUSCA A FELICIDADE, FAÇA MENOS

"Simplificar a vida é o passo mais extraordinário para a paz interior."

- SÊNECA

ESCANEIE O QR CODE

Menos é mais. Descubra o caminho para a felicidade.

DIA 330: / /

FAÇA MENOS, MAS FAÇA BEM-FEITO

> *"Somos mais felizes quando fazemos poucas coisas, mas as fazemos bem. Isso traz o contentamento que vem de fazer algumas coisas, mas fazê-las bem." - Marcus Aurelius*

Perceba a importância de fazer menos, mas fazer bem. Com calma, dedicação, disciplina. Uma das meditações de Marcus Aurelius nos lembra de reduzirmos as ações supérfluas de nossa vida para alcançar a tranquilidade. Ou seja, fazer menos na vida não significa ser menos produtivo. Ao contrário, ao limitar nossas ações às coisas essenciais, podemos concentrar a nossa energia e a nossa atenção nelas, fazendo-as bem e alcançando maior satisfação.

Muitas vezes, somos levados a fazer mais do que é necessário por hábito, culpa, preguiça, ambição ou ganância. No entanto, ao eliminar as ações desnecessárias, podemos reduzir o estresse e ter mais tempo para focar o que realmente importa. Então, siga esse conselho hoje e todos os dias: faça menos, mas faça bem-feito.

EPISÓDIO #643 **| TAGS** #produtividade, #estoicismo, #focointerno

DIA 331: / /

TUDO NASCE PARA MORRER: ESSA É A LEI DA IMPERMANÊNCIA

"Tenha em mente que tudo que existe já está se desgastando nas bordas e em transição, sujeito à fragmentação e ao apodrecimento, ou que tudo nasceu para morrer." – Marcus Aurelius

Aqui a conversa girará em torno da lei da entropia e da impermanência em nossa vida. Segundo Marcus Aurelius, tudo o que existe está em constante desgaste e transição, destinado à fragmentação, ao apodrecimento e, por fim, à morte.

Essa é uma lembrança importante da impermanência de todas as coisas, incluindo nós mesmos. Nossos "castelos de areia" estão sempre desmoronando, e isso nos leva a duas conclusões importantes. Em primeiro lugar, devemos ter humildade para aceitar a natureza passageira da vida e de tudo o que construímos. Em segundo lugar, devemos focar o aqui e o agora, pois isso é tudo o que realmente temos.

Assim, internalize a impermanência como um passo fundamental para viver com propósito, intencionalidade e foco. Aprecie, viva e seja feliz, pois tudo passa, tudo vem e tudo vai.

EPISÓDIO #644 **| TAGS** #impermanência, #momentopresente, #estoicismo

DIA 332: / /

VOCÊ TEM MAIS FORÇA DO QUE IMAGINA

"Que sorte eu tenho, que me deixou sem amargura, inabalável pelo presente e não afetado pelo futuro. A coisa poderia ter acontecido com qualquer um, mas nem todos teriam ficado imperturbáveis como fiquei." - Marcus Aurelius

Quero explicar, neste dia, sobre a força interior que todos nós possuímos. Para se tornar um campeão em qualquer campo da vida, é necessário enfrentar adversidades, desafios e, às vezes, até mesmo dor. No entanto, é por meio dessas experiências que nos tornamos mais fortes.

As palavras de Marcus Aurelius nos lembram de que somos mais resilientes do que pensamos. Não podemos controlar as ações dos outros, mas podemos controlar a maneira como interpretamos essas situações e respondemos a elas. Lembre-se: você é mais forte do que pensa.

Além disso, convido-o a refletir sobre a nossa jornada na vida. Não estamos aqui para desfrutar de um passeio tranquilo, mas para crescer, evoluir e ajudar os outros em suas próprias jornadas. Somos seres espirituais vivenciando uma experiência humana, e temos o dever de trabalhar para a nossa própria evolução.

EPISÓDIO #645 **| TAGS** #resiliência, #forçainterior, #evoluçãoespiritual

DIA 333: / /

ENCONTRANDO A PAZ INTERIOR

"Não permita que nenhum de seus atos seja realizado sem um propósito... E, entre as verdades para as quais você deve se voltar em suas meditações, inclua estas duas: uma, que as coisas não são realmente capazes de tocar a nossa alma, pois todas elas existem externamente, e toda a nossa perturbação surge unicamente da opinião que fazemos delas; a outra, que tudo que você vê neste mundo logo se transformará e deixará de existir." – Marcus Aurelius

Essa citação está no livro IV de *Meditações*, de Marcus Aurelius. O imperador romano nos lembra de que devemos viver de acordo com a natureza e de que a nossa alma é capaz de se adaptar a qualquer situação que possa surgir.

Ele também ressalta a importância de não nos deixarmos distrair por coisas externas e fala sobre a necessidade de nos recolhermos dentro de nós mesmos para encontrar a verdadeira paz e a serenidade. Enfatiza que toda perturbação surge unicamente da opinião que fazemos das coisas e que tudo neste mundo logo se transformará e deixará de existir.

Quero que você reflita, portanto, sobre a efemeridade das coisas, a insignificância da fama e a importância de viver com propósito. O verdadeiro valor não está na aprovação externa, mas no trabalho de autoconhecimento e na evolução interior.

EPISÓDIO #646 | **TAGS** #propósito, #meditação, #estoicismo

DIA 334: __/__/__

A VERDADEIRA BELEZA INTERIOR NAS MEDITAÇÕES DE MARCUS AURELIUS

> *"Um homem deveria ter dois princípios sempre em mente: primeiro, agir sempre de acordo com o conselho de sua alma reinante; segundo, estar pronto a mudar de opinião e de conduta se cruzar seu caminho alguém que saiba corrigi-lo." - Marcus Aurelius*

No livro IV de *Meditações*, de Marcus Aurelius, o imperador romano nos desafia a não nos deixarmos levar por ofensas externas, mas a permanecermos fiéis à nossa própria razão e ao nosso julgamento. Ele nos lembra de que a verdadeira beleza não depende de louvor ou de censura externa, mas reside em nossa própria essência.

Ele também enfatiza a brevidade da vida e a efemeridade da fama. Ele nos convida a refletirmos sobre o fato de que todos nós e todos que nos conhecem um dia morreremos e seremos esquecidos. Portanto, não devemos nos preocupar com a opinião dos outros, mas sim com a justiça e com a pureza de nossos próprios atos.

Assim, temos a importância da autenticidade, da autorreflexão e da prontidão para mudar quando necessário. O verdadeiro valor não reside na aprovação externa, mas na nossa própria evolução moral e espiritual.

EPISÓDIO #647 **| TAGS** #autenticidade, #reflexão, #mudança

DIA 335: / /

O SIGNIFICADO DA VIDA NAS MEDITAÇÕES DE MARCUS AURELIUS

> *"Não perca tempo discutindo sobre o que um bom homem deve ser. Seja um." – Marcus Aurelius*

O imperador romano reflete sobre a natureza efêmera da vida e a importância do discernimento e da simplicidade. Ele nos lembra de que tudo no universo é parte de uma ordem estabelecida e de que devemos viver em harmonia com essa ordem.

Então, viva o momento presente com razão e justiça e aja de acordo com o conselho de nossa alma para estar aberto à mudança quando necessário. Evite a preocupação com coisas desnecessárias e foque o seu próprio crescimento e o seu desenvolvimento.

Quero que você reflita sobre a brevidade da vida, a insignificância da fama e a importância de viver com propósito e intencionalidade. Lembre-se também de que a verdadeira paz e a serenidade vêm de dentro e de que cada um de nós tem o poder de alcançar a tranquilidade mental.

EPISÓDIO #648 **| TAGS** #propósito, #vida, #mudança

DIA 336: / /

SUPERANDO A SÍNDROME DO IMPOSTOR COM O ESTOICISMO

"Você tem poder sobre a sua mente, não fora, nos eventos externos. Compreenda isso e encontrará força." - Marcus Aurelius

A síndrome do impostor é um fenômeno psicológico em que um indivíduo, apesar de suas realizações significativas, continua a duvidar de suas habilidades e teme ser exposto como uma fraude.

Marcus Aurelius nos lembra de que temos controle sobre a nossa mente, não sobre os eventos externos. Portanto, é crucial cultivar a força mental e a disciplina para superar a dúvida interna e a autocrítica.

Perceba também a importância da gratidão e da conexão com os outros. A gratidão nos ajuda a manter uma perspectiva positiva, enquanto a conexão nos fornece o apoio emocional de que precisamos para enfrentar os desafios.

Assim, a autoconfiança, a disciplina mental e o apoio comunitário são fundamentais no enfrentamento da síndrome do impostor. Todos nós temos o poder de superar a dúvida interna e de viver uma vida que vale a pena ser vivida.

EPISÓDIO #649 | **TAGS** #síndromedoimpostor, #estoicismo, #autoconfiança

SEMANA 49

EMPREENDEDORES SÃO APÓSTOLOS

"O empreendedorismo é quando você atua como se não houvesse limites para suas habilidades."

- EPICTETUS

ESCANEIE O QR CODE

Empreender é uma missão. Entenda o espírito empreendedor.

DIA 337: / /

EMPREENDEDORES SÃO APÓSTOLOS: UMA VISÃO ESTOICA

"A vida de um homem é o que seus pensamentos fazem dela." - Marcus Aurelius

Tião, proprietário de uma pousada em Trancoso chamada Pousada Cajueiro, disse-me que os empreendedores são apóstolos. Eles não apenas criam negócios, mas também geram prosperidade para muitos – para os seus colaboradores, para a família deles, para os seus clientes e para os seus fornecedores.

Os empreendedores trabalham incansavelmente, enfrentam obstáculos inimagináveis e se dedicam de corpo e alma ao seu propósito. Fazem isso não por motivos financeiros, mas por um senso de missão profundamente enraizado em sua alma. São apóstolos, promovendo a evolução e gerando prosperidade para toda a sociedade.

Desse modo, quero convidar você a refletir sobre a importância da intenção e do propósito no empreendedorismo. Tião nos lembra de que a nossa vida não é apenas sobre nós, mas sobre as pessoas que impactamos. E que, como Marcus Aurelius disse, "A vida de um homem é o que os seus pensamentos fazem dela".

EPISÓDIO #650 | **TAGS** #empreendedorismo, #prosperidade, #estoicismo

DIA 338: / /

TUDO SE TRANSFORMA EM CONTO E REGISTRO

"Toda a nossa infelicidade vem da incapacidade de estarmos sozinhos." - Jean de La Bruyère

Continuando a nossa leitura e discussão das *Meditações*, de Marcus Aurelius, focando a quarta parte do Livro IV, ele reflete sobre a transitoriedade da vida e a vaidade de buscar a fama eterna.

Ele nos lembra de que todas as vidas, inclusive aquelas de pessoas ilustres e famosas, inevitavelmente se desvanecem e se tornam apenas contos e registros históricos. No entanto, ele também questiona a importância da memória eterna, considerando-a vaidade. Em vez disso, Aurelius enfatiza a importância de buscar pensamentos e ações justas, visando ao bem comum. Ele nos incentiva a aceitar tudo o que ocorre como parte da natureza, que flui da mesma fonte que nos originou.

O episódio nos convida a refletir sobre a impermanência da vida e sobre a importância de vivermos com integridade e propósito. Ele nos lembra de que, em última análise, somos seres transitórios em uma constante jornada de transformação.

EPISÓDIO #651 | **TAGS** #meditações, #MarcusAurelius, #estoicismo

DIA 339: / /

NOSSA ÚNICA CERTEZA

"A morte é tão temida quanto a vida mal compreendida." - Sêneca

Considere a inevitabilidade da morte e a insignificância da diferença entre morrer amanhã ou daqui a muitos anos. Marcus Aurelius nos lembra de que a morte é uma constante, a única certeza que temos na vida, e de que devemos sempre estar conscientes dessa realidade.

Ele também reflete sobre a ideia de sofrimento e sobre como devemos perceber os infortúnios que encontramos ao longo do caminho. Argumenta que o que podemos considerar como infortúnios são realmente oportunidades para evoluirmos e fortalecermos o nosso caráter. Então, reveja as suas atitudes em relação à morte e ao sofrimento e considere como pode abraçar a filosofia estoica para viver uma vida mais consciente e intencional.

EPISÓDIO #652 **| TAGS** #meditações, #MarcusAurelius, #estoicismo

DIA 340: / /

VOCÊ PODE SER FELIZ EM QUALQUER LUGAR

"O ritmo dos campos verdes sempre pode ser seu, neste ou em qualquer outro lugar." - Marcus Aurelius

Precisamos encontrar a felicidade onde quer que estejamos. Muitas vezes, desejamos estar em outro lugar, pensando que a felicidade reside em uma casa maior, em uma cidade diferente, ou em um local mais conveniente. No entanto, a verdadeira felicidade está dentro de nós, não no lugar em que moramos.

Se estivéssemos satisfeitos com o local em que moramos e não desejássemos estar em outro lugar, quanto teríamos a mais de energia, dinheiro e atenção? Poderíamos ter essa energia voltada às coisas melhores da vida? Mesmo morando onde mora, você pode encontrar a sua felicidade, porque ela não está no local: está dentro de você.

A verdadeira felicidade está em olhar para dentro e encontrar a paz interior, independentemente de onde estejamos. Porque, não importa para onde vamos, nós levamos conosco nossos problemas, nossas dúvidas e dores. Portanto, é fundamental olhar para dentro e encontrar a paz dentro de nós mesmos.

EPISÓDIO #654 **| TAGS** #felicidade, #pazinterior, #estoicismo

DIA 341: / /

NUNCA SE VENDA POR PREÇO ALGUM

"Nunca se venda, nunca venda os seus valores." – Epictetus

Nunca devemos comprometer os nossos valores, independentemente das vantagens materiais que possam ser oferecidas. Muitas vezes, vendemos a nossa liberdade, os nossos princípios e a nossa felicidade por uma pequena vantagem nos negócios, por uma casa maior, por um carro melhor ou por fama.

Epictetus pergunta se respeitamos a confiabilidade, a firmeza do espírito, a liberdade da dor e do medo e, em outras palavras, a nossa liberdade. Pelo que venderíamos essas coisas? A resposta, muitas vezes, é que por centavos trocamos a nossa palavra, a nossa paz de espírito e o nosso autorrespeito.

Vendemos a nossa liberdade por um trabalho que nos deixa infelizes ou por um relacionamento cheio de brigas. Só temos uma vida para viver, e quantos de nós já vendemos, de modo rápido e barato, em vez de nos apegarmos ao incrível valor que nos foi dado?

As quatro virtudes que estão no topo do estoicismo são: justiça, moderação, sabedoria e coragem. Comparado a elas, todo o resto é barato, se não, inútil. Então, pergunto a você: Vale a pena desistir delas?

EPISÓDIO #656 **| TAGS** #valores, #liberdade, #virtudes, #autorrespeito

DIA 342: / /

DESPERTANDO PARA O PAPEL DA HUMANIDADE

"Pela manhã, quando for penoso acordar, lembre-se: você desperta para realizar a tarefa de um ser humano." - Marcus Aurelius

Marcus Aurelius, imperador romano, escrevia para si mesmo, para se lembrar dos ensinamentos diários, e, aqui, fala sobre o fato de que, ao acordarmos, estamos cumprindo a nossa função humana. Por que, então, reclamaríamos de realizar as tarefas para as quais fomos colocados neste mundo? Ele contrasta o prazer de permanecer na cama com a alegria e a satisfação de cumprir o nosso papel na vida.

Também destaca o equilíbrio necessário entre descanso e trabalho, entre prazer e ação. O filósofo nos lembra de que devemos estar satisfeitos com o que nos foi concedido pelo destino e evitar a luxúria, a vaidade e as banalidades.

Sempre leve com você que trabalhamos para o bem comum, sem expectativa de recompensa. Assim como a videira produz uvas sem esperar nada em troca, devemos realizar as nossas tarefas com humildade e simplicidade.

EPISÓDIO #657 **| TAGS** #estoicismo, #simplicidade, #bemcomum

DIA 343: / /

A ARTE DO CONTENTAMENTO

"Quando você se dispõe a realizar alguma ação, recorde-se de qual é a natureza dessa ação." - Epictetus

Precisamos estar cientes das potenciais adversidades que podem surgir em nossa caminhada. Epictetus sugere que, antes de nos engajarmos em qualquer atividade, devemos mentalmente antecipar os possíveis obstáculos que podem surgir. Ao fazermos isso, preparamo-nos melhor emocionalmente para enfrentar tais desafios e manter a nossa paz interior.

Por exemplo, se planejamos ir à praia em um fim de semana de feriado, devemos estar preparados para enfrentar o tráfego pesado e a praia lotada. Sabendo disso, podemos tomar a decisão consciente de aceitar esses obstáculos como parte da experiência, em vez de permitir que eles nos frustrem ou nos perturbem.

Essa perspectiva nos permite encarar as adversidades da vida de maneira mais tranquila, vendo-as simplesmente como "situações" a serem enfrentadas, em vez de "problemas" insuperáveis. Isso nos ajuda a manter a calma e a serenidade em meio às turbulências.

EPISÓDIO #658 **| TAGS** #serenidade, #contentamento, #planejamento

SEMANA 50

ACEITE O QUE É

"A aceitação não é submissão;
é o reconhecimento da força do ser."

– MARCUS AURELIUS

ESCANEIE O QR CODE

A aceitação traz paz. Descubra a força do ser.

DIA 344: / /

A ACEITAÇÃO DO DESTINO

"Devemos buscar aceitar a parte que nos cabe do destino como se fosse uma das prescrições de Esculápio." - Marcus Aurelius

Explorando mais sobre o Livro V das *Meditações*, de Marcus Aurelius, temos esse trecho em que ele fala sobre a importância de aceitarmos nosso destino.

Ele nos lembra de que tudo o que acontece conosco é parte do destino, que se entrelaça com o universo inteiro. Quando nos deparamos com desafios, é crucial lembrar que foram destinados para nós e são, de certo modo, adequados para o nosso crescimento e o nosso desenvolvimento.

Esse entendimento nos ajuda a aceitar as adversidades da vida como parte da nossa jornada, em vez de nos ressentirmos delas. Ao aceitar o nosso destino, podemos manter a paz interior e a serenidade, mesmo em meio às dificuldades.

Além disso, Marcus Aurelius nos encoraja a ver os desafios da vida como remédios prescritos por um médico de confiança. Embora possam ser amargos no momento, eles são essenciais para a nossa cura e o nosso crescimento.

Assim, ame o que acontece em sua vida, pois é parte do seu destino e contribui para o todo maior do universo.

EPISÓDIO #659 | **TAGS** #aceitação, #destino

DIA 345: / /

A IMPORTÂNCIA DO ISOLAMENTO

"Se você quiser desfrutar da verdadeira liberdade, deve ser escravo da filosofia." - Epicuro

Esse trecho é da Carta VIII de Sêneca, em que o filósofo estoico cita Epicuro e discute a importância do isolamento para a reflexão e o crescimento pessoal.

Sêneca sugere que, para obter a verdadeira liberdade, devemos nos tornar "escravos da filosofia". Ao nos entregarmos à filosofia, somos emancipados, pois a filosofia nos guia para a verdade, para o autoconhecimento e para a compreensão do mundo ao nosso redor.

Ele também discute o perigo da fortuna e do materialismo, alertando que a busca por riquezas materiais pode nos distrair de nossa verdadeira natureza e de nosso propósito. Em vez de perseguir o luxo, devemos nos concentrar em nutrir a nossa alma e buscar a sabedoria.

Sêneca enfatiza a necessidade de nos afastarmos das multidões e do caos para refletir e aprender. E argumenta que esse isolamento não é inatividade, mas sim um trabalho importante que contribui para o nosso crescimento pessoal e espiritual.

Guarde essa reflexão e vá além das ilusões do mundo, ao reconhecer o que é verdadeiramente importante em sua vida.

EPISÓDIO #660 **| TAGS** #estoicismo, #isolamento, #liberdade

DIA 346: / /

PRESERVE A QUALIDADE DE SUAS AÇÕES

"Não importa o que você faz, mas como você faz." - Epictetus

Essa é uma poderosa lição estoica de Epictetus. A mensagem central é a de que a qualidade de nossas ações é mais importante do que a natureza delas. Ou seja, não importa se você é um zelador ou um senador; o que importa é como você executa as suas tarefas.

Epictetus nos lembra de que, cada um de nós, independentemente de nossa posição ou das circunstâncias, tem a capacidade de viver de acordo com os princípios estoicos. É possível encontrar equilíbrio, felicidade, abundância e paz em qualquer situação, desde que nos esforcemos para agir com virtude e integridade.

Assim, ao lidar com os desafios de nossa vida, devemos nos concentrar em como administramos esses momentos e em como respondemos a eles. Ao fazermos isso, podemos encontrar um senso de propósito e satisfação, independentemente do que a vida nos apresente.

É uma perspectiva que nos desafia a refletir sobre a qualidade de nossas ações e sobre a importância de vivermos de acordo com os nossos valores, independentemente de nossa situação.

EPISÓDIO #661 **| TAGS** #ações, #valores, #qualidade, #autorreflexão

DIA 347: / /

UM PASSO DE MELHORIA A CADA DIA

"Melhore um pouco a cada dia." - Marcus Aurelius

A busca pela perfeição e pela sabedoria não é uma corrida, mas um processo gradual de melhoria contínua. Essa ideia, ao lado da filosofia estoica, e assim como qualquer outra aspiração de vida, pode parecer intimidante à primeira vista. No entanto, devemos lembrar que a ideia não é nos tornarmos seres moralmente inquebrantáveis de uma vez, mas sim buscarmos melhorar um pouco a cada dia.

Cada pequena ação que fazemos, cada oportunidade que aproveitamos para fazer o bem, contribui para essa melhoria. Como manter as portas abertas para as pessoas, ajudar ao próximo, agradecer por aquilo que temos, buscar sempre estar de acordo com os nossos valores.

Desse modo, hoje, o meu propósito é nos desafiar a focar o progresso constante, em vez de buscar a perfeição imediata. É uma reflexão que nos convida a pensar sobre as pequenas ações que podemos realizar todos os dias para nos tornarmos melhores e começarmos a valorizar esses pequenos passos em nossa jornada estoica.

EPISÓDIO #664 **| TAGS** #melhoriacontínua, #aperfeiçoamento, #agradecer

DIA 348: / /

O CAMINHO DA NATUREZA

"Quando você segue o caminho reto, toda a natureza se contenta." - *Marcus Aurelius*

Aqui, temos um trecho da segunda parte do oitavo livro *Meditações*, de Marcus Aurelius, e somos convidados a refletir sobre a nossa conexão com a natureza e sobre como ela pode nos orientar em nossa jornada pessoal.

Aurelius nos lembra de que somos todos parte da natureza e de que, seguindo o nosso caminho, estamos em harmonia com o universo. Ele nos incentiva a sermos verdadeiros conosco, a priorizarmos o bem comum e a aceitar tudo o que é natural com gratidão.

Assim, neste dia, quero desafiar você a refletir sobre a nossa própria jornada e sobre como podemos alinhar as nossas ações com a natureza. Estamos nos esforçando para fazer o bem? Estamos aceitando a mudança com graciosidade? Estamos mantendo a calma diante dos desafios? Esses são os marcos de progresso em nossa jornada estoica.

EPISÓDIO #666 | **TAGS** #natureza, #bondade, #evolução, #mudança

DIA 349: / /

A FONTE PERENE: A BUSCA PELA PUREZA INTERIOR

"Seja como uma fonte que continua a jorrar água pura, mesmo que alguém tente contaminá-la." - Marcus Aurelius

No nono segmento do oitavo livro de *Meditações*, de Marcus Aurelius, somos convidados a contemplar a natureza imutável e autorrenovadora do universo e a aplicar essas observações à nossa própria existência.

Ele nos desafia a sermos como uma fonte de água clara – mesmo quando alguém tenta poluí-la, ela continua a produzir água pura e límpida. Esse é um poderoso lembrete de que, não importa o que os outros façam ou digam, temos o poder de manter a pureza, a prudência e a justiça dentro de nós.

Ele também nos adverte contra a busca incessante por fama e aprovação. Devemos nos perguntar: Estamos tentando agradar pessoas que nem mesmo se agradam? Se assim for, tal busca é vã. Então, cultive uma fonte perene de paz e pureza dentro de si mesmo, independentemente das circunstâncias externas.

EPISÓDIO #667 | **TAGS** #purezainterior, #pazinterior, #prudência

DIA 350: / /

COMUNHÃO COM A INTELIGÊNCIA UNIVERSAL: O FIM DO MEDO DA MORTE

"Coloque a sua mente em comunhão com a inteligência que permeia tudo." - Marcus Aurelius

Na última parte do oitavo livro de *Meditações*, de Marcus Aurelius, somos incentivados a alinhar a nossa mente com a inteligência universal. Ele sugere que essa inteligência está tão disponível para nós quanto o ar que respiramos.

Além disso, também aborda o tema da morte, argumentando que não devemos temê-la. Seja a morte um estado de inexistência ou uma transformação para outra forma de sensibilidade, ele nos lembra de que é um processo inevitável e, portanto, não é algo a ser temido.

Por fim, ele nos lembra que, assim como uma flecha voa direto ao seu alvo, a nossa mente também pode navegar de forma retilínea e focada, apesar das adversidades. Conecte-se, portanto, com o universo, com a inevitabilidade da morte e com a importância de manter o foco em meio aos obstáculos.

EPISÓDIO #668 | **TAGS** #morte, #inteligênciauniversal, #foco

SEMANA 51

TUDO É MUDANÇA

"O mundo é mudança; a vida é percepção."

- HERÁCLITO

ESCANEIE O QR CODE

Mudança é vida. Veja como se adaptar e prosperar.

DIA 351: / /

TRANSMUTAÇÕES DA VIDA: A INEVITABILIDADE DA MUDANÇA

"O bem e o mal do ser racional e social não estão no que ele sente, mas no que ele faz." – Marcus Aurelius

Na quinta parte do nono livro de *Meditações*, Marcus Aurelius nos lembra de que nosso juízo de valor não deve ser baseado em nossas sensações, mas sim em nossas ações. Você percebe a diferença? O que fazemos é o que determina nosso caráter e a qualidade de nossa vida, não o que estamos sentindo.

Ele também discute a inevitabilidade tanto da mudança como da morte, encorajando-nos a ver esses processos não como algo a temer, mas sim como partes naturais e inescapáveis da vida. Também compara as diferentes fases da vida à morte, argumentando que cada fase é uma forma de morte e transformação.

Precisamos aceitar a natureza transitória da vida e a importância de nossas ações, assim como devemos enfrentar a morte e a mudança com aceitação e sem medo.

EPISÓDIO #669 | **TAGS** #ação, #morte, #mudança

DIA 352: / /

A LENTIDÃO DO TEMPO PERDIDO: REFLEXÕES SOBRE A BREVIDADE DA VIDA

"Qual é o motivo de também suas alegrias serem tenebrosas? É que não brotam de causas sólidas." - Sêneca

Exploramos, aqui, o trecho de um dos tratados de Sêneca sobre a brevidade da vida. Ele nos lembra de que muitas de nossas alegrias são tenebrosas porque não brotam de causas sólidas e argumenta que muitos de nós trabalhamos arduamente para alcançar bens materiais, apenas para trabalhar ainda mais duro para mantê-los.

E esse ciclo contínuo de busca e manutenção de bens materiais, muitas vezes, impede-nos de apreciar o momento presente e de dar valor ao nosso crescimento interno e à nossa evolução.

Assim, Sêneca nos convida a refletir sobre a natureza efêmera do tempo e sobre a importância de priorizar a nossa paz e a nossa felicidade em vez da busca incessante por bens materiais.

EPISÓDIO #670 **| TAGS** #tempo, #bensmateriais, #felicidade, #paz

DIA 353: / /

NÃO DESPERDICE SUA INTELIGÊNCIA COM IDIOTAS: REFLEXÕES SOBRE A SABEDORIA E A CALMA

> *"Se alguém entregasse seu corpo ao primeiro que aparecesse, você se sentiria irritado. Porém, se você entrega sua própria inteligência à primeira pessoa que encontra, permitindo que ela o ultraje e o lance em perturbação e confusão, você não se sentiria envergonhado?"*
> *- Epictetus*

Essa é uma lição poderosa de Epictetus. Como escravo, ele teve que lidar com uma variedade de pessoas e situações, muitas das quais eram desafiadoras e desconfortáveis. Mas, em vez de permitir que essas circunstâncias o perturbassem, ele escolheu manter a calma e agir com sabedoria.

Epictetus nos desafia a considerar como reagimos quando nos deparamos com idiotas ou pessoas que nos irritam. Ele nos convida a não desperdiçar a nossa inteligência e a nossa paz interior reagindo a provocações e a insultos, mas, em vez disso, manter a calma e a compostura.

Cada um de nós tem a escolha de como reagir às pessoas e às situações que encontramos na vida. Podemos permitir que elas nos perturbem, ou podemos escolher manter a nossa paz e a nossa inteligência intactas.

EPISÓDIO #671 | **TAGS** #sabedoria, #calma, #inteligência

DIA 354: / /

CONSIDERE SEMPRE AS CONSEQUÊNCIAS

"Antes de agir, pese o antes e o depois; sem essa reflexão, o entusiasmo inicial pode se desvanecer em desistência desonrosa diante dos obstáculos." - Epictetus

Hoje, quero explorar um trecho significativo de Epictetus, em que ele nos aconselha a sempre considerar as consequências de nossas ações antes de realizá-las.

Ele argumenta que devemos avaliar cuidadosamente as implicações de nossas decisões, levando em conta não apenas os resultados imediatos, mas também os desdobramentos a longo prazo. Essa reflexão é essencial para evitar arrependimentos e garantir que nossas ações estejam alinhadas com nossos valores e com nossos objetivos.

Epictetus também nos lembra de que a busca pelo sucesso e por realizações requer dedicação, esforço e sacrifício. Não basta simplesmente desejar algo; devemos estar dispostos a trabalhar arduamente e a enfrentar desafios para alcançar o que queremos.

Assim, devemos refletir cuidadosamente antes de agir, considerando não apenas o que desejamos alcançar, mas também o que estamos dispostos a sacrificar para chegar lá.

EPISÓDIO #672 | **TAGS** #decisões, #responsabilidades, #consequências

DIA 355: / /

SOBRE IMPERMANÊNCIA E HUMILDADE

"Milhares de anos são como um instante na eternidade, e assim é a vida de um homem dentro do infinito do tempo." – Marcus Aurelius

Nessa citação, debruçamo-nos sobre as reflexões de Marcus Aurelius sobre a impermanência da vida e a humildade. Ele nos lembra de que tudo no mundo está em constante mudança e de que nada é permanente. E essa meditação sobre a impermanência nos ajuda a colocar a nossa vida em perspectiva e a valorizar o que realmente importa.

Ele nos encoraja a ser humildes, lembrando-nos de que somos apenas uma pequena parte do todo. E nos adverte contra o orgulho e a arrogância, argumentando que a verdadeira sabedoria vem da humildade e do reconhecimento de nossa própria insignificância diante da imensidão do universo.

Reflita sobre a nossa própria mortalidade e viva em harmonia com a natureza e com os seus ciclos de mudança.

EPISÓDIO #673 | **TAGS** #impermanência, #humildade, *#mementomori*

DIA 356: / /

REFLEXÕES SOBRE A BREVIDADE DA VIDA E A IMPORTÂNCIA DA HUMILDADE

"Não é que tenhamos pouco tempo, mas perdemos muito. A vida é longa o suficiente e nos foi dada em quantidade suficiente para realizarmos as maiores coisas, se a vivermos bem."

A nossa existência é apenas um piscar de olhos na vastidão do tempo. Então reconheça a efemeridade de sua vida e use esse conhecimento para viver de maneira mais significativa e intencional.

Além disso, seja humilde e evite a arrogância. Em vez de buscar a fama e a glória, devemos nos esforçar para viver de acordo com os nossos valores e fazer o bem para os outros.

Em resumo, precisamos viver com mais humildade e consciência. Com calma da mente!

EPISÓDIO #674 **| TAGS** #brevidade, #humildade, #*mementomori*

REFLEXÕES SOBRE A IMPORTÂNCIA DA SAÚDE PARA UMA BOA VIDA

"Manter-se saudável é fundamental para uma boa vida." - Sêneca

Não podemos mais ignorar o estilo de vida saudável para que tenhamos uma boa vida. Essa é a reflexão de hoje, e é sobre isso que Sêneca fala, enfatizando a importância de uma dieta balanceada e de um estilo de vida saudável como elementos essenciais para a filosofia e para a prática estoica.

Ele argumenta que uma dieta adequada e um estilo de vida moderado podem liberar tempo valioso para leituras e reflexões filosóficas. Ao contrário do que muitos podem pensar, comer bem e cuidar do corpo não são práticas que distanciam o indivíduo da filosofia, mas sim complementos necessários para uma mente saudável.

Sêneca também nos adverte contra os perigos do excesso, seja na alimentação, seja no consumo de bebidas alcoólicas, reforçando que a moderação é a chave para uma vida equilibrada e satisfatória.

Você tem hábitos saudáveis? Cuida da sua saúde? Pratica atividades físicas? Todos esses elementos são fundamentais para incorporar a moderação e a disciplina em sua rotina diária.

EPISÓDIO #675 | **TAGS** #saúde, #moderação, #disciplina

SEMANA 52

ALIMENTAÇÃO DA MENTE

"Cultive a sua mente, para nutrir a sua mente com sabedoria."

- ALBERT EINSTEIN

ESCANEIE O QR CODE

Cultive sua mente. Para nutrir sua mente com sabedoria.

DIA 358: / /

A ALIMENTAÇÃO DA MENTE

"Mais importante do que a alimentação do corpo é a alimentação da mente." - Epictetus

Epictetus fala sobre a importância não só do que consumimos em termos de comida, mas também sobre com quem compartilhamos as nossas refeições.

Ele argumenta que a companhia que temos durante as refeições é tão importante quanto o que comemos, pois essas pessoas alimentarão a nossa mente e a nossa alma, isto é, a qualidade das pessoas com quem escolhemos passar o tempo pode ter um impacto significativo em nosso bem-estar e na nossa felicidade.

Além disso, Epictetus nos lembra de não assumir mais responsabilidades do que aquelas com que podemos lidar. Ele sugere que, ao fazer menos, mas com mais foco e qualidade, podemos experimentar mais satisfação e tranquilidade em nossa vida.

Quero convidar você a ser mais consciente de como alimenta a sua mente e o seu corpo a partir de agora, e a escolher sabiamente as suas companhias e as suas responsabilidades.

EPISÓDIO #679 **| TAGS** #alimentaçãodamente, #qualidadedevida, #foco

DIA 359: / /

A IMPORTÂNCIA DA SINCERIDADE

"'Resolvi ser sincero contigo' é pura hipocrisia. O que faz um homem para se valer dessa introdução hipócrita? A sinceridade se revela de pronto..." - Marcus Aurelius

Marcus Aurelius argumenta que a sinceridade não é algo que precisa ser anunciado, mas algo que se revela instantaneamente. Ela é natural para você também? Caso não seja, reflita sobre isso.

Ele nos desafia a ser autênticos em nossas interações com os outros, afirmando que a benevolência e a virtude são imediatamente aparentes, assim como o "malcheiroso". Não há necessidade de explicar ou justificar a nossa sinceridade; ela será evidente em nossas ações e em nosso caráter.

Marcus Aurelius também nos encoraja a não nos deixar perturbar pelas opiniões ou pelas ações dos outros. Em vez disso, devemos procurar viver de acordo com os nossos princípios e valores, agindo com gentileza e benevolência.

Então, espero que você leve isso para a sua vida hoje e viva com autenticidade para que possa ser verdadeiro consigo mesmo e com os outros, não se deixando influenciar pelas opiniões alheias.

EPISÓDIO #680 **| TAGS** #sinceridade, #autenticidade, #benevolência

DIA 360: / /

COMO SEPARAR A AMBIÇÃO BOA DA RUIM?

"Qual é o limite adequado para a riqueza? É primeiro ter o necessário, e, segundo, ter o suficiente." – Sêneca

Sêneca nos desafia a considerar a natureza de nossas ambições e a refletir sobre o que está por trás delas.

Assim, ele nos encoraja a buscar uma ambição que esteja alinhada com a justiça, com a temperança, com a sabedoria e com a coragem. Ele nos lembra de que o mundo precisa de pessoas que estejam comprometidas em melhorar a si mesmas e o mundo ao redor.

Pense sobre os seus feitos e a sua ambição. O que eles dizem sobre você? Sempre busque uma ambição que leve você a um caminho de crescimento pessoal e de contribuição positiva para o mundo.

EPISÓDIO #682 | **TAGS** #ambição, #reflexão, #crescimentopessoal

DIA 361: / /

O DESPERTAR PARA A JUSTIÇA E A TRANSITORIEDADE DA VIDA

> *"Pergunte a si mesmo assim que despertar do sono: acaso importa que outro homem pratique a justiça e o bem?"*

Quero aprofundar a reflexão sobre a natureza da justiça e do bem, e a importância de incorporá-los em nossa vida. O desafio é compreender que, independentemente das ações alheias, o que realmente importa é como nós mesmos estamos vivenciando a justiça e o bem em nossas ações cotidianas. Somos incentivados a viver em consonância com a natureza, a ser obedientes e simpáticos a ela.

A brevidade da vida e a natureza efêmera de todas as coisas também são temas fundamentais para que possamos alcançar a calma da mente. Somos lembrados de que tudo está em constante mudança e transmutação, e de que a vida é, em si, um processo de constante transformação que nos leva a refletir sobre a nossa mortalidade.

Assim, desafio você a refletir sobre a natureza da justiça, do bem e da vida em nossa própria jornada, buscando maneiras de praticar a justiça e o bem mesmo diante das dificuldades.

EPISÓDIO #684 **| TAGS** #justiça, #bem, #reflexão, #transitoriedade

DIA 362: / /

A SABEDORIA DE COMPREENDER OS ERROS ALHEIOS

"Todos erramos por não sabermos melhor."

Ninguém erra intencionalmente, mas sim por não conhecer uma alternativa melhor, e a verdade é que todos agimos conforme o que nos parece mais apropriado em um dado momento. Se alguém age de maneira rude ou injusta, isso não é feito de propósito, mas baseado na percepção distorcida daquilo que lhe parece ser a verdade.

A falta de discernimento entre o que é certo e o que é errado pode levar as pessoas a agir de maneiras que, para nós, podem parecer incorretas. É importante lembrar que todos somos moldados por diferentes contextos, criações e experiências. Aqueles que foram expostos a condições mais adversas podem demandar mais tempo e orientação para assimilar valores e comportamentos mais éticos e saudáveis.

Sendo assim, a melhor maneira de lidar com essas situações é por meio do exemplo, reagindo com gentileza, compreensão e paciência, em vez de com raiva ou julgamento. Cada interação com alguém que parece agir de maneira errada é uma oportunidade para praticar a virtude do autocontrole, do perdão, da bondade e da paciência.

Lembremos sempre que todos nós somos privados da verdade contra a nossa vontade e que a gentileza é a chave para lidar com todas as pessoas.

EPISÓDIO #685 | **TAGS** #erro, #compreensão, #gentileza, #sabedoria, #julgamento

DIA 363: / /

VIVER NO PRESENTE, DESAPEGAR-SE DO PASSADO

"Se conseguir se desapegar do passado e entregar o futuro à providência, viverá no presente focado unicamente na piedade diante de Deus e na justiça." - Marcus Aurelius

Na reflexão de Marcus Aurelius, percebemos a importância do desapego do passado e da entrega do futuro à Providência Divina. Ele nos encoraja a viver no presente, abraçando a piedade e a justiça. Aconselha-nos também a não sermos abalados pela malícia alheia nem pelas opiniões ou pelos discursos dos outros, ressaltando a importância de não sermos escravos das sensações do nosso corpo físico e nos lembrando de que, se algo tiver que doer, que doa.

A sabedoria das palavras de Marcus Aurelius nos lembra de que devemos honrar a nossa parte divina, aspirar a viver inteiramente de acordo com a natureza e nos tornar dignos do universo que nos criou. Ele nos encoraja a não ser estranhos em nossa própria pátria e a nos desapegarmos de preocupações materiais, reconhecendo que são passageiras e transitórias.

O verdadeiro valor, ele diz, reside na justiça, na piedade e na sabedoria. Ao focarmos a inteligência e a sabedoria, em vez de nos preocuparmos com questões materiais, livramo-nos de muitos problemas e aflições.

EPISÓDIO #687 **| TAGS** #vivernopresente, #desapego, #piedade, #justiça

DIA 364: / /

A IMPERMANÊNCIA DE TODAS AS COISAS

"Pense, por repetidas vezes, na rapidez da passagem e do desaparecimento das coisas que existem e estão ocorrendo. Pois toda substância é como um rio em fluxo incessante." - Marcus Aurelius

A impermanência de todas as coisas é uma das ideias centrais na filosofia de Marcus Aurelius, e ele nos lembra de que tudo na vida está em constante mudança, como um rio que nunca para de fluir. Nada é estável, nem mesmo o presente, que, por ser tão efêmero, parece ser um abismo infinito entre o passado e o futuro.

Assim, o convite que faço agora é para que você considere a futilidade de nos orgulharmos ou de nos entristecermos com as coisas que são transitórias por natureza. Não importa quão importante algo possa parecer no momento, eventualmente, tudo desaparecerá.

Ao refletir sobre a vida dos que o antecederam, ele nos mostra que as preocupações e as ocupações daquelas pessoas agora não passam de ecos distantes no tempo. Assim como elas, nós também passaremos. Portanto, devemos viver bem o presente, esforçar-nos para ser o melhor que podemos ser e, ao mesmo tempo, não levar nada tão a sério, pois tudo é impermanente.

EPISÓDIO #693 **| TAGS** #impermanência, #viveropresente, #seromelhor, #transitoriedade

VOCÊ ESTÁ APENAS COMEÇANDO!

"Não se envergonhe de pedir ajuda. Sua missão é tentar sempre o seu melhor, não prever nem julgar o resultado." - Epictetus

Chegamos ao último episódio desta jornada extraordinária. Ao longo de 365 dias, você permitiu que a sabedoria estoica permeasse a sua vida, guiando-o por reflexões profundas, desafios e descobertas pessoais.

Essas palavras acima, de Epictetus, ressoam profundamente, lembrando-nos da importância da humildade, da busca pelo melhor e da aceitação da incerteza que permeia nossa vida.

Quero que saiba que estou aqui para ajudá-lo em sua jornada. Minha missão de vida é levar a Calma da Mente para 10 milhões de pessoas. E eu ficaria honrado em tê-lo comigo nesse caminho, nessa jornada.

Por meio dos nossos treinamentos da Calma da Mente, oferecemos ferramentas e práticas para cultivar a serenidade e a paz interior, tanto na vida pessoal quanto na profissional. Basta você ler o QR Codea seguir e será direcionado a uma página na qual encontrará uma variedade de cursos que se adequam às suas necessidades e aspirações.

Juntos, poderemos explorar novos horizontes, alcançar novos patamares de calma e serenidade, e inspirar uma mudança positiva em nossa vida e no mundo ao nosso redor.

Obrigado por embarcar nesta jornada comigo. Que a sabedoria estoica continue a iluminar o seu caminho, hoje e sempre. Com gratidão e serenidade.

Seu próximo passo está neste QR Code.

DESCUBRA COMO DESPERTAR SUA LIDERANÇA DE ALTO IMPACTO

Hoje, vamos falar sobre um tema muito interessante: liderança e autodesenvolvimento. Todos nós exercemos a liderança em diferentes áreas da nossa vida: em casa, no trabalho ou em nosso círculo social. No entanto, nem sempre é fácil exercer essa liderança de forma intencional e eficaz.

Muitas vezes, enfrentamos dificuldades em controlar nossos próprios anseios, em entregar o que nos propomos a fazer e em manter a disciplina necessária para alcançar nossos objetivos. Isso acontece porque não nascemos com um manual de instruções que nos ensine como ser líderes efetivos.

No entanto, existe uma forma de desenvolvermos essa habilidade de liderança, por meio do autoconhecimento e do autodesenvolvimento. Quando nos conhecemos melhor, podemos extrair o melhor de nós mesmos e nos tornar líderes mais eficientes em todas as áreas de nossa vida.

Encontrando a melhor versão de si mesmo

O autodesenvolvimento é um processo contínuo que nos permite crescer e amadurecer como indivíduos. Ele envolve o trabalho de conhecermos a nós mesmos, nossas habilidades, nossos valores e nosso propósito. É a partir desse autoconhecimento que podemos encontrar a melhor versão de nós mesmos.

No entanto, o autodesenvolvimento não é uma tarefa fácil. Requer dedicação, disciplina e coragem para enfrentar nossos medos e nossas limitações. Mas, quando nos comprometemos com esse processo, somos capazes de trazer mais foco e propósito para nossa vida.

A importância do foco e da disciplina

Uma das características das pessoas de alta *performance* é a capacidade de se concentrar em uma única tarefa e se desligar dos demais barulhos ao seu redor.

Isso é possível quando exercemos controle sobre nossa mente e direcionamos nosso foco para o momento presente.

Quando estamos presentes no momento, somos capazes de agir de forma mais intencional e de enfrentar os obstáculos que surgem em nosso caminho.

Afinal, os obstáculos não são bons nem ruins; eles simplesmente são. É o nosso julgamento que faz com que os vejamos como bons ou ruins.

Por isso, é importante desenvolver um mindset positivo, em que entendemos que as coisas simplesmente são e que são os nossos julgamentos que as tornam boas ou ruins. Quando entendemos isso, podemos mudar nossa perspectiva e encontrar oportunidades em meio aos obstáculos.

Controlando nossa mente

Nossa mente é uma ferramenta poderosa, capaz de processar uma enorme quantidade de informações e de tomar decisões rápidas. No entanto, muitas vezes, deixamos que nossa mente nos controle, em vez de nós a controlarmos. Quando nos permitimos ser arrastados pelos pensamentos e pelas emoções negativas, perdemos a capacidade de agir de forma intencional. Por isso, é fundamental aprender a controlar nossa mente e direcioná-la para pensamentos positivos, ações construtivas e emoções saudáveis.

O controle da mente pode ser desenvolvido pela prática da atenção plena e da meditação. Essas técnicas nos ajudam a trazer nossa mente de volta para o momento presente e a focar o que realmente importa.

Construindo equipes de alto desempenho

Além de desenvolvermos nossa própria liderança, também podemos ajudar a desenvolver a liderança em outras pessoas, especialmente em nossas equipes de trabalho. Para isso, é fundamental inspirar e motivar as pessoas ao nosso redor.

Uma das formas de inspirar alguém é ser um exemplo a seguir. Quando somos autênticos, comprometidos e motivados, inspiramos as pessoas ao nosso redor a se desenvolver e a dar o melhor de si mesmas.

Outro aspecto importante é desenvolver a intencionalidade em nossas relações. Quando nos tornamos verdadeiramente presentes nas interações com os outros, somos capazes de estabelecer conexões mais profundas e significativas.

A importância do momento presente

Todas as experiências que vivemos ocorrem no momento presente. O passado é apenas uma coleção de momentos presentes que já passaram, e o futuro é apenas uma projeção de momentos presentes que ainda não aconteceram.

Quando nos damos conta de que o momento presente é tudo o que temos, somos capazes de vivenciá-lo de forma mais intensa e plena. Isso nos permite trazer mais intencionalidade para nossas ações e experimentar a vida de forma mais significativa.

Portanto, para vivermos com alta *performance* e liderarmos de forma eficaz, é fundamental estarmos presentes no momento presente e focarmos em uma única tarefa de cada vez.

CONCLUSÃO

O autodesenvolvimento e a liderança eficaz são habilidades que podem ser desenvolvidas ao longo do tempo. Quando nos comprometemos com o processo de autoconhecimento e autodesenvolvimento, somos capazes de encontrar a melhor versão de nós mesmos e de liderar de forma mais intencional em todas as áreas de nossa vida.

Controlar nossa mente, trazer foco para o momento presente e desenvolver relacionamentos de alta qualidade são algumas das chaves para construir equipes de alto desempenho e alcançar o sucesso em nossa jornada.

Portanto, lembre-se de que você possui o poder de controlar sua mente e direcioná-la para pensamentos e ações construtivas. Esteja presente no momento presente e inspire as pessoas ao seu redor a dar o melhor de si mesmas.

Com dedicação, disciplina e coragem, você será capaz de se tornar um líder eficaz e de alcançar o sucesso em todas as áreas de sua vida.

Para aprender como controlar sua mente para exercer uma liderança mais focada, inspiradora e efetiva, assista às três aulas gratuitas no QR Code ao lado!

CONTATOS LÉO SIMÃO

E-MAIL:

LEOSIMAO@MEDITACAOESTOICA.COM.BR

INSTAGRAM:

@LEOSIMAOESTOICO

YOUTUBE:

@LEOSIMAOESTOICO

TIKTOK:

@LEOSIMAOESTOICO

***BLOG*:**

MEDITAÇÃO ESTOICA

***SITE*:**

CALMADAMENTE.COM.BR

SPOTIFY:

MEDITAÇÃO ESTOICA

X:

@LEOSIMAOESTOICO

TREINAMENTOS:

MEDITAÇÃO ESTOICA

BIBLIOGRAFIA

Clássicos do estoicismo:

AURELIUS, Marcus. *Meditações*. Tradução, introdução e notas de Mário da Gama Kury. São Paulo: Edipro.

EPICTETUS. *O manual* (Enchiridion). Tradução e notas de Aldo Dinucci e Alfredo Julien. Petrópolis: Vozes.

RUFO, Musônio. *Diálogos e fragmentos*. Tradução e notas de Gabriel G. de Carvalho. São Paulo: Edipro.

SÊNECA. *Cartas a Lucílio*. Tradução de José Eduardo S. Lohner. São Paulo: Penguin-Companhia.

SÊNECA. *Sobre a brevidade da vida*. Tradução de Lúcia Sá Rebello. Porto Alegre: L&PM Pocket.

Estoicos contemporâneos:

GIBRAN, Khalil. *O Profeta*. Tradução de Mansour Challita. Rio de Janeiro: Editora Vozes.

HOLIDAY, Ryan. *O obstáculo é o caminho*: a arte de transformar provações em triunfo. Tradução de André Fontenelle. Rio de Janeiro: Objetiva.

HOLIDAY, Ryan. *O ego é seu inimigo: como dominar seu pior adversário*. Tradução de André Fontenelle. Rio de Janeiro: Intrínseca.

HOLIDAY, Ryan. *Coragem é agir com medo*: o poder da virtude estoica. Tradução de André Fontenelle. Rio de Janeiro: Intrínseca.

HOLIDAY, Ryan. *A vida é um combate*: sucesso é lutar dia a dia. Tradução de André Fontenelle. Rio de Janeiro: Sextante.

HOLIDAY, Ryan. *A quietude é a chave*. Tradução de Francisco Gregório Filho. Rio de Janeiro: Intrínseca.

HOLIDAY, Ryan. *Diário estoico*: 366 lições sobre sabedoria, perseverança e a arte de viver. Tradução de Claudia Mello Belhassof. Rio de Janeiro: Intrínseca.

SINGER, Michael A. *A alma indomável: o caminho para a liberdade*. Tradução de [Nome do Tradutor]. São Paulo: Editora BestSeller.

TOLLE, Eckhart. *O poder do agora*: um guia para a iluminação espiritual. Tradução de Iva Sofia Gonçalves Lima. Rio de Janeiro: Sextante.

TOLLE, Eckhart. *Um novo mundo*: o despertar de uma nova consciência. Tradução de Marcos Malvezzi Leal. Editora Sextante.

Filosofia geral:

PLATÃO. *Diálogos*. Tradução de Carlos Alberto Nunes. Belém: Editora da Universidade Federal do Pará.

PLATÃO. *A república*. Tradução de Maria Helena da Rocha Pereira. Lisboa: Fundação Calouste Gulbenkian.

PLATÃO. *Fedro*. Tradução de José Ribeiro Ferreira. Lisboa: Fundação Calouste Gulbenkian.

PLATÃO. *O banquete*. Tradução de Jorge Paleikat e João Cruz Costa. São Paulo: Editora Nova Cultural.

Aristóteles:

ARISTÓTELES. *Ética a Nicômaco*. Tradução de Mário da Gama Kury. Brasília: Editora Universidade de Brasília, última edição.

ARISTÓTELES. *Metafísica*. Tradução de Giovanni Reale. São Paulo: Editora Loyola.

ARISTÓTELES. *Política*. Tradução de Mário da Gama Kury. Brasília: Editora Universidade de Brasília.

ARISTÓTELES. *Poética*. Tradução de Eudoro de Sousa. Lisboa: Imprensa Nacional-Casa da Moeda.

ARISTÓTELES. *Física*. Tradução de José Trindade Santos. Lisboa: Fundação Calouste Gulbenkian.

Textos sagrados:

ALCORÃO. Tradução de Helmi Nasr. São Paulo: Editora Madras.

BÍBLIA SAGRADA. Nova Versão Internacional. São Paulo: Sociedade Bíblica Internacional.

DHAMMAPADA. Tradução e notas de Thomas Byrom. Rio de Janeiro: Editora Nova Era.

GITA BHAGAVAD. Tradução e comentários de Swami Sivananda. Shivanandanagar: The Divine Life Society.

MAHABHARATA. Tradução de Krishna Dharma. Badger: The Bhaktivedanta Book Trust.

TAO TE CHING. Tradução de Stephen Mitchell. São Paulo: WMF Martins Fontes.

Allan Kardec é conhecido por ser o codificador do espiritismo, e seus principais livros formam a base da Doutrina espírita. Segue uma relação de fontes bibliográficas de suas principais obras:

KARDEDC, Allan. *O livro dos espíritos*. Tradução de José Herculano Pires. São Paulo: Federação Espírita Brasileira.

KARDEC, Allan. *O livro dos médiuns*. Tradução de José Herculano Pires. São Paulo: Federação Espírita Brasileira.

KARDEC, Allan. *O evangelho segundo o espiritismo*. Tradução de Guillon Ribeiro. São Paulo: Federação Espírita Brasileira.

KARDEC, Allan. *O céu e o inferno*. Tradução de Manuel Justiniano Quintão. São Paulo: Federação Espírita Brasileira.

KARDEC, Allan. *A gênese*. Tradução de Guillon Ribeiro. São Paulo: Federação Espírita Brasileira.

KARDEC, Allan. *Obras póstumas*. São Paulo: Federação Espírita Brasileira.

KARDEC, Allan. *Revista Espírita* (periódico mensal fundado por Allan Kardec). São Paulo: Federação Espírita Brasileira, edição compilada mais recente disponível.